二战经典战役丛书

空降神兵

二战五大空降战

二战经典战役编委会◎编译

中国铁道出版社有限公司
CHINA RAILWAY PUBLISHING HOUSE CO., LTD.

图书在版编目（CIP）数据

空降神兵：二战五大空降战 / 二战经典战役编委会编译. — 北京：
中国铁道出版社，2017.1（2022.1重印）
（二战经典战役）
ISBN 978-7-113-22329-8

Ⅰ.①空… Ⅱ.①二… Ⅲ.①第二次世界大战战役—空降战役—史料
Ⅳ.①E195.2

中国版本图书馆CIP数据核字（2016）第215381号

书　　名：空降神兵——二战五大空降战
作　　者：二战经典战役编委会

责任编辑：刘建玮　　　　　　　电　　话：（010）51873005
装帧设计：艺海晴空
责任印制：赵星辰

出版发行：中国铁道出版社有限公司（北京市西城区右安门西街8号　邮编100054）
印　　刷：永清县晔盛亚胶印有限公司
版　　次：2017年1月第1版　2022年1月第2次印刷
开　　本：787mm×1092mm　1/16　印张：19　字数：424千字
书　　号：ISBN 978-7-113-22329-8
定　　价：69.80元

01
BATTLE

第一篇　空降·埃马尔要塞/1

02 BATTLE

第二篇　空降·荷兰／41

03 BATTLE

第三篇　空降·不列颠/57

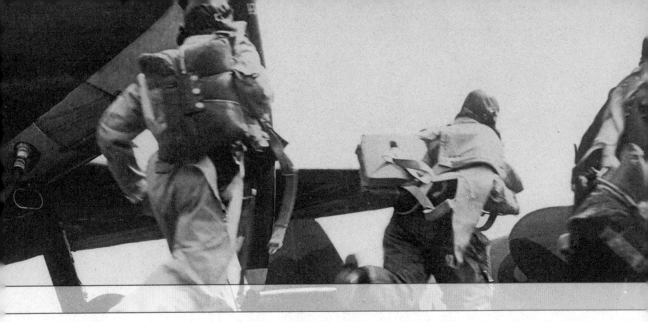

01
BATTLE
第四篇　空降·克里特岛/171

05 BATTLE

第五篇 空降·阿纳姆/233

01

BATTLE

第一篇 > 空降·埃马尔要塞

第1章
CHAPTER ONE

魔爪伸向
埃本·埃马尔要塞

★这段时间以来，脾气极度不好的希特勒显然被这消息激怒了。尽管方案落入敌手，他还是坚决要按原方案行事。他挥舞着胳膊不停地大声吼叫，房间里的人都吓得面面相觑，有的干脆就趁希特勒反背着手的时候悄悄溜出去了。

★这座要塞筑在高于运河36米的悬崖峭壁里，崖下是滔滔的艾伯特河，南面横着宽大的反坦克壕和7米高的防护墙，东面的马斯河与运河构成天然屏障，河上的桥梁均在火炮射程之内；北面有一条人工开掘的长壕，随时都可以放水截断通路。

No.1 "黄色方案"

德国走上侵略扩张的道路是从1936年3月进军莱茵非军事区开始的。1936年7月，德国伙同意大利武装干涉西班牙。1938年3月，德国又占领了奥地利。9月，吞并捷克斯洛伐克的苏台德地区，并于1939年3月占领整个捷克斯洛伐克。为了解除进攻法、英的后顾之忧并建立进攻苏联的前进基地，德军在占领捷克斯洛伐克后立即将侵略矛头指向波兰。

1939年8月，希特勒发动闪电战袭击了波兰，掀起了二次世界大战欧洲的战火。波军在德军强大攻势下，虽经1个多月抵抗，但还是失败了。波兰的迅速灭亡，使德国扫清了其东部障碍，在后来的几个月中，希特勒将全部武装力量都调到了西线。1939年10月9日，希特勒为进攻西欧下达了第6号指令，接着陆军总司令部拟定了代号为"黄色方案"的行动计划。希特勒和他的将领们在制订最初的"黄色方案"时，匆忙中也许没有意识到他们是在发动一场新的世界大战，在做德国人在上一次世界大战中想做而没能做到的事。

1940年1月10日，一名携带西线作战计划的德军军官因其座机在航行中迷失方向而在比利时被迫降落，由这名少校军官携带的最初的"黄色方案"主要文件，自然落入了比利时人手中。完全可以肯定，现在法国人、英国人也都知道了，甚至正围坐在一起研究它。

现在"黄色方案"既已制定，执行的日期也已定下，而方案却落在了敌人的手里。希特勒简直气疯了。不过德国驻比利时大使很快打来电报说，少校和驾驶员都保证说，文件基本上已被烧毁，只剩下没有什么价值的、仅巴掌大的一两块残片。希特勒听了稍稍舒了口气，立刻派人去证实这一消息，但证实的结果却是令人悲哀的：文件的确曾被烧，但剩下的并非向大使所说的没有价值，而且比一个巴掌大得多！

这个最初的"黄色方案"实际上就是1914年第一次世界大战法国"施里芬计划"的修正翻版。"施里芬计划"是：德国在西线发起进攻时，主要力量放在右翼，通过比利时的中部向法国首都巴黎实施主要突击。接着进行一次大规模的迂回运动，即越过塞纳河，在巴黎由南折向东，形成一个包围圈，歼灭法国的残余部队。然后掉头对付苏联。最初的"黄色方案"与"施里芬计划"大致相同：第一，不打算立即对付苏联，因为1939年斯大林还是希特勒的"好朋友"；第二，消灭法国部队之后，要占领英吉利海峡沿岸的法国领土，从而切断英国和欧洲大陆上的盟国的联系，同时取得那里的海空军基地，以利封锁，进而攻占不列颠群岛。

这段时间以来，脾气极度不好的希特勒显然被这消息激怒了。尽管方案落入敌手，他还是坚决要按原方案行事。他挥舞着胳膊不停地大声吼叫，房间里的人都吓得面面相觑，有的干脆就趁希特勒反背着手的时候悄悄溜出去了。

但是平静下来之后，希特勒又回到了既已造成的现实当中，很快语气也缓和了很多，主意也突然改变了。他干脆一不做二不休，决定对"黄色方案"来个全方位的修改。首先方案执行日期要改，这个倒是非常好办，虽然他很不情愿，好像饿狼已经来到一个肥胖的小山羊面前，却不得不将快要伸出来的舌头缩回去，遏制住自己强烈的食欲，让这只可怜的小山羊

↑ 希特勒与他的下属交谈。

多活几天。另外不可忽视也是非常关键的环节是，方案内容已被敌军看到了，对方肯定采取了相应的对策，因此内容也得大改。可是这个方案究竟怎样改呢？当初制订的时候，他觉得很好，甚至觉得非常的完美。但是现在必须修改它，因此他又用挑剔的眼光看它。觉得它有很多缺点，甚至一无是处。它实在太平庸，任何一个正常的人都能想出来。它像篇平铺直叙的文章，没有任何惊人之笔，不堪卒读。它抄袭了"施里芬计划"，盟国即使没有得到它，也完全猜想得到德国会这样干。希特勒不无嘲讽地自言自语道："试想一下，一个能被敌人轻易猜到的计划还能算是一个好计划吗？"

想到这里，希特勒突然眼前一亮，几乎是按捺不住兴奋的心情了：既然对方已经知道该方案的内容，何不将计就计呢。他刷地跳起来俯身看着地图。刹那间，一个新奇的想法产生了：既然英法已经得到了"黄色方案"，他们必然在德国右翼朝向比利时和德国北部布下重兵。那就让他们布吧，而且越多越好。德军发起进攻时，右翼佯攻，以此牵制更多的盟军；而重兵则集中在中部，从色当突破阵地，再沿索姆河北岸直取英吉利海峡，将法国拦腰截断。这样，法国北部和比利时境内的盟军就被切断退路而落入陷阱，最后再收拾法国南部的法军就易于反掌了。

这个方案简直是太好了，太神奇了。希特勒似乎已经看到英法联军跌进他挖好的陷阱，正在绝望地挣扎，就像跌断了腿已经不能奔跑的野兽。

希特勒经过一番思考，并且仔细权衡了利弊，觉得这个方案有必要立即拿到会议上讨论。当希特勒向他的将领们公布他的新方案时，最初遇到的却是冷漠和怀疑。陆军总参谋长哈尔德干脆将它看成疯人狂想，不加理会。其他的高级将领也不敢恭维，因为他们的理由是那里有阿登山区的茂密森林，不适合使用坦克。

站在一旁察言观色的希特勒见自己这么好的方案竟然没有人赞同，甚至有些将领还俨然不把这当回事，还找出理由私下里反驳他。有些将领几乎是用怀疑的眼神看着他，甚至径直交头接耳起来，闹哄哄的会场像炸开了锅，反对的语言也不绝于耳。希特勒原本指望大家能对他的新修改方案提出夸奖至少赞同之词，却没想到结果会是这样。一时间，感到气不打一处来，他为看不到和自己有相同想法的人而悲哀，为找不到志同道合的人而难受，为了发泄心里的强烈不满，他狠狠一拳打到桌上：

"不仅你们，那些英国人和法国人也会这么想，因此他们不会在那里重兵防守。我们正是要利用这一点，狠狠地一拳打过去，把他们打得粉碎。"

德军"A"集团军群参谋长曼施坦因倒是觉得希特勒的方案可以一试，很冷静地发表了他的看法：

"由于该计划已被敌人截获，如果再执行这一计划，势必难以达成战略突然性。我建议改向阿登山区实施主要突击，这不失为眼前一种补救的好办法。"

他的话音刚落，会场上顿时议论纷纷，有赞成的也有表示强烈反对的，莫衷一是。不过，曼施坦因的想法与希特勒是不谋而合，他自然是高度赞成。

1940年2月24日，德军最高统帅部发布了一道指令，正式采纳了曼施坦因的建议。作战计划经过修改后将主要进攻方向指向阿登山区，首先攻占荷兰、比利时、卢森堡和法国的北部，然后从西、北两个方向进攻法国的巴黎；而在法国马奇诺防线的正面，以佯动进行牵制，待主力攻占巴黎绕到该防线侧背时，再进行前后夹击，围歼该地法军。当德军占领丹麦并在挪威取得决定性胜利后，德军认为"进攻西欧的时机基本成熟。"

在进攻西欧的方案实施之前，希特勒召开了最高统帅部会议，会上希特勒对当前的战争形势作了总的分析和讲解，各集团军高级将领认真地作了笔录，还纷纷表达了自己的看法，最后，希特勒对此次重要的军事行动作了简明扼要的总结：

首先，迅速组织两个集团军群，"A"军负责主攻，突破阿登地区，直插盟军主力的侧翼和后方；"B"军负责助攻，其18集团军进攻荷兰，6集团军进攻比利时，以转移盟军对阿登的注意力。为了造成假象，使盟军认为德军主力的目标是比利时，当"A"军44个师在阿登边界待命时，"B"军指挥官博克上将命令第6集团军全速向西移动，突破比利时的艾伯特运河防线。

到1940年5月初，德军已在从北海到瑞士一线集中和展开了136个师、坦克3,000多辆、飞机4,500架。德军由"A"集团军群担任主攻，共44个师，配置在亚琛到摩泽尔河一线，

↑ 德军名将曼施坦因。

其任务是经由卢森堡和比利时的阿登山地区，向圣康坦、阿布维尔和英吉利海峡沿岸方向实施总突击，割裂在法国北部和比利时境内的英、法盟军；"B"集团军群共28个师，集结在战线北翼荷兰、比利时国境线至亚琛地区，其任务是突破德、荷边境上的防线，占领荷兰全境和比利时北部，然后作为德军的右翼向法国推进；"C"集团军群共17个师，配置在马奇诺防线正面，其任务是进行佯攻，牵制马奇诺防线上的法军；德军预备队共47个师，配置在莱茵河地区。

而英、法等国则对当时的战略形势判断失误。法国方面认为，德国打败波兰后，可能要继续东进攻苏联，即使进攻法国也要在四五年之后；英国则指望地面作战由其盟国承担，自己只以海上封锁和战略轰炸来消耗德国；荷兰、比利时和卢森堡三国以为只要严守中立，就能避免卷入战争。

因此，这些国家均没有发现德军的战略企图，战前也没有做好充分准备。直到1940年3月12日，盟军的作战计划才最后确定下来。这个代号为"D"的作战计划规定，如果德军向比利时实施主要突击，盟军则以2个法国集团军和1个英国集团军的兵力向比利时机动，在比利时集团军的掩护下，将德军阻止在代尔河一线；如德军向马奇诺防线实施正面进攻，则以1个集团军群进行坚守防御，并以1个集团军群为第二梯队增援；英国在海上担负封锁德国的任务。法国、荷兰、比利时、卢森堡和英国远征军共有135个师、3,000多辆坦克、1,300多架飞机，并可利用英伦三岛上的1,000多架飞机支援战斗。荷兰的10个师，比利时的22个师都部署在本国东部国境线上。法国和英军共103个师，编为3个集团军群：第一集团军群共51个师，配置在法、比边境和法国北方各省；第二集团军群共25个师，配置在从瑞士到卢森堡的马奇诺防线上；第三集团军群共18个师，配置在瑞士边境的马奇诺防线之后；法军的战略预备队为9个师。

No.2 声东击西

1940年5月10日，一个少云的晴朗天气，丘吉尔的新政府进入了国会，与此同时，在盟军的西部前线上，推迟太久的德国的攻击即将拉开帷幕。德军"B"集团军群第18集团军投入了激烈的荷兰之战，该集团军群的第6集团军则同时开始了向比利时的浩浩荡荡的挺进。希特勒除了把库赫勒将军的10个师投入荷兰之外，他还有另一个尚未宣布的重要计划：等时机成熟，他便准备派他一向信任的瓦尔特·冯·赖歇瑙将军率领的23个师向西部的比利时挺进。在他看来，这次攻击，他要的不是真正意义上的成功，如果这次进攻能转移盟军对他把阿登地区作为主攻方向的注意力的话，那就是最大的胜利了。

为了与库赫勒在荷兰的行动取得一致，希特勒考虑再三，听取了部将的意见后，最终将这次攻击计划的时间定为5月10日。这次攻击计划和在荷兰的军事行动，希特勒一手交给"B"集团军群司令费德·冯·博克将军设计和组织。

果不其然，希特勒一向委以重任的费德·冯·博克将军并没有辜负他的期望。接到任务后，博克将军就几乎足不出户，一心只想向希特勒拿出最令他满意的方案。还不到三天时间，一向以效率著称的博克将军就将他精心设计的方案送交了过来。注重结果的希特勒来说，无疑对博克将军的工作态度非常满意和大加赞赏。

　　希特勒在他那新装不久的豪华而雅致的总统府办公室里，认真地看完博克将军所设计的方案。5月的天气说热不热，一场雷雨之后，窗外是格外的清爽和干净。希特勒每当看完一个重要文件，都会一动不动地站在他那宽敞明亮的办公室的窗台前，凝视窗外很久很久。现在，正值午后，忙了一上午的他似乎有点累了，取下他那考究的黑边金丝眼镜，从他的专用旋式靠椅中站起身来，信步走到窗前，长长地打了一个呵欠，不大的眼睛近乎眯成了一条细线，嘴角动了动，喃喃道：

　　"只要突破艾伯特运河防线，再强大的敌军也是插翅难飞啊。到时候，我就可以来个'瓮中捉鳖'了！……哈哈，就这么干吧！"

　　想到这里，他心情愉悦了很多，刚才的困意也不见了。随即，他又折回身子，径直朝他的特大写字台走过去，似乎又想起了什么，赶紧抓起电话，说："赖歇瑙将军，你马上到总统府来一下。"

　　瓦尔特·冯·赖歇瑙将军接到希特勒的电话后，赶紧扔下他的一帮棋友，不敢作一丝儿耽搁，午饭也顾不上吃，便驱车赶了过来。他走到总统府门前，走过长长的走廊，来到希特勒的办公室门口，轻轻地推了一下门，只听见里面人回了声"进来。"门吱呀一声开了，赖歇瑙寻声望去，只见希特勒的整个身子几乎都陷入了诺大的军用地图之中。见赖歇瑙将军推门进来，希特勒头也没抬，只是挥了挥手。赖歇瑙小心翼翼地拉了过座位，听候希特勒的吩咐。过了两分钟，希特勒将地图移到一边，突地从自己的专用旋椅中站起身来，身子略向前倾了倾，急速地同赖歇瑙将军握了握手，算是一个简单的寒喧。受宠若惊的赖歇瑙将军向希特勒行了一个标准的军礼，然后凑上跟前轻轻地说：

　　"我的元首，您有什么吩咐啊？"

　　希特勒微笑地盯着他，示意他坐下。刹那间他的笑容不见了，脸上迅速恢复了刚才严肃的表情，他绕着长长的写字台来回走了几步，又停顿了下来，再一转身走到赖歇瑙的正对面，一字一顿地说：

　　"现在任务紧急，你立即率领23个师向西部的比利时挺进，要尽一切手段直接突破艾伯特运河的坚固防线。"

　　在驱车奔往总统府的路上，赖歇瑙将军一直在琢磨着元首将有什么样的任务分配给自己，心中早已有这样那样的准备。艾伯特运河的坚固防线他早有所闻，也曾经在最高统帅部召开的会议上发表过一些看法，深得希特勒的赏识。会议才过去两天，这个难题却瞬间就摆在自己的面前，而且这些话一旦从希特勒的口中说出来，他还隐隐地感觉到此次任务不同一般。此时，他能体会到希特勒对他说的每一个字节甚至每一句话的真正份量。

　　全力协助博克进攻比利时，这对于虚荣心极强的他来说，多少感到有点不痛快。但面对就在眼前站着的希特勒，他却一时语塞，直直地站在那儿。希特勒似乎看出了他的顾虑，又补充了一句：

"你此次任务的完成将直接关系到这次行动的成败。"

赖歇瑙将军听希特勒这么一说内心略微振动了一下，显然心里有所触动。不由得为自己刚才的心不在焉而后悔，心里则避免不了一番更为复杂的思想斗争：

"我的任务其实很重大，大计划的成功与否还得看我此次的行动啊！"这么一想，他又自然联想到艾伯特运河——堪与法国的马其诺防线相媲美的防线，将由自己来征服，心里不觉洋洋得意起来。想到这里，他一扫刚才颓丧的神情，笑容也舒展开来，思路也比刚才开阔了很多。在出门前，不觉将身子挺得更加笔直了，看着如此器重自己的元首，毕恭毕敬地向他行了军礼后，昂着头大踏步地离开了希特勒的总统府大门。

正如希特勒所预料的那样，盟军此时确实认为，德军的主攻方向和1914年一样，是通过列日攻打布鲁塞尔。德军第6集团军的行动就是要使盟军感到自己的预料是正确的。如果希特勒的一切计划不出任何差错、能够按指定的日期顺利实现的话，英国和法国的军队就会向北进入比利时，从而去阻击第6集团军。这样，担任西线主攻的"B"集团军群的伦德施泰特将军就可以集中兵力迅速突破阿登地区，从而出奇不意地突入盟军主力的侧翼和后方。正如希特勒事后所说的：

"我把攻击的重点放在想要突破的战线左翼，同时在另一翼采取了佯攻。"

当伦德施泰特的45个师的庞大突击部队在阿登对面的德国边界上静悄悄地停下来准备进攻的时候，"A"集团军群的博克上将让赖歇瑙指挥的第6集团军尽量进入靠近艾伯特运河的出击位置。虽然博克知道自己的任务是辅助大部队能更好发挥进攻优势，但一贯自尊心极强的他并没把这当作唯一的任务。他仍希望能以令人吃惊的速度向西推进，以使盟军确信德军的主要进攻力量是从比利时向前推进。而德军进攻比利时的最大障碍，就是艾伯特运河。

与此同时，身为一名久经战场考验的军人的赖歇瑙，建功立业的想法一直在他心中压抑着，而虚荣心极强的他也和其他正常的军人一样，也希望自己的部队来个一鸣惊人，紧紧抓住这个重要的时机，使自己的部队以令人无法想像的速度向西推进。可如今面对桥下激流澎湃的艾伯特运河，他一筹莫展。为了不使部队的力量作无谓的消耗，他只好下令，先让部队在这里驻扎下来，等办法想好之后再做好出击的准备。

根据任务安排，德军要进攻亚琛——马斯特里赫特—布鲁塞尔一线，就必须渡过这条运河，或者可以说，赖歇瑙的纵队必须在马斯特里赫特完整地拿下横跨马斯河上的一座桥梁，对艾伯特运河上的许多桥梁至少也要拿下一个，否则，进攻在还没有获得机会发挥锐气之前就会不得不停滞下来。这样一来，部队的士气就会大受影响，这个影响将会直接波及整个战场，最终严重影响到整个进攻的计划。这些桥梁理所当然地成为德军发挥进攻优势的关键。比利时的要塞埃本·埃马尔要塞此时在德军看来，是一座挡住进攻路线的重要障碍，而对于比利时人来说，以这个要塞的完好和稳固，任凭再强大的德军，也只会手足无措。另外，这个要塞不亚于比利人的护身符，整个国家人民的安全都与它息息相关，也不可避免地成为双方争夺的焦点。另外，这条看似普通的运河防线却暗藏玄机，里面可谓是机关重重，每一个要点都有比利时军的严加看守。这条曾经被比利时的军事首脑们誉为比马其诺防线或齐格菲防线更坚固的防线，是欧洲乃至世界上最难攻克、可以长期驻守的堡垒。德军要想攻克下来的确非容易之事。也正为这样，喜欢怪异和挑战的希特勒对它产生了浓厚的兴趣，而一旦决定，依他的性格，就务必拿下来。深知希特勒性格的赖歇瑙将军，自从接到任务后，哪里敢有半点怠慢，立即派人对艾伯特运河的周边环境作了详细的侦察，并作出种种可能的分析和判断。在对艾伯特运河有了一个全面而清楚的认识之后，他开始进行了有条不紊的作战部署。计划响应希特勒的命令，于5月10日空降突击埃本·埃马尔要塞，从而夺取埃本·埃马尔要塞西北部的艾伯特运河上的3座桥梁：坎尼桥、弗罗恩哈芬桥、费尔德韦兹尔特桥。

No.3 比利时的"东大门"

这条让人望而生畏的艾伯特运河位于城西，与马斯河平行，形成外围障碍，河岸陡峭，遍布防御工事，

第一次世界大战后，西欧各国为了防御德国侵略，在与德国相邻的边境上都相继构筑了坚固的筑垒防线：在荷兰为哥雷比——起尔防线；在比利时为艾伯特运河防线；在法国为马奇诺防线。这三条防线自北而南，互相衔接，连绵数百公里。而艾伯特运河防线则自然而然掩护着整个比利时，在当时具有重大的战略意义，所以比利时布置了12个师，近1/2的兵力扼守，控制着艾伯特运河和马斯河上的桥梁与渡口；特别是运河东南侧著名的埃马尔要塞扼守着运河，更是固若金汤，被喻为比利时"东面的大门"，艾伯特运河防线的"铁锁"，可与法国的马其诺防线相媲美。然而，比利时人只注意防贼破门而入，却忽视了精明的"贼"从天而降的可能性。要塞所在的高地是个平顶，面积很大，却未采取任何防范措施。这无疑给德军带来了很多想像的空间。也正因为这个艾伯特运河防线的重要战略意义，德军决定首先突击这个要塞，并夺取运河上的3座桥梁——坎尼桥、弗罗恩哈芬桥和费尔德韦兹尔特桥。

埃本·埃马尔要塞开始建立的时间在1932年，经专家们与技术人员的通力合作，经过3年的昼夜赶造，于1935年全部竣工。从外观上看，这座要塞实际上是一个精心设计建造的堡垒群，它是仿照马奇诺防线错综复杂的防御工事构筑的。它地处荷兰与比利时的交界处，座落在运河的西边，位于马斯特里赫特城和维斯城中间，控制着十公里距离内所有马斯河和运河上的渡场，是艾伯特运河的重要组成部分，是马奇诺防线北面延伸部的强大筑垒和重要支撑点，同时也是比利时东部防御体系的核心。

这座要塞筑在高于运河36米的悬崖峭壁里，崖下是滔滔的艾伯特运河；南面横着宽大的反坦克壕和7米高的防护墙；东面的马斯河与运河构成天然屏障，河上的桥梁均在火炮射程之内；北面有一条人工开掘的长壕，随时都可以放水截断通路；山脚周围，构筑了防坦克

壕，设置了大量障碍物。

整个要塞被所谓的"运河带"和"战壕带"包围起来。从外表上看，它只是一座南北长900米，东西宽700的花岗石小山；实际上，所有工事和掩体都构筑在天然岩石上，全与其浑然一体，而且要塞的上面没有暴露的石工痕迹，也没有暴露阵地的建筑物，而且长满了杂草，难以发现。要塞巧妙地把炮台、转动式装甲炮台、高射炮阵地、重机枪阵地等结合起来，构成了一个完备的防御和进攻体系。各部分由长达45公里的地下坑道连接成一个整体，所有武器都部署在最能发挥功效的地方，每个通入要塞的坑道都可以阻止敌人的进攻。要塞的武器配备齐全，在要塞顶部有可伸缩的用液压升降供给弹药的4座暗炮塔，塔上装有大量重型武器，有安装在转动式装甲炮塔上的120毫米火炮18门，其射程对任何方向都是16公里；高射炮6门，60毫米反坦克炮12门，轻、重机枪37挺；这些火炮和机枪只是要塞火力的一部分，因为它的火力是同野战工事有机地联系在一起的。与这些火力相配合，沿要塞外缘的壕沟边建有无数掩体、地堡、掩蔽壕以及互相支援的火力发射阵地，里面配置了大大小小各种类型的火器。在要塞顶上，对于一般的炮击，埃本·埃马尔要塞无疑是可以经得住的。实际上，防御计划已将敌人一旦突破山脚下的外围防线时向要塞顶部实施猛烈炮击的可能性考虑在内了。由于要塞如此坚固和火力如此强大，守卫这一地区的比利时第7步兵师的1,185名驻守士兵镇守着长达19公里宽的防御正面，构成了欧洲最重要的防御阵地和世界上最坚固的要塞。这些士兵由乔特德兰少校指挥，住在距地面25米的掩体内，并存储了大量淡水、食品和弹药，可供长期防守。

再说艾伯特运河上的坎尼桥、弗罗恩哈芬桥和费尔德韦兹尔特桥。它们是由东向西越过运河的必经之路，每座桥梁由1个班防守，包括1名军官和12名士兵，有反坦克炮1门和机枪等其他轻重武器；在要塞炮火的支持下，这个分队有相当强的坚守能力。大桥附近戒备森严，筑有桥头阵地。桥头两侧600米范围内还筑有水泥地堡，而且附近驻有部队，可以迅速给予增援。为防备万一，桥墩上安装了炸药，还设置了两种爆破系统：电子爆破和常用的引信爆破。后者的延迟时间也只有两分钟，这样随时都可以对桥梁实施破坏，阻止敌人前进。

平时这3座桥梁的守备分队属埃本·埃马尔要塞指挥，在要塞炮兵火力的控制之内。在要塞炮火的支援下，守桥分队可以经得起一场激烈的战斗。而且增援部队相距不远，一旦桥头吃紧便可及时到达。即使桥梁不幸失陷，埃本·埃马尔要塞的大炮也能制止对方的前进，使对方不管夺取哪座桥，都得付出巨大的代价。

到5月10日这一天，比利时军队共有22个师，包括18个步兵师（其中只有6个是正规师）、2个摩托化师、1个骑兵师、1个重炮兵师，共约65万人。比军没有坦克，防空设施薄弱，只有1个战斗机团。其战前的部署是这样的：4个师配置在荷比边境一线，6个师用来保卫安特卫普至那慕尔的"KW线"，12个师扼守艾伯特运河。比利时因种种原因，在战争爆发前还未最后确定战争的打法，对于固守哪块阵地也还未做出最后的抉择。因为艾伯特运河防线掩护了整个比利时国土，所以军队自然而然地将兵力重点配置在这一线。

第2章
CHAPTER TWO

滑翔机出动

★针对要塞的地形特点，科赫计划使用滑翔机将突击队直接降落在要塞上面。将要使用的滑翔机是德国空军优良的DFS－230式滑翔机，这是德军为执行空降突击任务于几年之前研制出来的。

★将军紧盯住上尉的眼睛，似乎想从中发现些什么，然而科赫是如此的自信，使得斯徒登特心中的疑虑慢慢消除。最后，科赫上尉胸有成竹地说："将军，我会亲自训练这些工兵和伞兵的。让他们精通喷火，机枪、破甲、迫击炮和爆破，具有极强的进攻能力。请您放心。"

No.1 绝少的兵力

德军一直对埃本·埃马尔要塞十分感兴趣，其程度至少和比利时人一样。自1938年起，他们就开始搜集有关要塞的资料，研究如何摧毁埃马尔要塞。至1939年初，他们终于获得了要塞内部的详细设计图。德军依靠这些图，悄悄地对这个坚固防御体系进行了认真的研究，并结合情报人员的活动，完全掌握了要塞的结构。为了找到摧毁它的特殊方法和进行袭击的准备，根据情报人员的了解和要塞的设计图纸，德军于1939年秋天开始仿造了两个埃本·埃马尔要塞。他们在格拉芬弗尔军事训练中心造了一个规模完全一样的"复制品"，在希尔德斯海姆空军训练基地又造了一个虽小一点但几乎一模一样的模型。

希特勒本人对解决如何突袭埃本·埃马尔要塞这个难题也相当关心，并给以高度的重视。出人预料的是，他就此问题征求了一个女人的意见。被征求意见的人是一位富有朝气的著名女飞行员汉娜·莱普，她是极少数与希特勒保持长久关系的女人中的一个。莱普小姐是一名熟练的滑翔机飞行员，当她听到希特勒说起攻击埃本·埃马尔要塞的困难后，立即建议使用部队乘滑翔机进行无声的突击。

当时，德国的空军力量十分强大。他们拥有世界上一流的飞机，容克－52运输机和DFS－230式滑翔机。容克－52运输机由德国的容克飞机发动机公司研制，原应用于高空气象探测，在德国航空部长伍德特的指示下，发展成为军用运输机，可运载20名伞兵和2吨货物，航程1,880公里，性能安全可靠。1936年的夏天，它先后从北非运出9,000名士兵，44门大炮，137吨弹药，援助西班牙佛朗哥政权，充分显示了其卓越的特性。莱普小姐就曾驾驶过这种飞机，对它印象非常深刻，这次良机也使她向她亲爱的元首希特勒推荐了一番。而由汉斯·雅克布斯设计的DFS－230式滑翔机是一种带支架的单翼飞机，机身为长方形，机长11.3米，翼展22米，重900公斤，载重1吨，为钢管架结构，外蒙亚麻材料制成的蒙皮。它着陆速度低，安全舒适，易驾驶，深受欢迎；另一方面，受到第一次世界大战的约束，德国只能致力于滑翔机的训练。但很快他们就发现这种无动力的轻型飞机可以搭载伞兵机降作战，欣喜之余，德国加强了滑翔机的研究和投入。

1933年，德国约有50%的民用航空公司完全变成了陆军航空队。飞行员们穿着军服执行军事任务，并进行轰炸与空战方面的训练，为德国的战争机器储备了大量的空勤人员。1935年，德国空军重新组建，戈林在柏林建立德国空军空降兵飞行学院，抓紧试验军用滑翔机，培训驾驶员。1936年，斯图登特将军组建了德军第一个伞兵团。1938年秋天，空降部队成立小规模滑翔机指挥部。这个指挥部证明了在突击一个守备力量较强的狭窄地段时，滑翔机部队往往比伞兵部队具有更强的实力。因为伞兵运输机隐蔽性差，空降时易被察觉。即使从90米的最低跳伞高度跳出，伞兵也有15秒在空中飘荡，毫无还击之力。着陆后，士兵还必须抛掉伞具，寻找武器和队友，浪费了进攻时间，可能失去第一轮进攻时间，而滑翔机则很好地避免了这些缺点。它可以在浓浓夜色的掩护下，悄悄进入目标区域，滑翔机着陆后，战斗人员能够立即投入战斗。

基于上面所介绍的强大的空军后盾，再加上希特勒对莱普小姐的建议发生了兴趣，他马上召见了戈林、斯图登特和航空工程师格哈特·康拉德。

　　"将军们，我决定把攻克埃马尔要塞的任务交给你们。给你们1个营、一些工兵、容克－52飞机和滑翔机，应该足够了。"

　　希特勒挥舞着手臂，兴致勃勃地继续说：

　　"我们德国的士兵战无不胜！不需要更多的人，否则只会削弱进攻荷兰的力量。"

　　以1个营对付装备精良、据险扼守的1,000多名比利时政府军，正是"鸡蛋碰石头"，更别说是要攻克埃本·埃马尔要塞这个难啃的硬骨头，简直难于登天了。然而，他对希特勒古怪的性格十分了解，一旦他说出口的事情，要让他改变主意，也是比登天还难。因此，尽管斯图登特心中暗暗叫苦不迭，也不敢违抗命令，只得硬着头皮接受了这一任务。

　　斯图登特估计，夺取要塞所需人数最少也得500人，而且这些人可以由伞兵和滑翔机配合发动攻击，这就证实了莱普小姐建议的可行性。斯图登特向希特勒推荐了了一名他非常了解并且深信会完成这种任务的年轻军官担任突击埃本·埃马尔要塞的指挥官。这位年轻军官就是他的一名参谋沃尔特·科赫上尉。

　　1939年10月下旬的一天，希特勒亲自召见了斯图登特的得力参谋，此次突击队的队长沃尔特·科赫上尉。希特勒走到墙边，用力拉开一张比利时大地图的布帘，手指着埃本·埃马尔要塞，阴沉着脸说："上尉，你看见了吗？这是扎在我身上的一根刺，我要你带上1个营去拔掉它。你面对着的，不仅仅是1,000多人的要塞守备部队，还有配置在要塞附近的比利时1个整师。一定要把这个要塞拿下来，还要夺取坎尼、弗罗恩哈芬和费尔德韦兹尔特等艾伯特运河上桥梁。怎么样？有这个胆量吗？"

　　上尉立正、低头，毫不犹豫地回答道："为元首效劳，我愿带兵攻下要塞。"

　　希特勒马上换上了一副笑脸："好的！我们德国就需要像你这样的军人，真正的军人！"

　　希特勒拨给科赫的部队只有伞兵第1团的1个加强连，一些工兵和这次进攻所需的容克－52飞机和滑翔机。这个由科赫上尉担任队长的专门执行袭击埃本·埃马尔要塞任务的空降突击队名义上是成立了。希特勒命令他马上着手准备。

　　作为年轻人的科赫上尉，好胜心极强，对于希特勒的进攻埃马尔要塞的疯狂决定，只要是希特勒的命令，他总是满口应承，让希特勒非常满意。但这一次让他攻打这座令人生畏的埃马尔要塞，他心里却并没有多大的底。面对如此坚不可摧的要塞，希特勒居然只拨给他如此少的兵力，这使他倍感压力。然而，做事冷静的科赫上尉，并没有被压力吓倒，他与别的军人所不同的是，无论事情大小，只要接受下来，他都非常细心而专致地完成它。这次，他深感责任的重大，不敢浪费每一分每一秒的时间，立即着手他的要塞研究工作。面对摆在眼前需要自己去攻克的堡垒，他尽可能地找来了一些相关资料，开始一点一点地熟悉和了解。

　　针对要塞的地形特点，科赫计划使用滑翔机将突击队直接降落在要塞上面。将要使用的滑翔机是德国空军优良的DFS－230式滑翔机，这是德军为执行空降突击任务于几年之前研制出来的。

早在1932年，当时设在瓦萨尔库帕的罗恩·罗斯济登协会就制造了一架长翼滑翔机，用飞机拖曳，能利用强烈的上升气流上升到高空进行气象观测。1933年，这架能在空中飞翔的气象观测滑翔机随同新组建的德国滑翔飞行研究所迁到达姆施塔特的格里斯海姆。在这里，它首先用来做被拖曳飞行的滑翔机教练机。当时还是德国滑翔飞行研究所女飞行员的莱普小姐，就是最早试用容克－52飞机拖曳滑翔机的人之一。后来任德国航空部长的乌德特听到这个消息后，前来达姆施塔特考察了这架滑翔机。他认为这种大型滑翔机完全能用于军事目的，可以用它把笨重的物资送到前线，也可以用它给被包围的部队运送弹药和粮食，说不定还能把相当数量的兵力悄悄地运到敌后。乌德特和这家研究所的研究人员谈了这些想法。

　　不久，这家研究所接受了制造军用滑翔机的定货。军用滑翔机由汉斯·雅克布斯设计制造，并命名为DFS－230型。1937年，DFS－230式滑翔机在哥达车辆厂投入成批生产。这是一种带支架的高单翼机，长方形的机身采用的是用亚麻材料蒙着的钢管结构。机长11.3米，翼展22米。起飞后扔掉特大的机落架，着陆时使用一个坚固的机腹金属滑橇。这种滑翔机自重900公斤，能载1吨重的货物，也就是说，可以乘载10名全副武装的士兵。由于它的着陆速度低，可达每小时50多公里，因此很受空降部队的喜欢。

　　从1938年秋天开始，在当时还处于绝密之中的斯图登特的空降部队里，就成立以基斯少尉为首的小规模运输滑翔机指挥部。从演练的结果来看，当突击一个守备力量较强的狭窄地段时，滑翔机部队要比伞兵更有把握取胜。因为当运载伞兵的运输机飞抵时，总要先被敌人发现，然后才能空降。即使从90米的最低跳伞高度跳伞，伞兵也还要有15秒钟的时间在空中飘荡，处于被动挨打的境地。而且，即使伞兵以最快的出舱速度，在7秒钟内全部跳出机舱，1个班也要散落在300米长的地带上。着陆后，伞兵们还必须抛掉伞具，集合，寻找投下来的武器箱，这就浪费了宝贵的时间，使敌人有可能对最初的冲击作出及时反应，抓住对伞兵最不利的时机，争取战斗主动权。而运输滑翔机就全然不同了。它可以在黑暗的夜色掩护下，悄悄地进入目标区域，这就使奇袭的效果更为理想。滑翔机驾驶员可以使这些"鸟"降落到目标附近20米之内。士兵们从机身的宽大舱门跳下后，就能够立即投入战斗。

No.2　灵光乍现

　　沃尔特·科赫上尉接受任务之后，就开始不分昼夜地对埃本·埃马尔要塞作了认真研究，并着手下一步进攻计划。

　　"只用1个营，这怎么可能呢？"

　　科赫对于希特勒的一时冲动的主张显得非常不解，畏于元首的权威，他只能在希特勒面前虽然表现得非常自信，心中毕竟没有把握，禁不住暗地里为自己捏了一把冷汗。为了顺利完成任务，他呆在格拉芬弗尔，每天详细观察要塞模型，查看各种照片和地图，并做到熟记的程度，他还多次乘坐侦察飞机从空中对要塞进行了反复侦察，以获得更多的资料。为了确保万无

↑ 训练中的德军滑翔机及牵引机。

一失，他还专门制作了埃本·埃马尔要塞的模型仔细研究，以期望能在这里找到突破口。

"这么点儿人，白天进攻等于去送死，其代价必然很大。那么，就晚上吧，来个奇袭。让滑翔机直接降落在要塞顶部。"

"对了！攻其不备才能以少胜多，历史上这样的例子不是很多吗？只有这样，才能成功地夺取要塞。"

科赫上尉险些为自己的发现惊呼起来，他的拳头握得更紧了，悬在空中定在那儿。

"为了在夜间提高攻击初期的突袭效果，我还得注意些什么呢？"

科赫拿起笔，一只胖乎乎的圆圆的手长时间地托着下巴，眼睛紧盯着地图，在纸上不停地画啊……最后终于确定了第一个应该注意的要素，即在攻击之前不实施炮火准备和航空火力准备。接下来，他的思路更加开阔了。当夜幕降临的时候，一天未出大门半步的科赫，心中的计划这才了眉目。悬在心里的一块石头终于落了地。他离开了座位，做了一下伸展运动，让自己的身体完全放松。他推开门，夜色已经笼罩下来。他却似乎看到了前面的一丝曙光，埃马尔要塞不再像人们所说的那样坚不可摧了。想到这里，他又折回到巨大的军用地图前，兴奋地比画起来：

"对，滑翔机直接降落在这儿"，他用黄颜色的笔用力一勾，停顿了一会，嘴角边开始流露出一丝难以察觉的微笑。

"在要塞上方压制敌方的火力，就像把地雷的引信给拔了，再来个瓮中捉鳖，不就行了！嗯，这3座桥怎么办？"科赫又碰到了难题，不禁陷入了沉思。

1939年10月，斯图登特将军的办公室内，将军坐在大办公桌后，倾听科赫的汇报。

"将军，要塞里面的敌人并不可怕，把洞口一堵，他们就出不来。难对付的是比利时人配置在要塞附近的部队，战斗打响后，他们会很快地通过费尔德韦兹尔特、费罗恩哈芬和坎尼桥前来增援。因此，要想攻占要塞，首先应夺取这3座桥梁。"

将军对这个年轻人的想法暗暗称奇，不禁赞道：

"很好！讲下去。"斯图登特高兴的神情挂在脸上。

"将军，我需要1个加强伞兵连和2个工兵排，将他们分成4个大组，每组80人，其中编有喷火、机枪、破甲、迫击炮和爆破战斗小组。我打算以其中的3个大组分头夺取3座桥梁，以一个大组攻打要塞。我们将乘坐滑翔机前往。"

说到这里，科赫顿了顿，看了看将军，见他频频地点头，示意接着往下讲。

"将军，我决定在攻击之前不采取火炮准备和航空火力准备，以免打草惊蛇。当部队攻上埃马尔的顶部后，再进行支援。"科赫滔滔不绝地讲叙冥思苦想了多日的计划。

"只用80至100个人攻打要塞？你有把握吗？"听完之后，斯图登特不放心地问。

"将军，我有把握。利用不测的进攻时间和独特的攻击方式，必将达到出其不意的效果。只要其他3个战斗分队配合，夺取了坎尼桥、弗罗恩哈芬桥和费尔德韦兹尔特桥，截住前来支援的比军军队，那些要塞里面的驻军就容易对付了。堵住他们，等待伞降增援部队一到，各个歼灭就行了。"

科赫自信地一一作了回答。

"这些分队能否完成任务？"

将军紧盯住上尉的眼睛，似乎想从中发现些什么，然而科赫是如此的自信，使得斯徒登特心中的疑虑慢慢消除。最后，科赫上尉胸有成竹地说：

"将军，我会亲自训练这些工兵和伞兵的。让他们精通喷火、机枪、破甲、迫击炮和爆破，具有极强的进攻能力。请您放心。"

听了科赫的话，斯图登特的心宽了不少。多年的相处，他深知科赫上尉的能力。这个计划后来呈交到希特勒那里，也得到了他的完全赞同。

第3章
CHAPTER THREE
战前模拟

★西方的军事评论家曾如此评论过特种部队：任何国家的军队，最有战斗力的是其特种部队。因为特种部队的行动神秘莫测，就像一个飘忽不定的"幽灵"。这支部队有超常规的编制装备、超常规的作战行动以及超能力的战斗队员，常常让对手觉得是在同"魔鬼"作战。

★把进攻时间规定为日出前30分钟，这是希特勒从无数次战争训练中总结出来的，这是滑翔机驾驶员能够勉强看清地形的时刻。就这样，德国西线部队中的这伙"冒险家"试图以空降突击来夺取这座世界上屈指可数的著名要塞的准备工作一切就绪了。

No.1 魔鬼般的特种部队

根据这些设想，科赫率领他的突击部队——特种分队，从1939年11月至1940年4月，用半年多的时间在遥远的、靠近捷克边界的格拉芬弗尔训练基地进行了一场极其艰苦和严格的训练。这使得他们成为现代意义的特种部队。

正是因为战争的残酷，才最终决定了训练必须是严酷的，这也是特种部队之所以在军队中奠定自己精英地位的原因所在。

第二次世界大战之后的几场局部战争以及执行反恐怖等特殊任务中，特种部队每每都是行动在先，充当作战部队的先锋。敌后侦察、袭击破坏、直接参战、组织营救，其诡秘广泛的特种行动，使特种部队威名远扬，成为将军手中的"短剑"、令敌人闻风丧胆。

其实在巡航导弹、中子弹、间谍卫星纷纷出现的今天，即使世界的战略思想已经发生深刻变化，特种部队仍然不可替代。而且从原始角度讲，特种部队是冲在事变最前沿的冲锋队员。难怪大力鼓吹发展特种部队的美国军方人士一而再地强调：

"冷战的结束使世界上出现了许多无法预言的冲突，而对付这些挑战，特种部队是最理想的。"

1991年海湾战争中，多数"飞毛腿"导弹都是被美军特种部队引导消灭的。美国特种部队常为此自豪地说，他们常常比美国最先进的隐形飞机更有效、更经济。

但由于保密的原因，特种部队的动向常常不为常人所知晓，也因此一贯被人们誉为神秘面纱下的奇兵，其战斗力已经达到了惊人的水平。

训练先从理论课开始，并利用沙盘和立体模型等形象教具施教。由于希特勒曾着力要求预行演习和训练要绝对保密，非经当局允许，泄密者一律处死，因此，突击部队在希尔德斯海姆空军基地组建起来后，就基本上与外界隔绝了。这里规定没有正常的休假，一律不准士兵私自外出，来往信件要经过严格的检查，禁止和其他部队的人员交谈，等等。

此外，每人还必须在一项规定上签名。规定上写的是：凡用书信、绘画或其他方式将本部队的性质及其任务泄露给他人者，不管有意或无意，格杀勿论。实际上，在训练期间，确有两人由于违反了这项规定被判处死刑。不过，他们在这次作战成功后得到了赦免。为了绝对保密，尽管士兵们都对要塞的内部工事设施了如指掌，但要塞的名字却直到所有训练结束后才告诉他们。

要说特种部队训练中真正最有特色、最令人记忆深刻的训练，或许非野外生存训练莫属，用特种部队队员自己的话说，那练的才是真正的"生存技术"。

科赫上尉的部队继理论训练之后，便开始了不分昼夜、不分天气的场外训练。按照规定，训练的第一个项目是：野外生存。

特种部队必须穿过一片一眼望不到边的丛林。队员的武器装备很简单：战靴、野战佩刀、新式轻武器和一顶头盔。临出发前，每个队员的口袋都被翻了底朝天，连一分一角的零钱都被收拢，装进提前准备好的牛皮纸信封，然后写下各人的姓名统一收存。军用挎包里，分给每人的口粮是：1公斤大米加5小块压缩饼干。凭这少得可怜的粮食，小分队要急行军7天7夜，行程200多公里，中途还须翻越一座海拔近3000米的高山，而这中间可利用的东西只有盐和火柴，这也是出发前给每人配发的必备品。

野外生存的第一个难题似乎永远是水，而在野外最难寻找的也是可以饮用的水。别看森林里到处都是小溪、水洼，但水中多半含有许多有害的细菌，甚至会有毒。队员只能跟随着动物和鸟类的踪迹，在它们饮水的地方取水饮用。实在找不到水源，那就只得在植物身上动脑筋了，这时用途最大的就属多用途军刀了。

"在丛林深处，最难得一见的取水方法是几名特种队员砍下一节粗壮的藤葛，几个人分两头手持藤葛的两端，像拧湿衣服一样开始猛拧藤葛，一会儿我们就得到了大约500毫升左右的水。但是，关键的是，如果挤出来的汁液是乳白色或略带苦咸的，那就万万饮不得，否则就会中毒身亡。

挖掘食用野生果食充饥也是特种兵赖以生存的手段之一。为了判别某种食物是否有毒，他们有一个极其简便易行的方法：用刀把植物切开一个口子，撒上一撮食盐，如果不变色就可食用，如果变成黑色或别的颜色则千万不能食用。

越往深山里走，危险和困难就越大，于是相应的保护措施也必须跟上。特种部队必须穿上紧身的防水服装，并将领口、袖口、裤脚口用绳子扎紧，以防止毒蛇和毒蝎的侵袭。这样，太阳的灼烤加上行军服的闷热，让人觉得这简直就是行进间的桑拿。不仅如此，在密林中行军，一定要寻找并踩着大型野兽的脚印走，这样会很大程度避免误入有毒区或沼泽地。"

"在野外，一定要吃新鲜的食物"。这是特种部队铁定的原则。哺乳类、爬虫类、鸟类、鱼类、昆虫等，只要能动的东西都可以成为人的食物。蛇、蜥蜴去头除毒后，可以全部食用，白蚁、金龟子、蚂蚱，都是很好的食物。头顶的烈日开始持续而垂直地照在身体上，如果有人歪斜着倒下或中暑了，无论理由多么充分，都有被请出部队的可能。

"在原始森林，人们很难想像到特种部队的'馋样'，也就不知道什么叫'动物凶猛'了。特种部队队每遇到枯树，就撕下一大块的烂皮，这时会有成千上万只蚂蚁四散狂奔。一开始特种部队还专吃'蚂蚁蛋'，可那东西嚼在嘴里什么味也没有，只觉得舌头一片麻乎乎的。后来也不再挑剔，捧起一把活蚂蚁就狠着心肠往嘴里塞，'嘎吱嘎吱'用牙一顿猛咬，蚂蚁就会在嘴里到处乱跑，想想那情形也够让人终生难忘的。后来连蚁窝都难找到了，他们就开始捉蛇。在小河边的湿地，用野战佩刀挖下去，经常能见到蛇的踪迹。起先还是用钢盔放水煮，可能是蛇肉太嫩了，一揭开锅盖往往只见一锅肉汤。没办法，他们就把蛇放在火上烤着吃，味道还不错，就是恶心得慌。其实最壮观的是捕蛇，在山的阳面，巨石上总会有长蛇盘踞，懒懒地晒太阳。小分队自己动手削制了捕蛇用的木叉，对准蛇的颈部猛叉下去，再捏住蛇尾猛抖，数米长蛇便骨头散架，瘫在地上。蛇肉是丛林中最美味的佳肴。可惜海拔太高空气稀薄，水的沸点过低，'水煮蛇肉'硬得就像橡皮筋，时常要用牙狠命撕咬一块下来，可蛇肉仍在淌血。真没什么能难倒特种兵，他们开始把蛇肉切片放在石板上烧烤，抹上食盐倒别有一番风味。"

西方的军事评论家曾如此评论过特种部队：任何国家的军队，最有战斗力的是其特种部队。因为特种部队的行动神秘莫测，就像一个飘忽不定的"幽灵"。这支部队超常规的编制装备、超常规的作战行动以及超能力的战斗队员，常常让对手觉得是在同"魔鬼"作战。

No.2 残酷的训练

一系列绝非花拳绣腿的生死与技能训练，让人油然生出一种感叹：特种部队的训练似乎总是在超乎人们想象力的苛刻条件下展开的，除了要把不可能变成可能，还要敢于投身到毫无生存可能的极限中。特种队员总是面临这样的现实：他们的训练就是在和死亡决斗。

清晨4时30分，准时起床，特种分队就一早来到了特种训练场，到小树林静坐练"静气功"。6点整，开始爬山或长跑。负重长跑时每人最多要肩背10块红砖（整齐码放在麻袋中，用背包绳捆扎结实），全速奔跑。要求在25分钟内跑完5公里路程。往往是一个星期磨烂一条麻袋，一个月下来红砖贴近身体的一面就发白浸油，那全是特种兵的血汗。

接着进行"铁砂掌"训练。一双手要反复击打用绿豆、铁砂灌制的特殊沙袋15,000多下。先是手掌2/3长起老茧，再是整个手掌厚度增加一倍。而双手流血、裂皮、肉烂都是家常便饭，于是只得天天用秘方配制的药水浸泡，这样既消炎又增功力。待手掌外表恢复如初时，"铁砂掌"功夫才算练成。吃过早饭，上午训练正式开始——擒拿格斗。第一个科目是练头功。要求气沉丹田，先用软木片后用硬木板，不断拍击头顶。练至一定功力，就可以撞树甚至撞墙。等到头顶毛发脱落，并形成两毫米厚的老趼时，便可以做到以头开酒瓶或全砖了。不仅是硬气功，连其他项目竞技的精华都被巧妙地运用到特种训练中。

午饭过后，稍事休息，特种部队下午的训练便开始了。由于特种部队的"尖子兵"在比武前都要做超负荷训练，而且必须每人都要完成负重（人均背4枚手榴弹，脚捆沙绑腿，共计4.5公斤）奔袭10公里。为了让每个特种队员都个顶个的棒，特种队员每天都要做单双杠一、二练习各200个以上；跑400米障碍2次，第一次"热身"熟悉场地，第二次计时跑（不超过1分45秒）；投掷手榴弹数百次，每次须超过50米；一分钟内，俯卧撑100个或70斤杠铃手举60下。

就是这样从早到晚对特种兵来讲最普通也最平常不过的一天，却包含了太多的东西。当然诸如"百步穿杨"的枪法，现在已成为特种兵的一个必然象征。

特种部队的训练通常分为基础训练和专业训练两大类。基础训练是为特种部队队员打基础的训练，是为了"铸成特种部队那种必要的不屈不挠的精神和力量"而设立的，其中包括倒立、仰卧起坐、引体向上、爬软梯、马拉松等训练项目。此外，作为秘密战士的特种队员必备条件就是学会格斗技术，在执行任务过程中突遇敌方的特种兵，不能使用手枪或冲锋枪时，要想打倒对方，就只能依靠格斗，因此特种队员在格斗训练中要特别用心。他们需要掌握空手或使用匕首及绳索等所有可能利用的小刀具来杀死敌人或捕获他们的技术。说是训练，但常常进行的是紧张得喘不过气的真正的胜负之争。

此外，搭帐篷、挖雪洞野战救护方法、抢夺武器、偷袭的方法等，各种生存技术的训练都是特种队员在出发执行任务前重要的基础训练。如此艰难困苦的基础训练的目的是单纯的，即是全面奠定一个士兵作为特种部队合格一员所必需的基本能力，包括单兵战术、野外生存能力、攀登、武装泅渡和轻武器射击等。这是一种对智力、意志、灵活反应能力、身体素质、求生能力的综合性训练，其强度和难度，是没有亲历者难以想象的。

地图判读如今已成为特种队员首先需要掌握的专业技术。在训练中，队员所接到的命令几乎都是去突袭那些地形不明的地方，执行任务之前交给他们的只有一张地图和一个指南针。地图赫然标上了一个红点，这就是"攻击目标"。

爆破也是特种队员需要学会的另一种技术。在空降袭击中，最常用的手段就是爆破。司令部、车辆、桥梁、道路，这些和胜利息息相关的地方，便是攻击的重要目标。而要成功地进行突入和爆破，则需要在了解火药的种类、爆破装置的安装方法、破坏目标的弱点等这些知识的基础上，进行野外的实际爆破训练。

由于爆破物的不同，火药的分量、装填的地方、点火的时间都是不同的，只有牢牢记住这些才能真正地向成功迈进。在目的地前方有湖泊、河流和沼泽时，队员们还必须渡过它们潜入敌方阵地，所以水路潜入也是非常重要的训练。在这种状况下，特种队员不仅要学会驾驶橡皮艇，还要学会运用作战服上衣、木枝或空的水桶等辅助工具进行泅渡，而且必须练就一身十分娴熟的游泳和潜水本领。

一系列绝非花拳绣腿的生死与技能训练，让人油然生出一种感叹：特种部队的训练似乎总是在超乎人们想象力的苛刻条件下展开的，除了要把不可能变成可能，还要敢于投身到毫无生存可能的极限中。特种队员总是面临这样的现实：他们的训练就是在和死亡决斗。

特种部队既需要技能全面的通才，又需要技术过硬的专家，因此特种部队内部也有相应的分工：百发百中的狙击手、翻江倒海的战斗蛙人、胆大心细的爆破专家、迅速敏捷的无线电报务员等等。但有一点似乎是相同的，那就是性格怪僻的人是无望进入特种部队的，因为特种作战行动所处的独特环境，要求每一名队员彼此都要百分之百的信任。因为这不仅关系到他个人的生命安危，面且关系到整个特种作战任务能否完成。

一个只有在特种部队才能一见的奇特现象，许多官兵不爱走大门，爱走窗，不走楼梯，爱爬墙。队员们最拿手的项目就是徒手爬楼：撑在墙垛两角，两脚内侧紧贴墙面，然后一运气整个身子就随之腾空弹起了，跃至半米高处仍呈起始姿态。如此数十回，一转眼就到了楼顶。一看手表，爬5层高楼，整个过程不过30秒！

一望无垠的大海和汹涌翻滚的碧波，是特种队员的又一个战场。身着迷彩服、胶鞋，背4枚手榴弹、1支冲锋枪和灌满水的水壶，在装备重达10公斤的情况下，特种兵要在60分钟里游完3公里！一贯的作法是：将手脚绑住扔到水里学习不被淹死的技巧，并学会有节奏的呼吸，不时地沉到水底再浮到水面，这是一种代替踩水的节省体力的方法。"我只是听听便觉得头皮发麻，真不知道这种本领练起来会不会有生命之虞。

↑ 紧锣密鼓进行水上训练的德军特种兵。

滑雪训练最难的倒不是技术，而是天气，你想想在零下40多度的严寒里，既要训练追踪，又要伪装潜伏和侦察，其难度可想而知。距离能买到新鲜蔬菜最近的地方要100公里，经常能吃的东西只有干菜和粉条，不仅如此，一天6小时左右的训练，就连拿到户外的摄像机都冻得不干活了，队员们手脚、脸被冻伤几乎是在所难免的事。可只有在这样恶劣的环境下，才能真正培养出既能雪上机动，又能雪中伪装和夜间侦察的过硬的雪上尖子部队。

No.3 进一步完善计划

到1939年圣诞节后，他们就以苏台德地区、阿尔特法塔的捷克要塞作为假想目标进行实兵演习了。

计划最后明确后，科赫利用模型反复演练达12次之多。所有的战斗组都乘滑翔机在狭窄场地上练习了几次夜间着陆。为减少滑翔机的滑跑距离，在滑翔机的滑橇上缠上了带刺铁丝，着陆时后面还可放出小型减速伞。训练刚开始的时候，伞兵全都分配在突击埃本·埃马尔要塞的分队里，后来科赫又给每个攻桥分队分配了一个由13人组成的伞兵机枪班。为了能摧毁坚固的混凝土地下掩蔽体，还专门研制出一种50公斤重的锥孔装药炸药包。

实地训练取得了令人非常满意的效果，各突击分队的战斗能力也有了大幅度的提高，而且取得了良好的心理效果。

曾经空降到埃本·埃马尔要塞中执行过任务的工兵排长维茨希在战斗结束后回忆说：

"开始，我们对即将发起的进攻有些胆怯。但是，我们逐渐对自己的力量有了信心。不久，我们就确信：从要塞上部发起进攻的一方要比在内部防御的一方安全得多。"

1940年4月底，在希特勒的强烈要求下，突击队结束了训练，到达科隆的尼斯特哈芬机场和布兹勒哈尔机场待命。由于保密工作做得极其严密，就连机场部队的指挥官也不知道为什么有这么多滑翔机要在这两个机场的机库里开箱和装配。

经过一番强化训练，所有队员无论是战斗力还是精神面貌，都比过去有了很大的改变。即使是这样，做事严谨的科赫上尉还要求每个士兵通过训练至少能够掌握两种军事技术，以便在战斗中能够随时代替他人完成意想不到的任务。如果这些组的成员和他们的分队隔开，他们也可以组成独立的单位继续战斗。

此时，整个进攻方案最后敲定。第一梯队的滑翔机将按指定日期从荷兰进入比利时，并在进入荷兰前脱离容克－52飞机，悄悄地越过荷兰领空进入比利时，滑翔距离100公里。除了突击队外，"斯图卡"式轰炸机同时出击，配合空降兵的地面作战。这就只剩下进攻日期和时间待定了。

由于德国陆军总司令部将两线战役的开战时间定于5月10的凌晨3时，而滑翔机要准确地降落在指定地点，驾驶员必须能看清地形才行，这就是说，在滑翔机进入目标的决定性时刻，需要天色微明，针对这种情况，科赫上尉立即拨通电话，向希特勒作了一番请示并提出了自己的意见：

"我的元首，机降突击时间最晚也要和陆军相同，如果可能的话，我认为最好在全面进攻开始前几分钟。但是，必须等到曙光初升的时刻，而凌晨3时天色还是不明朗，视野又太模糊，初战不好将会直接影响到整个战役计划。"

希特勒见科赫说得有一定的道理，也表示赞同。

"既然这样，那就将进攻时间定为日出前30分钟。"

把进攻时间规定为日出前30分钟，这是希特勒从无数次战争训练中总结出来的，这是滑翔机驾驶员能够勉强看清地形的时刻。就这样，德国西线部队中的这伙"冒险家"试图以空降突击来夺取这座世界上屈指可数的著名要塞的准备工作一切就绪了。

作战的成功与否和参战机降兵的命运取决于对敌人的攻其不备。因此，保密二字在这段特别的日子里显得至关重要。训练有素的士兵们尽管在睡梦中都能对敌人堡垒群的内部细节了如指掌，但直到战争之前，他们才获得知晓这些堡垒群的名字的通知。由此真的不禁让人惊叹，希特勒对空降突击队严格训练对全面攻打要塞起得了一个不可忽视的决定性作用。

尽管如老兵所说的那样，从要塞上部发起进攻的一方要比在内部防御的一方安全得多。可是，怎样才能到达要塞的上部呢？这是个难题，但只要是经历过大型战斗有很多战斗经验的军人都心里清楚，越是看似坚固无懈可击的要塞，总会找到它的不尽人意的地方，那就是突破口，而这也是决定战争胜利与否的关键。

比利时的这座国境要塞是在30年代初期和艾伯特运河一起修筑的。它是列日要塞的北部支柱，位于马斯特里赫特河以南五公里处，俗称马斯特里赫特角。地处荷兰与比利时国境的比利时一侧。它控制着具有重大战略意义的艾伯特运河的纵深。要进攻亚琛——马斯特里赫特——布鲁塞尔一线，就惟有渡过这条运河才行。可是，运河上的桥梁是可以随时被炸掉的。

埃本·埃马尔要塞建筑在一个高地上，南北为900米，东西为700米。乍一看，每个堡垒仿佛都是零散分布在一块五角形的区域内。但实际上，它是一个把炮台、装有120毫米炮的转动武装甲炮塔、高射炮、反坦克炮、重机枪等阵地巧妙配置起来的防御体系。各部分之间由长达4.5公里的地下加固坑道和交通壕连接在一起。

要想靠近它，看来是不大可能的。它的东北面是一个几乎垂直的断崖峭壁，高出运河约40米；西北面环绕着水势滔滔的运河，那里也是崖陡壁绝、形势极其险恶；南面，横隔着宽大的反坦克壕和7米高的防护墙。即使是武功高强的人也只能望"崖"兴叹、望尘莫及了。

要塞的各个侧面都被所谓的"运河带"和"堑壕带"包围着，并筑有钢筋水泥碉堡，里面配有探照灯、60毫米反坦克炮和重机枪。要想越过堑壕，攀上悬崖简直是天方夜谭！

在这座近代化要塞的建造上，比利时军队可谓绞尽了脑汁。不过，有一点他们在设计的时候，却无论如何也没有考虑到，甚至可以说，没有站在敌方的角度去考虑如何攻克这个要塞的问题。这也是最著名的埃本·埃马尔要塞看似如此坚固却仍有疏漏可寻的原因。虽然埃马尔要塞经过了来自周边国家的多次战斗的洗礼，但仍然屹立在那儿，坚不可摧。说起暗堡的构造，尽管是独一无二，但弱势也极其明显，那就是敌人有可能会来自空中，直接降落在炮台和装甲炮塔之间的空地上。这正好使德军非常强大的空军力量有了淋漓发挥的余地。

擅于计划和安排的科赫上尉，为了确保"空中行动"战役的胜利，将突击团再分成4个突击队，并明确了各自的任务和目标。

这些突击队员共700人，编为两个梯队。第一梯队400人，分为4个突击分队，使用滑翔机空降。各分队又进一步区分了任务，任务十分明确：第一突击队代号"花岗岩"，队长威齐格中尉，兵力85人，配备轻武器和2.5吨炸药，分乘11架滑翔机，目标是埃本·埃马尔堡垒群，任务是夺取和破坏要塞表面阵地；

第二突击队代号"水泥"，队长沙赫特少尉，兵力96人，与科赫突击部队指挥部一起，分乘11架滑翔机，目标是在横跨艾伯特运河的费罗恩哈芬桥机降，任务是阻止比军炸毁大桥，并构筑桥头堡，一直扼守到陆军部队的到来；

第三分队代号"钢"，兵力92人，队长阿尔特曼中尉，分乘9架滑翔机，任务是夺取费尔德韦兹尔特桥，任务同"水泥"突击队。

第四分队代号"铁"，兵力90人，队长施勒西特少尉分乘9架滑翔机，任务是夺取坎尼桥。任务也和"水泥"突击队相同。

各分队还分别设有喷火器组（用于致敌惊慌和摧毁地堡）、机枪组、反坦克组、迫击炮组及爆破组。各组都配备了适合于完成任务的武器。各个突击分队夺取目标后坚守阵地等待正面部队到达。

第2梯队约300余人，乘容克－52飞机伞降，任务是增援"花岗岩"分队。

第4章
CHAPTER FOUR

这是一场冒险

★在离开科隆之后不久所发生的威齐格中尉掉队这件事并非"花岗岩"突击队的全部不幸。20分钟后，又有一架滑翔机掉队了。当拖曳着第二班的那架容克－52式飞机飞到卢汉贝格的灯标上空时，它的机翼开始晃动起来。

★早在1938年秋，在当时还处于绝密之中的斯图登特少将的空降部队里，就成立了以基斯少尉为首的小规模运输滑翔机指挥部。从演练的结果来看，当突击一个守备力量较强的狭窄地段时，滑翔机部队要比伞兵取胜的机会多。

No.1 意 外

1940年4月27日，由于担心计划泄露，影响整个战役，希特勒决定5月1日至7日发动进攻；因天气变化推到8日，计划一推再推，最后确定为10日。至于进攻时刻，由希特勒亲自出面干预，定于"日出前30分钟"，即当地时间5时35分，这个时间无论是科赫还是其他有空袭经验的军人来说，都认为再适合不过了。此时，滑翔机飞行员能够勉强看清地面。就这样，德军的冒险计划全部出笼，一次激烈的战斗拉开了帷幕。

现在，从空中来的敌人已经向他们逼近了。1940年5月10日4时30分，41架容克－52飞机拖着DFS－230型滑翔机，从科隆的厄斯特哈姆和布兹威勒机场起飞。战争史上一次极其大胆的作战行动就这样开始了。在起落架的震动声中，飞机一架架飞出围墙，眨眼之间便消失在浓浓的夜色中。大约每隔30秒钟，便有一个三机组拖着滑翔机腾空而起。几分钟后，所有的容克－52飞机全部安全起飞。它们将在科隆南部的绿色地带上空会合后，向西飞行，在灯标的指引下，飞至亚琛附近的预定点后与容克－52分开。尽管天色还是一片漆黑，并且拖曳着沉重的滑翔机，但运输机都没出什么问题。这些飞机集合点汇集后，这些飞机从科隆的厄斯特哈芬和布兹韦勒哈尔起飞到在科隆南部的绿色地带上空的集结点，开始一切都很顺利。

各突击队到齐后，开始向西沿着一直延伸到国境线的"灯火走廊"飞行。飞机下面是埃佛伦附近的十字路口，在那里可以清楚地看到第一个灯标。接着，在5公里远的费雷亨旁边，又看到了第二个灯标。就这样，当飞机飞过一个灯标上空时，就可以看到下一个灯标，有时甚至能看到第三个灯标。所以，尽管是在漆黑的夜色中飞行，飞机仍能保持正确的航向。这些灯标将一直正确地引导飞机飞到亚琛附近的预定"分手点"。41架滑翔机上的突击队员们都倚在横贯中央的大梁上，时而热得出汗，时而冷得发抖。

然而再好的计划也难免有意外事情发生。突然，"花岗岩"突击分队1架飞机的机长发现在他的右前方有一片青烟，这说明在同一高度，还有1架飞机，而且眼看双机就要相撞。面对这突如其来的情况，为了避免空中相撞，他不顾后面还拖着1架滑翔机，容克－52的机长只好猛推机头向下俯冲。

可是，他这架飞机后面还拖曳着一架滑翔机哪！这时，后面带着的滑翔机驾驶员皮尔兹中上尉不知发生了什么事，只觉升降舵陡然沉重起来。他拼命想把升降舵拉住，保持原来的位置，突然，只听"叭"的一声，座舱的风挡玻璃好像被鞭子狠狠地抽了一下。原来，由于刹那间的压力增加，牵引绳经受不住拉力而断了。

拖曳机发动机的轰鸣声渐渐远去，滑翔机在空中又恢复了平衡，四周显得格外宁静。

这架滑翔机只好戴着7名突击队员又飞回科隆。糟糕的是在这7个人中，突击埃本·埃马尔要塞的第1分队队长威齐格中尉就在其中。皮尔兹驾驶着滑翔机，滑翔机勉强越过莱茵河，在一块草地上徐徐降落下来。

怎么办？威齐格立刻命令部下，在这块草地上修出一条跑道来。士兵们动作迅速地推倒篱笆，清除掉障碍物。

"好了，我去叫拖曳机来。"

威齐格在附近的公路上拦住一辆汽车，20分钟后，他回到了科隆的厄斯特哈芬机场。

可是，那里一架容克－52式飞机也没有了，只好打电话从居特斯洛调一架其他飞机代替。他的两眼紧盯着手表，时间在一分一秒地流逝，已经5点5分了。再有20分钟，他的突击队就要降落在要塞高地上。可是……

此时，容克－52式飞机编队正拖曳着滑翔机，按计划向西爬升。飞行中的各个细节都是预先计算好了的。到国境的"灯火走廊"，全长73公里。按计算，到"走廊"尽头，飞机的高度必须达到2,600米，因为只有在这个高度上，滑翔机才能以适当的滑行角度飞抵目标。如果风力也和预先计算的一样，达到这个高度需要31分钟。

坐在"花岗岩"突击队滑翔机上的机降兵们当然无法知道自己的指挥官已经被甩掉。不过，这也没什么关系，因为各组都有自己早已确定的任务。

一份作战计划如果连滑翔机的意外掉队都没想到，那只能说它不是一个周密的计划。所以，出击命令中明确规定，任何指挥官，在兄弟部队失败或无法着陆的情况下，都有责任带领部下去完成该部未完成的任务。

滑翔机驾驶员们对在这宽阔的要塞高地上，在哪座碉堡的后面，或在哪座转动炮塔侧面着陆最合适都已一清二楚。误差要尽量保持在10米至20米之内。

在离开科隆之后不久所发生的威齐格中尉掉队这件事并非"花岗岩"突击队的全部不幸。20分钟后，又有一架滑翔机掉队了。当拖曳着第二班的那架容克－52式飞机飞到卢汉贝格的灯标上空时，它的机翼开始晃动起来。

这时，滑翔机驾驶员布伦登贝克中士有点不相信自己的眼睛了，怎么容克式飞机的标志灯竟不停地闪亮呢？莫不是脱离信号？几秒钟后，他脱掉牵引绳，开始滑翔。这简直是个荒唐的误解。才刚刚飞了一半路程，高度还不到1,500米。从这里滑翔连国境都到不了。

布伦登贝克最后不得不降落在迪伦附近的草地上。机降兵们跳出滑翔机，他们找来了汽车，趁着黎明前的黑暗急速驶往国境，在那里，陆军部队正在集结待命，准备发起进攻。

这样，"花岗岩"突击队就只剩9架飞机了。

一　与手下飞行员们一起合影的德空军指挥官乌德特（中）。

他们看见前方最后一座灯标的时间，比预想的早得多。这座灯标设在亚琛和劳联斯贝格连接线西北的费乔乌山上，它标志着已经到达"分手点"。为了不让敌人发觉飞机发动机的声音，滑翔机将从这里开始单独滑翔，隐蔽地飞越马斯特里赫特角。

糟糕！不知怎么搞的，早到了10分钟。原来，恰好这天是顺风，风力比气象站预报的要强得多。也正是由于这个原因，飞机的高度过低，只有2,000米～2,200米。为了使滑翔机保持1∶12的滑翔角度飞抵目标，必须保持2,600米的规定高度。

后来，"水泥"突击队队长沙赫特少尉在战斗报告中曾这样写道：

"脱离的地点本应在国境和马斯特里赫特之间。不知道怎么搞的，飞行中队把突击队向前多施了一段，跑到荷兰上空去了。"

飞行中队这样做，恐怕是由于没有到达规定的高度，才又向前多飞了一段。也就是说，他们是想帮助一下乘坐滑翔机的突击队，没想到忙没有帮成，反而使突击队陷入了更大的麻烦，情况也变得越来越复杂了。因为容克－52式飞机发动机的声音等于给荷兰和比利时守军发了警报。

现在将近5点了，这比希特勒决定的攻击时刻早30分钟。科赫上尉预计，为了克服逆风的影响，总得多飞入到10分钟，滑翔需要12到14分钟，这样，这些默默无声的"巨鸟"即可在总攻前五分钟降落在运河桥旁的要塞上。

为使这次奇袭圆满成功，最好是在发起总攻前5分钟，先在某地开火。但是现在，这种成功正处于危机之中，滑翔机脱离了拖曳机，容克－52式飞机发动机的声音渐渐消失了。但这却引起了荷兰防空部队的警觉，因而在到达马斯特里赫特之前，滑翔机遭到了荷兰军队的炮击。轻型高炮吐出的红色火珠从四面八方向空中飞来。滑翔机驾驶员为了躲避炮火，不时地转弯或作蛇行运动，灵活地躲开了炮火，足够的高度帮了他们的大忙。没有1架飞机中弹。由于这些滑翔机驾驶员全是经过大部队认真挑选的熟练手，所以他们仍然按照计划保持着队形飞到各自目标上空，开始无声无息地进行大角度俯冲。

尽管没有1架飞机中弹，但长期以来小心翼翼保守的秘密却暴露无遗了。

No.2 诞生，DFS230式滑翔机

1932年，当时设在瓦萨尔库帕的罗恩·罗斯济登公司制造了一种长翼滑翔机，用飞机拖曳，能利用强烈的上升气流上升到高空进行气象观测。

这个能在空中飞翔的气象观测机不久便被人们称为"obs"机。1933年，这架滑翔机随同新组建的德国滑翔飞行研究所迁到达姆施塔特的格里斯海姆。在这里，它首先用作被拖曳飞行的教练机。教官是佩特·利德尔、维尔·夫贝尔特、海尼·德特马尔。当时还是德国滑翔飞行研究所女飞行员的汉娜·莱普是最早试用容克－52式飞机拖曳"obs"滑翔机的人之一。后来，她成了一名世界上最著名的女机长。

↑ 正在渡河的德军突击队员。

1933年，恩斯特·乌德特听到这个消息后，前来达姆施塔特参观了"obs"滑翔机。他认为这种大型滑翔机完全能用于军事目的，可以用它把笨重的物资送到前线去，也可以用它给被包围的部队运送弹药和粮食。

　　说不定这种滑翔机会成为现代的特洛伊木马，能把相当数量的兵力悄悄地运到敌后呢。

　　当时，乌德特还是一个"老百姓"，不属于秘密空军。他曾和他的老战友利特尔·冯·格赖姆谈过有关"obs"滑翔机的想法。

　　不久，这家研究所接受了制造军用滑翔机的定货。由汉斯·雅克鲁斯设计制造，并命名为DFS230型。第二次世界大战中以运送突击队闻名的滑翔机就这样诞生了。

　　1937年，ＤＦＳ230式滑翔机在哥达车辆厂投入了成批量的生产。它有带支架的机翼和长方形的机身，这些都是用亚麻布蒙着的钢管结构。起落架在起飞后可以马上扔掉，着陆时则使用坚固的金属滑橇。从这里可以明显地看出它的原理是采用了马德特的意见。因为，他在20年代就曾冒险用滑橇在阿尔卑斯的冰川上降落过。

　　这种滑翔机自重900公斤，能载一吨重的货物，相当于10名全副武装的士兵的重量。

　　早在1938年秋，在当时还处于绝密之中的斯图登特少将的空降部队里，就成立了以基斯少尉为首的小规模运输滑翔机指挥部。从演练的结果来看，当突击一个守备力量较强的狭窄地段时，滑翔机部队要比伞兵取胜的机会多。

　　当然，这仍然是一个奇袭的时机问题。当运载伞兵的运输机抵达时，总要先被敌人发现，然后才空降。即使从90米的最低跳伞高度跳伞，伞兵也还要有15秒钟的时间在空中飘荡，处于被动挨打的境地。而且，即使伞兵在7秒钟内全部跳出机舱，一个班也要散落在300米长的地带上。着陆后，伞兵们必须抛掉诸如伞具，集合，寻找投下来的武器箱。这样就浪费了宝贵的时间，使敌人有可能对最初的冲击作出及时反应，抓住对伞兵来说最为不利的时机，从而迅速掌握主动权。

　　而运输滑翔机就全然不同了。它可以在黑暗的夜色掩护下，悄悄地进入，这就使奇袭的效果更为理想。滑翔机驾驶员都是精选的老手，他们可以使这些"鸟"降落在目标附近20米之内。士兵们从机身的宽大舱门跳下后，能够立即投入战斗。

　　但是，机降也有一点局限性，那就是滑翔机驾驶员在进入目标的决定性时刻，需要天色微明。因为要准确地降落在指定地点，必须能看清地形才行。

　　由于上述时间问题，险些使艾伯特运河和埃本·埃马尔突击战遭到失败。因为陆军总司令部将西线战役的开战时间定于凌晨3时。

　　对此，"科赫突击团"及时向希特勒提出了要求：机降兵的突击时间最晚也要和陆军相同，如果可能的话，最好在全面进攻开始前几分钟。但是，必须等到曙光初升的时刻。

　　为此，希特勒亲自出面干预，把进攻时间定为"日出前30分钟"。这个时间是从无数次训练中总结出来的，这是滑翔机驾驶员能够勉强看清地形的时刻。

　　就这样，德国西线部队又增加了这样的一伙"冒险家"。他们试图以空降突击来夺取这座世界上屈指可数的著名要塞。

第5章
CHAPTER FIVE
进攻开始

★比利时的哨兵看着这群幽灵似的"巨鸟"突然降落在他们跟前，个个被惊得目瞪口呆，竟没有发出警报。一个士兵猛然反应过来，企图拉响警报，一串子弹射出，比军应声而亡。

★事后，通过在这个地区作战的比利时士兵才弄清了事情的真相。原来，这些伞兵都是穿着德国军服的草人，伞具都还绑在它们的身上。为了模拟枪声，德军还在"伞兵"身上安装了自动点火炸药。当时，确实起到了扰乱敌军的作用。

No.1 交　锋

1940年5月10日凌晨3时10分，埃本·埃马尔要塞指挥官乔德兰少校房间里的野战电话响了。他接到了防守艾伯特运河地区的比利时第7步兵师司令部发来的"要严加戒备"的命令。

乔德兰立即命令部队进入临战状态，派出1,200名士兵担任警戒。监视哨不时地从装甲碉堡中向外观察，严密地监视着这漆黑的四周。

两个小时平安地过去了，天色开始微微发亮。突然，从荷兰国境的马斯特里赫特方向传来了激烈的高炮声。

在埃本·埃马尔要塞东南端的29号碉堡中，比利时炮手已做好高炮的战斗准备。他们以为是德国轰炸机来袭击这里呢。可是，他们侧耳细听了老半天，也没有听见飞机发动机的声音。

就在这时，从东面低空飞来一群幽灵似的巨鸟。3只、6只、9只，看样子想要着陆。高炮阵地上的比利时炮手迅速将炮身高度放低，开始射击。可是，已经晚了。有一只巨鸟已经飞到头顶。

这架滑翔机是由兰格中士驾驶的，他果敢地冲向喷射火舌的阵地。左机翼挂住了阵地上的一挺高射机枪，并把它拖出好几米远，滑翔机着陆时发出的刺耳响声停止了。

舱门一打开，第5班班长赫拉克上士端着冲锋枪首先打出一梭子子弹。他们直向爆破目标冲去。紧接着，为了掩护进攻，手榴弹也跟着飞进了敌人阵地。顷刻之间，第一声爆炸响彻了整个要塞——这是绝大部分守卫部队所听到的唯一警报。随即，有一些比利时士兵战战兢兢地举起了双手。

"前进！"赫拉克喊道，"目标，23号碉堡！"

这个班已有3名士兵接近了距该班100米的装甲碉堡。

不到1分钟，9架滑翔机冒着弹雨，1架接1架地在长满杂草的要塞顶部的预定地点滑行着陆。突击队员和驾驶员从滑翔机上冲下来，尽管没有指挥员，但因各组训练有素，仍按预定计划立即开始突击。由于带有减速降落伞装置，着陆后只滑行了20米。

比利时的哨兵看着这群幽灵似的"巨鸟"突然降落在他们跟前，个个被惊得目瞪口呆，竟没有发出警报。一个士兵猛然反应过来，企图拉响警报，一串子弹射出，比军应声而亡。

第4班的滑翔机强行降落在19号碉堡正前方100米处。这座碉堡的南北两侧都有枪眼。配备有反坦克炮和机枪。温戈尔上士看到己方火力已经封锁住敌人枪眼，于是，他迅速跑向这座碉堡，把1公斤炸药从潜望镜塞了进去。立刻，暗堡内的机枪不久就都哑了。

接着，温戈尔的战士们又往这个观测碉堡里塞进了秘密武器——50公斤空心炸药。可是，19号碉堡由于装甲太厚未能炸毁，只炸开一条裂缝。紧接着，突击队员们使用手榴弹和炸药包，连续快速地逐个对炮塔、碉堡、坑道口进行破坏，用冲锋枪进行扫射。一门门要塞火炮被摧毁，一些比利时士兵纷纷地倒下。

温戈尔的工兵好不容易才从碉堡枪眼处炸开了一条通向内部的通道，他们冲进通道，看到里面的大炮一个个地被彻底炸毁，防守的士兵们也都炸得血肉模糊。

就在他们走到往北80米处的地方，有两个突击组分别由哈尔罗斯和赫内曼两位中士率领的6班和7班被敌人迷惑了，他们发现通过空中照相拍摄下来的结构坚固的第15、16号碉堡根本就不存在。

现在他们才发现，"直径5米的装甲碉堡"原来是敌人用薄铁皮伪装的。专门研制的锥孔装药炸药包穿透了3米厚的混凝土，德军原先认出了一些假炮塔，并且把这些假炮塔加在训练用的要塞模型上；而另一些假炮塔则愚弄了他们。

这时，要塞高地南部的战斗打得非常激烈。而北面没有任务的班却并未前来增援。这个比利时士兵固守的25号碉堡是一个没有士兵宿舍的旧仓库，所以，这里的抵抗要比普通碉堡猛烈得多。周围的德国兵都暴露在猛烈的机枪火力之下。

第8班班长冯加中士在突击这座碉堡时阵亡。他是在炸毁了31号碉堡的75毫米双管炮塔后不久阵亡的。

尼达迈亚上士率领的1班和阿连德中士率领的3班炸毁了12号和18号炮台的6门大炮。

"花岗岩"突击队在要塞降落后，经短促战斗，不到10分钟就炸毁和破坏了要塞顶上的所有火炮和军事设施，突击队控制了要塞的表面阵地，基本将敌人压在了要塞的里头。

埃本·埃马尔要塞尽管失去了大部分火炮，但它并没有陷落。要塞四周的地下防御体系和运河堑壕一带，机降兵仍然无法从上面接近。

为了抓紧时间，已经取得进展的工兵们仍然不停地借助机枪和喷火组的掩护，对地下工事的洞口进行了堵塞性爆破，直到最后彻底封闭了这些洞口，看不见外面情况而又被巨大爆炸声搞得晕头转向的守军慌作一团，一筹莫展，只能猜想上面所发生的事情。这时要塞顶上的作战活动就只剩下突击队的工兵为打通坑道网洞口而进行的有组织的爆破了。

↓马尔要塞战役后，德伞兵得以短暂休息。

与此同时，夺取 3 座桥梁的"钢""铁"和"水泥"等突击分队的滑翔机也都分别按计划在桥的西端着陆，他们从哨所背后闪电般地向桥梁猛扑过去。费尔德韦兹尔特桥和弗罗恩哈芬桥的守卫部队还没有来得及作出反应，德军便迅速、完整地占领了这两座桥。要塞指挥官乔特兰德在滑翔机着陆时刚好用电话命令炸毁坎尼桥和马斯河上的另外两座小桥，结果坎尼桥正好在德军袭击时被炸毁，桥上的德军全部被炸死。突击队攻取桥梁的战斗，得到德军阿尔登戈高炮营的88毫米大炮以及俯冲轰炸机的有力支援，使突击队在占领两座桥梁后的一整天中，抗住了比利时军队的猛烈炮击而坚守了下来。

比利时方面，当乔德兰少校发现在碉堡群中有70余名敌人时，便命令友邻炮兵向这里轰击。

这一下，德国士兵被迫回到已占领的碉堡里隐蔽起来，由进攻转入防御，坚守阵地等待陆军部队的到来。

No.2 从天而降

当突袭部队展开迅猛的奇袭时，大批"斯图卡"俯冲轰炸机蜂拥而至，控制了通往要塞的道路，阻止前来支援要塞的比军部队，摧毁邻近的碉堡。

10日上午7时，德军突击队第二梯队准时到达，这300名伞兵大大增强了德军的突击力量。为了掩护他们，德军还在艾伯特运河西部40公里的广大地区投下假伞兵。这些假伞兵装有模拟枪声的自动点火装置，以达到以假乱真的效果，扰乱了比军军心，使他们以为腹背受敌，从而牵制了比军的增援行动。

要塞内，乔特兰德忧心忡忡，召开会议讨论对策。"德国人把要塞上的各个洞口都封死了，而且，不知他们兵力如何，贸然出击只是送死。不如留在堡垒里，反正粮食、弹药充足，等到援军一到，在攻不迟。"有人建议。"不行，我们不能坐以待毙，这样等下去不是办法。不如冲出去，和德国人拼个你死我活。"大多数人主张进行反击，"我们在内部清除障碍，把洞口炸开，也给他们来个突然袭击，把德军从要塞上面赶出去。"于是，比军开始行动。但德军集中火力，拼命抵挡，顶住了一次次进攻，并使用喷火器、手榴弹对要塞内的洞口进行封锁。在强大的德军面前，比利时军损失惨重，乔特兰德不得不下令停止反击，退回工事内部，等待援军再里应外合。要塞暂时平静下来，但是，这是一种多么可怕的宁静啊！如同一座火山，它随时都会爆发。

上午8时，比军第1榴弹炮兵团开到埃马尔要塞北面，向要塞顶部的德军进行火力袭击。但"斯图卡"俯冲轰炸机的猛烈攻击击退了炮兵团的袭击。随后，比军第7师又组织1个步兵营向要塞推进，也被"斯图卡"俯冲轰炸机堵在了要塞外面。乔特兰德盼望的外援根本无法接近要塞。

8时30分，一架滑翔机盘旋在要塞的上空，威其格中尉从里面跳出来。他重新返回了自己的部队，指挥作战。

9时，德军空投炸药箱，补充火力。德军不断进行爆破，企图撕开要塞坚固的防御，攻入内部。他们甚至尝试从断崖进攻，把炸药吊下去，进行爆破。然而，这一切对于这座由众多专家精心设计，历时3年建成的坚固堡垒，毫无作用，战斗陷入僵持。

10日黄昏，由于突击队员有效地控制了埃马尔要塞的外部，使要塞的枪炮不能发挥作用，德军顺利地突破了比军前沿防线，度过马恩河，到达艾伯特运河，接替了夺取桥梁的突击队。

10日傍晚，德正面进攻部队派出一个带有大量威力巨大的梯恩梯炸药的加强工兵营支援埃马尔要塞的伞兵。所谓"加强工兵营"，即增加了1个步兵连、1个高射机枪排、1个反坦克炮排和1支受过化学战训练的特遣小分队，具有极强的攻击力；其实，也就是1支特种部队。天黑前，他们到达运河对面的平原低地，企图从要塞前面渡河，但被一暗炮台所阻。

10日夜里，他们派出一个50人的小分队，乘橡皮船悄悄渡过运河，摧毁了暗炮台，并筑好掩体，与指挥所建立了无线电联系。

11日凌晨，加强营顺利渡过了运河，开始开辟了一条通上堡垒的道路。这是一项艰巨的任务，遭到比军最猛烈的火力射击。为了配合工兵的前进，高射机枪和反坦克炮负责对要塞进行近距离射击；化学战部队则施放烟幕，遮挡邻近工事支援火力的视线；步兵用小型武器向枪眼开火，巩固工兵取得的成果。然而这些措施并没有减轻工兵的压力，他们每向前挪动一步，都可能付出生命的代价。这些士兵们，每一个都是活动的炸药库，他们身上挂满了手榴弹，脖子上挂着3公斤重的炸药包，手里拿着系有若干炸药包的4.5米的狭窄木条（这种木条可开出6米宽的通道，摧毁临近的地雷）；有的人还拿着6米长放雷管的长竿。经过一番艰苦的战斗，工兵终于登上了要塞，开始爆破工作。科赫上尉把伞兵分到各个爆破组，协助和掩护工兵的行动，扫清可能遇到的反抗。霎时间，震耳欲聋的"隆隆"的爆破声不绝于耳，钢筋混凝土构筑的地下工事内，火光冲天。当洞口一被掀开，伞兵们就提着喷火器，端着冲锋枪，在烟雾的掩护下，冲入地下工事，一路势如破竹，锐不可挡。虽然比利时第一军也正对德军发起凌厉攻势，增援要塞守军；然而远水救不了近火，比方守军已溃不成军，毫无抵抗力量。

12日13时15分，垂头丧气的乔特兰德少校见大势已去，不可挽回，只好派出代表向德军请求投降。1,000多名比利时士兵从地堡中高举着双手，沮丧地走出满是碎石瓦砾的坑道，不得不做了俘虏。至此，埃马尔之战以德军的全面胜利、比利时军队彻底失败而告终。

空降突击队以突然的行动获得了巨大战果，打死打伤比军110余人，俘虏1,000余人，"花岗岩"突击队仅付出亡6人、伤19人的代价。德第6集团军从这个缺口向比利时快速推进，于5月17日占领了比利时首都布鲁塞尔。

还有一点要补充的，那就是容克－52式飞机完成拖曳科赫突击团滑翔机的任务以后，飞回德国境内，在集结点摘掉了牵引绳。然后，又飞回西部战场。

他们又去执行第二项任务，从高空飞越埃本·埃马尔战场，深入比利时后方，在艾伯特运河西部40公里处实施空降。

　　"伞兵们"一个接一个地从舱门跳了下去。顿时，200个"白色的蘑菇"从天而降。在着陆的同时，"激烈的战斗"开始了。比利时军队不得不去迎击这些出现在背后的新敌人。但奇怪得很，德国兵并没有打过来。

　　事后，通过在这个地区作战的比利时士兵才弄清了事情的真相。原来，这些伞兵都是穿着德国军服的草人，伞具都还绑在它们的身上。为了模拟枪声，德军还在"伞兵"身上安装了自动点火炸药。当时，确实起到了扰乱敌军的作用。

　　5月18日，比利时正式投降。

No.3　盟军之痛

　　在夺取号称"铁锁"的埃本·埃马尔要塞的战斗中，德军伞兵突击队和工兵加强营无可厚非地起到了关键性的作用。在战斗开始时，没有他们的偷袭，就不可能压制得了比军堡垒内的火力，也就不可能占领三座意义重大的桥梁；在战斗进行到胶着状态时，如果没有他们，就不可能攻入堡垒内部，瓦解比军驻守部队。而他们，其实就是德军的特种部队。这些战斗小组短小精干，功能全面；战术灵活，行动飘忽；围绕重点，配合主力，而这些都充分体现了现代特种部队的特点。因此，当时有人评论说：任何坚固的要塞都难以抵御来自空降兵的突袭。

　　德军空降突击埃本·埃马尔要塞是战争史上第一次使用拖曳滑翔机作战的大胆尝试。埃本·埃马尔要塞的失守，使得德军突破了艾伯特运河的防线，不仅使阿尔贝特运河至马斯河的防线全线瓦解，而且给盟军心理上的打击也尤为巨大，同时也为地面部队打开了通向比利时心脏布鲁塞尔的大门。从此，一些关于德国"第5纵队"的神话在巴黎、伦敦、华盛顿等地广为流传。与此同时，德军空降突击队出色的作战表现使盟军开始重视特种兵的使用。从此，特种部队以此为雏形，广泛参战，不断发展壮大，渐渐成为除了海、陆、空之外的另一支兵种。

　　坚不可摧的埃本·埃马尔要塞终被德军攻陷，山头上的炮火还冒着战后的余温，比利时人因铺天盖地的枪炮声弄得惊魂不定。与此同时，德军的"B"集团军群向荷兰的北部也展开了进攻。

　　就在一个星期之前，荷兰当局根据他们驻柏林的武官从德国最高统帅部谍报局搞到的情报，预料到德军将要进攻。荷军总司令温克尔曼中将对德国空降部队突击"荷兰要塞"的威胁了如指掌，他不断提醒部下注意防范。因此，就在德军发动进攻之前三天，荷兰还采取了一些反空降措施：

　　在各机场的跑道上和公路的重要地段上准备了载重汽车；设置了地雷和其他障碍物；加强了机场、城市的警戒和伪装；加强了值班飞机和增加了高射火器；在沿海组织了猛烈的对空火力。

但由于荷军大多数军官对此并不重视，他们过于相信哥雷比－皮尔防线、洪水的威力和法国实施支援的诺言。

当德军袭击荷兰北部的时候，德军的空降兵在其后方着陆，夺占了对方的机场、桥梁、渡口和防御支撑点。在前方和后方同时遭受袭击的情况下，荷兰一下子陷入了前所未有的混乱和惊恐之中。荷兰女王威廉明娜及其大臣见败局已定，便乘驱逐舰逃往英国。女王临行前授权荷军总司令温克尔曼将军，"在你认为适当的时机即宣布投降"。5月15日，荷兰宣布投降。

在卢森堡，当德军"A"集团军群向卢森堡和比利时的阿登山地区实施主要突击时，只有30万人的卢森堡不战而降。5月14日，德军的坦克师和摩托化师编成的第一梯队通过阿登山地区后，在法军第2和第9集团军接合部色当地区强渡马斯河，并重创盟军。德军占领色当后，以每昼夜20至40公里的速度向西挺进，于5月20日占领阿布维尔。5月21日，德军快速部队到达英吉利海峡，分割了英法联军的战略正面，并以荷、比两国作为空军和潜艇基地，封锁了加来海峡，阻止英军增援。英法联军约40个师被包围在比、法边境的敦刻尔克地区。5月23日，布伦陷落，27日加来被占，盟军在海边陷入重围。退守在敦刻尔克的盟军，三面受敌，一面濒海，处境极为危急。然而就在这危在旦夕之际，希特勒却下令其坦克部队停止追击。

西方分析家认为这可能是希特勒想保存坦克部队的实力，以便南下进攻法国，进而迫使英国言和。不过，希特勒这一命令，却给了盟军一个喘息的机会。5月26日，英国海军开始执行从敦刻尔克撤退的"发电机计划"。被西方称之为"战争史上一大奇迹"的敦刻尔克大撤退，盟军虽然遭受重大损失，但总算保存了有生力量，其中绝大部分后来成了反攻的骨干力量。

德军占领法国北部后，为了不让在5月底退至松姆河、瓦兹河、埃纳河一线的法军设防固守，便立即向巴黎和法国内地发起进攻。6月3日和4日，德军先以大量航空兵袭击法国各机场和重要目标，摧毁了法军飞机900多架，夺取了制空权。接着，在180公里的正面上，德军以"A"集团军群和"B"集团军群分两路发起进攻，很快攻破了马奇诺防线，使法国于6月22日被迫签署了停战协定。

德军对西欧的作战只用了44天，使荷兰、比利时、卢森堡和法国相继沦亡，英国退守本岛，其"闪击战"获得成功。

德军闪击西欧之所以得逞，主要是因为：

一是竭力进行战略欺骗和伪装，隐蔽战争企图，达到了战略突然性。在战前，希特勒一再向荷兰、比利时、卢森堡保证，德国将尊重他们的中立，不会向他们发起进攻。当德国进攻西欧的作战计划落到比利时手中时，比利时的国王仍未抛弃以中立求和平的幻想。希特勒还一再声称，德国对法国没有任何要求，德国不愿与法国打仗，德国和英国可以实现"体面的和平"等，从而使英、法丧失了应有的警惕，没有察觉德国的战略企图，延误了战争准备

↑希特勒接见了埃马尔要塞战役中的德伞兵部队军官，将士们获得了骑士十字勋章。

的时机。

二是及时修改作战计划，主要突击方向选择得当，确保了首次突击的胜利。当作战计划落入盟军手中后，德国及时修改了作战计划，改变了主要突击方向。为了隐蔽主要突击方向，德军还采取了一系列伪装措施。如制造假情报，散布"施里芬计划"的作战思想具有永恒的意义；担任第一梯队进攻的师配置在远离国境线的位置，直到进攻前夕才进至出发阵地等。所以战争一开始，德军就迅速突破了对方的防御，达到了首次突击的目的。

三是集中使用航空兵、空降兵，充分发挥坦克和机械化部队的快速闪击作用。德军的空军在夺取制空权后，就使盟军失去了行动的自由，盟军防御能力大为削弱。德军的坦克部队在航空兵的支援下，集中使用于主要突击方向上，行动十分迅速，使墨守成规的盟军惊慌失措，迅速溃败。

英、法等国的惨败，教训是极为深刻的。特别是法国，在当时曾被称为"欧洲最大的陆军强国"，竟在短短的6个星期内灭亡，其主要原因有：一是"和平主义"思想严重，战备不足。法国国内普遍存在一种厌战情绪，贪恋和平生活，法国统治集团战前推行"绥靖政策"，没有做好抗击法西斯侵略的准备。而且，法国人自恃马奇诺防线坚不可摧，因而在战争动员、国防生产、部队训练等方面没有充分的应战准备，战斗力比较低。二是不能适应德国"闪击战"的特点，军事理论落后。法国从第一次世界大战的经验中得出结论，只要坚持堡垒阵地和步兵火器相结合，就能取得胜利。他们设想，新的战争还会像1918年西部战场那样开始，德国以步兵为主进攻，从坚固筑垒地域突破，慢慢推进，而法军依托马奇诺防线进行持久战争。在这一理论和思想指导下，法军的大部分兵力都部署在防御阵地上，机动兵力很少。当希特勒对法军闪击时，法军的防线很快被突破，而且法军难以组织有力的反击。三是对德军主要突击方向判断错误，战略指挥严重失误。法军在拟制作战计划时没有想到德军会改向阿登山地区实施主要突击，也没有根据已变化的情况及时修正自己的作战计划，而只是仓促应付，最终铸成了法国难以挽救的败局。

02
BATTLE

第二篇 > 空降·荷兰

第1章
CHAPTER ONE

履带碾压向西欧

★这个方案太好了，太神奇了。希特勒为自己拥有这样的军事天才激动得两眼溢满了泪水。他似乎已经看到英法联军跌进了他挖好的陷阱，正在绝望地挣扎，就像跌断了腿已经不能奔跑的野兽。

★德军对于荷兰可能利用水障防御这一点是清楚的。在当时，有一个办法可以打破荷军的计划，使德军的装甲部队避免遭受洪水的威胁：在地面部队突破主要防线的时候，同时攻占上述3条主要河流上的要害桥梁，以保障德军迅速通过。这就是空降作战的主要任务。

No.1 被迫诞生的"新黄色计划"

　　1940年1月10日，一位德国空军少校在慕尼黑乘上了一架轻型飞机飞往科隆。作为信使，他携带着一箱最机密的文件。但飞机在越过比利时边境时迷失了航向，无奈迫降在比利时的梅克林附近。这时这位少校预感到大祸临头了。按规定，携带秘密文件只能乘火车，严禁乘飞机。他违反了这一规定，而现在一队比利时军人正向飞机跑来。少校跳下飞机，连滚带爬地钻进一片小树林，点火烧毁那些机密文件。但文件太多了，比利时人赶来把火灭了。后来在特审室里，少校乘比利时人不备，突然饿狼般扑上去抓起文件塞进了炉子里，但一个眼疾手快的比利时军官把文件抢了出来。

　　消息传到总理府，希特勒大怒，一头撞进约德尔的房间，亲自查问少校所带文件的全部目录，目录无情地显示：几乎所有最要命的东西少校都带上了。希特勒大吼："这会使我们吃败仗！"吼声之大，吓得约德尔一下子跳了起来。

　　少校携带的是最初"黄色方案"的主要文件，而现在落入了比利时人手中。完全可以肯定，现在法国人、英国人也都知道了，甚至正围坐在一起研究它。

　　很多人认为，这个最初的"黄色方案"就是1914年第一次世界大战法国"施里芬计划"的修正翻版。施里芬计划是：德国在西线发起进攻时，主要力量放在右翼，通过比利时攻入法国北部。接着进行一次迂回运动，即越过塞纳河，在巴黎由南折向东，形成一个包围圈，歼灭法国的残余部队。然后掉头对付苏联。最初的"黄色方案"与"施里芬计划"大致相同：第一，不打算立即对付苏联，因为1939年斯大林还是希特勒的"好朋友"；第二，消灭法国部队之后，要占领英吉利海峡沿岸的法国领土，从而切断英国和欧洲大陆上的盟国的联系，同时取得那里的海空军基地，以利封锁，进而攻占不列颠群岛。

　　最初的"黄色方案"早在1939年秋就拟定了。那时希特勒想在11月中旬就在西线发动进攻，于是他就领着陆军总司令部匆忙制订了它。"施里芬计划"功败垂成于1914年，当时及后来许多德国人为之扼腕。希特勒和他的将领们在制订最初的"黄色方案"时，匆忙中也许没有意识到他们是在发动一场新的世界大战，在做德国人在上一次世界大战中想做而没能做到的事。

　　现在"黄色方案"既已制定，执行的日期也已定下，而方案却送给了敌人。希特勒简直气疯了。不过德国驻比利时大使很快打来电报说，少校和驾驶员都保证说，文件基本上已被烧毁了，只剩下没有什么价值的、仅巴掌大的一二块残片。希特勒听了稍稍舒了一口气，立刻派人去证实这一消息，但"证实"的结果是令人悲哀的：文件的确曾被烧，但剩下的并非没有价值，而且比一个巴掌大得多！

　　希特勒反被这坏消息激怒了。越是方案落入敌手，他越是坚决要按原方案干。他挥舞着胳膊大声吼叫，房间里的人都吓得悄悄溜出去了。

　　但是平静下来之后，希特勒改变了主意。他决定修改"黄色方案"。首先方案执行日期要改，这个倒好办，虽然他很不情愿，好像饿狼已经来到肥羊面前，却不得不让它多活几

↑德"B"集团军群司令伦德施泰特。　　　　　　　　　　↑德"A"集团军群司令博克（左）。

天。另外更重要的是，方案内容本身要改。这个方案究竟怎样改呢？当初制定的时候，他觉得很好，甚至很完美。但是现在必须修改它，因此他又用挑剔的眼光看它。觉得它有很多缺点，甚至一无是处。它太平庸，任何一个正常的人都能想出来。它像篇平铺直叙的文章，没有任何惊人之笔，不堪卒读。它抄袭了"施里芬计划"，盟国即使没得到它，也完全猜得到德国会这样干。试想，一个能被敌人轻易猜到的计划还能算是一个好计划吗？

想到这里，希特勒突然眼前一亮：既然对方已经知道该方案，何不将计就计呢？他刷地跳起来俯身看着地图。刹那间，一个新奇的想法产生了：既然英法已经得到了"黄色方案"，他们必然在德军右翼朝向比利时和德国北部布下重兵。那就让他们布吧，而且越多越好。德军发起进攻时，右翼佯攻，以此牵制更多的英法联军，而重兵则集中在中部，从色当突破阵地，再沿松姆河北岸直取英吉利海峡，将法国拦腰截断。这样，法国北部和比利时境内的英法联军就被切断退路而落入陷阱。最后再收拾法国南部的法军就易如反掌了。

这个方案太好了，太神奇了。希特勒为自己拥有这样的军事天才激动得两眼溢满了泪水。他似乎已经看到英法联军跌进了他挖好的陷阱，正在绝望地挣扎，就像跌断了腿已经不能奔跑的野兽。

当希特勒向他的将领们公布他的新方案时，最初遇到的却是冷漠和怀疑。哈尔德干脆将它看成疯人狂想，不予理会。布劳奇也不敢恭维，他说那里有阿登森林，不适合使用坦克。希特勒马上说，不仅你，那些英国人和法国人也会这么想，因此他们不会在那里重兵防守。我们正是要利用这一点，狠狠一拳打过去，把他们打得粉碎。希特勒挥起拳头猛然一击，新的"黄色方案"就这样确定了。

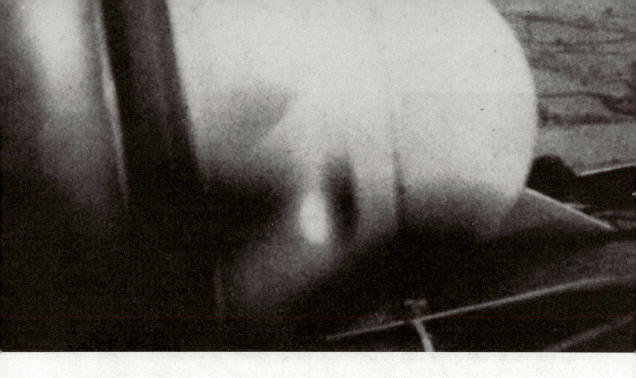

No.2 空降对决

到1940年5月初，德军已在北海瑞士一线集中了136个师（其中10个坦克师、6个摩托化师）、坦克3000多辆、飞机4,500架，编为3个集团军群。具体部署如下：

"A"集团军群由博克上将指挥，辖第6集团军和第18集团军，共28个师，由第2航空队支援，配置于荷、比国境线直至亚琛地区，任务是突破德、荷边境上的防线，占领荷兰全境和比利时北部。"B"集团军群由伦德施泰特上将指挥，辖第4集团军、第12集团军和第16集团军，共44个师，由第3航空队支援，配置在亚琛至摩泽河一线，是主要突击集团，任务是经过卢森堡和比利时阿登山区，向圣康坦、阿布维尔和英吉利海峡方向实施突击，分割法国北部和比利境内的英、法军队。"C"集团军群由勒布上将指挥，辖第1集团军和第7集团军，共17个师，配置在马奇诺防线正面，进攻开始时先实施佯攻，牵制法军。

德军战略预备队共47个师，配置在莱茵河地区。

英、法等盟军在战前均无充分准备。法国认为德国打败波兰后，可能会继续向东进攻苏联，即使要进攻法国，也要在四五年以后。英国则指望地面作战由盟军承担，自己只负责海上封锁和对德国进行战略轰炸。荷、比、卢三国则抱有严守中立可免遭侵略的幻想。盟军的作战计划直到1940年3月才确定。该计划规定，如德对比利时实施主要突击，则以2个法国集团军和1个英国集团军向比利时机动，在比利时军队的协助下，将德军阻滞在代尔河一线；如德军向马奇诺防线实施正面进攻，则以1个集团军群坚守防御，以另1集团军群进行增援，

英国海军从海上封锁德国。

　　荷、比、卢、法和英国远征军共147个师（其中3个坦克师、3个摩托化师）、3,000余辆坦克、1,300多架飞机，还可利用英国本土1,000多架飞机。荷兰的10个师、比利时22个师，均配置在本国东部国境线附近。英、法军队共114个师，编为3个集团军群，分别配置于法国北部各省和德、法边境的马奇诺防线及其以东地域。

　　1940年5月10日，德军向荷兰、比利时、卢森堡、法国展开了全线进攻。荷兰首当其冲。德军在进攻荷兰时，再次使用了空降部队，进行了第二次世界大战中第一个战役规模空降作战。进攻荷兰的德军为"B"集团军群第18集团军，共10个步兵师和1个伞兵师、1个机降师，指挥官是库赫勒将军。德军对荷作战的企图是：以空降兵的突然袭击保障地面部队快速越过荷兰国境，突破哥雷比——皮尔防线的防御，向鹿特丹、海牙两地进袭。

　　保持中立的荷兰是欧洲首批进行战争动员的国家之一。1939年9月，在德军入侵波兰的第二天，荷兰政府就下达了战争动员令，此后保持着防御作战准备状态。荷兰的防御是根据英、法、荷、比4国联合抗击德军进攻的协议而制定的。计划规定荷兰军队在英、法陆军到达前，只在国境线上和纵深内的筑垒地域进行防御，迟滞德军进攻，保障英、法军展开作战。

　　荷兰兵力有限，不足以防守由马斯特到北海的400千米边界。为防御德军入侵，他们设有三道防线：在边境地区构筑的一般的筑垒阵地，只部署了少量兵力，而后是哥雷比—皮尔防线。荷兰的10个步兵师主要依托这一防线组织防御；最后是"荷兰要塞"，即鹿特丹、阿姆斯特丹、乌德列支和海牙地区。这一地区有海湾、河流和大面积水域，构成了良好的天然屏障，而且东有北临艾瑟尔运河的格雷伯筑垒地域，南有从瓦尔河到鹿特丹的防御工事作屏障。"荷兰要塞"是荷兰中枢神经。为了能在哥雷比—皮尔防线尽可能阻滞德军进攻，必要时可把下莱茵河、马斯河和瓦尔河的防御坝打开，以大水在这一地区构成障碍，并有利于主要港口城市的防御。

德军对于荷兰可能利用水障防御这一点是清楚的。在当时，有一个办法可以打破荷军的计划，使德军的装甲部队避免遭受洪水的威胁：在地面部队突破主要防线的时候，同时攻占上述3条主要河流上的要害桥梁，以保障德军迅速通过。这就是空降作战的主要任务。

早在1939年10月27日，德军第7伞降师师长斯图登特将军就被希特勒叫到柏林的帝国办公厅密谈。希特勒说，在波兰战役中，我们有意不使用空降部队，为的是避免过早地暴露秘密。但是现在准备立即展开西线的大规模攻势，该是使用空降部队的时候了。斯图登特奉命开始制订作战计划。他将在荷兰的空降作战行动分为夺占海牙和鹿特丹两个重要战略要地。在海牙，空降作战的部队为第22机降师的两个团和第7伞降师的1个营，由第22机降师师长斯庞尼奥克将军指挥。其任务是首先以伞降的方式夺占海牙周围的瓦尔肯堡、奥肯堡和伊彭堡3个机场，然后机降两个步兵团，以攻入荷兰首都海牙，俘获荷兰皇室、政府机关和高级指挥部成员，瘫痪其中枢神经，同时阻止这一地区的荷兰部队向受威胁的哥雷比—皮尔防线增援，并使荷兰空军不能使用"荷兰要塞"的军用机场。在鹿特丹，空降作战的部队为第7伞降师的4个营和第22机降师的1个团，由第7伞降师师长斯图登特指挥，主要任务是夺取瓦尔港机场和鹿特丹的维列姆大桥、多尔德雷赫特大桥、默尔迪吉克大桥，为正面进攻的第18集团军打开进入"荷兰要塞"的通路。为了保障夺取和扼守这些桥梁，除使用伞兵直接在大桥附近伞降外，在瓦尔港机场机降1个步兵团作为预备队，以支援各桥的战斗。参加空降作战的兵力为16,000人，其中伞降部队4,000人，机降部队12,000人，由第2航空队约500架容克－52运输机运送。德国西部的威塞尔、明斯特、利普施塔特、帕德恩阵等9个机场为空降出发机场。空降纵深40～100千米。为了达到最初空降的突然性，运输机从北海上空绕道飞行，从西北方向进入目标。

斯图登特的计划在后来的6个月中虽然经过修改，但设想基本未动。希特勒一方面观察西欧事态的发展，与英国保持着和平信件的相互往来；一方面又寻找实施突然袭击的良机。在此期间，斯图登特曾11次接受准备袭击的命令，每次命令都是在临起飞之前被撤销。第12次接到袭击的命令是5月9日，这一次空降作战计划真正付诸实施。

荷兰当局根据他们驻柏林的武官从德国最高统帅部谍报局搞到的情报，预料到德军将要进攻。荷军总司令温克尔曼中将对德国空降部队突击"荷兰要塞"的威胁了如指掌，他不断提醒其部下注意防范。因此，从5月7日起，荷兰采取了一些反空降措施：在各机场的跑道上和公路的重要地段上准备了载重汽车，设置了地雷和其他障碍物；加强了机场、城市的警戒和伪装；加强了值班飞机和增加了高射火器；在沿海组织了猛烈的对空火力。但荷军大多数军官对此并不重视，他们过于相信哥雷比—皮尔防线、洪水的威力和法国实施支援的诺言。

5月10日凌晨，德军航空兵袭击了荷兰、比利时、法国的40多个机场，夺取了制空权。对荷兰的战争，最激烈的战斗并不是后来地面军队的突破，而是德军和荷军在"荷兰要塞"内的空降和反空降作战。

第2章
CHAPTER TWO

荷兰在哭泣

★下午4时，德军第三批运载预备队及补给物资的运输机飞临海牙上空。但是这些飞机只能在海牙几个机场的上空盘旋，因为他们眼看着地面仍在进行激烈战斗，不可能找到一块安全的地方着陆。鉴于这种情况，斯徒登特通知第三批所有飞机统统在德军已占领的鹿特丹南面的瓦尔港机场降落。

★英国皇家空军在5月10日至11日的夜间，曾用轰炸瓦尔港机场、破坏主跑道的办法支援过荷军，但是收效不大。德国容克－52运输机仍然继续在机场上不停地起落。

No.1 空降目标，机场

1940年5月10日凌晨3时30分，德军对荷兰的瓦尔港、海牙、阿姆斯特丹、希尔维萨姆等地实施航空火力突袭。在轰炸海牙兵营时，由于荷军未及时发出空袭警报，约800名士兵被炸死在床上。航空火力突袭一直持续到运输机进入空降地区。

凌晨4时，运载第一批德军空降突击部队的运输机开始起飞。5时30分，第18集团军向哥雷比—皮尔防线发起正面进攻。在海牙方面，德军第7伞降师第2团第1营乘坐65架容克－52运输机，在战斗机护航下，从夜航机场起飞。他们越过荷兰国境线，掠过平原，在通过哥雷比—皮尔防线以及在飞向海牙时，一直把飞行高度降到30米作超低空飞行。当飞到海牙以西的河流交织地区时，才爬升到180米，并分成3个突击分队，分别飞向海牙周围的瓦尔肯堡、奥肯堡、伊彭堡3个机场。飞临海牙北边瓦尔肯堡机场的伞降兵突击分队，看到了德国空军对机场实施航空火力准备时投下的最后一批炸弹。当轰炸机返航时，容克－52运输机开始进入目标。伞兵降落在跑道上，很快集合完毕，与荷军机场警卫队展开战斗，把荷军驱逐出机场。7时30分左右，德军伞兵完全控制了机场。

降落在海牙南部瓦尔肯堡机场和海牙西部伊彭堡机场的2个德军伞兵突击分队也同时占领了这两个机场。但是，当第一批德军在其余100架飞机运载1个步兵营飞抵瓦尔肯堡，以及另外1个步兵营飞抵伊彭堡、并于7时30分左右着陆的时候，却遇到荷兰军队的反冲击。伊彭堡周围的高射炮火一直很猛烈，运载德军步兵的飞机有12架被击中。在瓦尔肯堡，沉重的容克－52运输机有的陷在松软的跑道上，无法再起飞，结果被炮火击中。

在瓦尔肯堡，荷兰步兵第4旅的3个营，在1个炮兵团的火力支援下，对据守在机场上的德军伞兵和步兵实施了反冲击，并将德军从西北方向赶出机场。德空降部队第二批运输机到达机场上空的时候，地面的混乱局面使飞行员不敢冒险着陆。空中指挥官被迫下达了取消在机场着陆的命令。带队机长率领机群飞向附近的海岸，在卡特威吉克特附近选了一块海滩作为备场场。然而，这块场地的土质实际上比他预料的要松软得多，因此在这里先着陆的14架飞机当中有7架因降落时失事，无法再起飞。于是编队向西南转弯，试图在德尔夫特至鹿特丹的公路上着陆。但荷军在此段公路上事先设置了障碍物，因而在降落的30架容克－52运输机中，有几架由于在着陆时损坏过于严重而不能起飞。陷在卡特威吉克附近海滩上的7架飞机的机上人员，遭到荷兰步兵第4旅第2营的攻击，被赶出着陆场。第一批在瓦尔肯堡机场着陆的部队，被荷兰军队赶出机场后，退至瓦尔堡村庄里的防御阵地。荷军炮兵对这些阵地连续轰击了一个下午，但是德军据壕死守，艰难地抵抗荷军的反击。

在奥肯堡和伊彭堡，荷军发动的反冲击也非常积极。荷兰近卫旅派出该旅的第1营，在1个炮兵旅的支援下，对奥肯堡机场实施反冲击。德军伞兵1个连在那里孤立无援，被驱逐出机场，向西南方向退却。荷兰近卫旅第2营和第3营，在海牙仓库守卫部队的支援下，攻击了伊彭堡机场，经过激烈的战斗后，夺回了机场。荷军经过在海牙周围的一系列协同良好的反冲击之后，将主动权从德军手里夺了过来。

下午4时，德军第三批运载预备队及补给物资的运输机飞临海牙上空。但是这些飞机只能在海牙几个机场的上空盘旋，因为他们眼看着地面仍在进行激烈战斗，不可能找到一块安全的地方着陆。鉴于这种情况，斯图登特通知第三批所有飞机统统在德军已占领的鹿特丹南面的瓦尔港机场降落。

　　第22机降师师长斯庞尼克是随着第二批机群飞到伊彭堡机场上空的，由于无法着陆，便飞往奥肯堡机场。然而这里的防空炮火也很猛。突然，斯庞尼克乘坐的那架容克－52运输机被荷军的高炮击中。受了伤的运输机在空中盘旋着，寻找着陆的地点。有的飞机迫降在海岸的沙滩上，也有的飞机降落在鹿特丹至海牙之间的公路上。最后斯庞尼克乘坐的飞机费了很大劲，才降落在靠近森林的一块空地上。海牙周围到处是德军被迫降落的运输机和空降人员，大部分人员被分割在数个地方进行独立的战斗。天黑前，斯庞尼克把各小股部队集中起来，约数百人，在海牙郊外的奥费赖斯希构筑了"刺猬阵地"。因为兵力太弱，无法向市区进攻，又没有任何被控制住的简易机场，斯庞尼克接受的攻占荷军统帅部的任务无法完成。5月10日傍晚，他通过无线电台和第2航空队取得了联系，接到库赫勒的命令，让他放弃原来的计划，停止对海牙的进攻，向鹿特丹北部挺进。

　　在海牙着落的德军空降部队，在荷军的反攻下大部分被歼，有1,500人被俘，运输机损失90%，荷军在海牙方面赢得了作战的胜利。

　　在鹿特丹方面，5月10日凌晨3时，刺耳的汽笛声就开始响彻鹿特丹的街头和港口，这是空袭警报。瓦尔港机场附近荷军步兵都躲进了机场的战壕和地道里，他们疲惫不堪地守在机枪和迫击炮旁。而这时却有两个预备连的士兵仍在机库的临时宿舍里蒙头大睡。正在他们做着美梦的时候，无数颗炸弹从天而降，落到机场边缘的战壕里和高炮阵地上，有一颗重磅炸弹正好命中了大机库。机库中弹后，马上燃烧起来，顷刻便倒塌了，不少还在酣睡的士兵被压在里边，瓦尔港机场的防卫骨干力量就这样被消灭了。这次极为准确的轰炸是德军向鹿特丹方面实施空降突袭的序幕。

　　就在瓦尔港的爆炸声停止、对空炮火寂静下来的同时，天空中又传来了飞机发动机的轰鸣声。德军第1特殊任务轰炸航空兵团第3大队的运输机运载着伞兵第1团第3营和第2营的1个连，于凌晨5时准时进入了鹿特丹的南部。炸弹坑遍布瓦尔港机场，燃烧着的机库冒出的浓烟使他们在空中很快认出了目标。伞兵们跳出机舱，只见机场上空白点一个接一个地从飞机里飞出来，越来越多。他们在空中飘荡，慢慢地接近地面。这时，荷军才发现这是德军空降伞兵。接着，地面响起了机枪的射击声。

　　到处都是目标，简直不知该打哪个好。荷军的防空炮火开始也一度打得很猛，可后来逐渐减弱，并且火力也不集中了。德军伞兵遭受的损失主要是由于自己的过错造成的：1架载着伞兵的容克－52运输机竟然在大火熊熊的机库正上方实施空降，结果丝绸做的降落伞见火就着，许多伞兵就这样被活活地摔死了。但大部分伞兵是在瓦尔港机场两侧着陆的，并立即投入了战斗。这样一来，荷军就不得不分散火力对付机场外围的伞兵。经过约1小时的激战，伞兵控制了瓦尔港机场。

↑战时荷兰机场上，布满了德军的战斗机。

No.2 被蹂躏的鹿特丹

德军在做好迎接机降部队的准备后，第16机降步兵团开始机降。一个运输机中队首先试图在机场着陆，但他们遭到荷军小口径高炮的射击。有一架容克－52型飞机的油箱被打中，两台发动机起火，飞机着陆后，还没等飞机停下来，舱门便打开了，士兵们从里面跳了出来。他们是施维贝克中尉指挥的第16机降步兵团第9连的2个排，是机降部队的先遣分队。紧接着，其他容克－52运输机陆续着陆。该团第3营营长霍尔蒂兹中校事后曾这样写道："不出所料，这里是一片惊人的轰响。发动机的轰鸣声、机库里弹药的爆炸声和重型迫击炮弹的爆炸声交织在一起。敌人的机枪在狙击飞机降落，但我们的士兵早已敏捷地跳出机舱，开始了攻击。

在德军机降过程中，荷军以密集炮火猛烈抗击搭载步兵的运输机，有几架运输机被地面的炮火击中，其中1架坠地着火。荷兰海军的几艘小型舰艇也企图轰击着陆的机降部队，但被德国"斯图卡"式俯冲轰炸机驱逐。此时，荷步兵第3营在荷军重迫击炮火力和鹿特丹北部炮兵火力支援下，正在进行反击。突然德军发出了绿色信号弹，这本是荷军停止重火器射击的信号，荷军炮兵误认为这是本军发出的信号，因此停止了射击。机场守军失去了炮火支援，经不住德军伞兵和机降步兵的攻击，最后不得不放弃抵抗，瓦尔港机场完全落到德军手中。

英国皇家空军在5月10日至11日的夜间，曾用轰炸瓦尔港机场、破坏主跑道的办法支援过荷军，但是收效不大。德国容克－52运输机仍然继续在机场上不停地起落。

然而，占领机场只不过是战役的开始。德国这次对鹿特丹进行空降作战的主要目的，是夺取市中心马斯河上的几座重要桥梁。他们必须尽快占领并扼守住这几座桥梁。在瓦尔港机场着陆的第16机降步兵团第3营，要通过鹿特丹南部市区，走几千米才能到达马斯河。为了防止在他们到达之前那几座桥梁被炸毁，德军采取了必要的措施，这就是另两支空降分队的任务。

一支是施勒特中尉指挥的第16机降步兵团第11连和部分工兵，约120人。他们在进攻发起的头一天夜里，潜入到奥耳登堡附近的次维舍南浴场。午夜，他们登上了在那里待命的He－59双翼水上飞机。这是一种老式飞机，在它那箱形的机身下，挂着很大的浮筒。这种飞机被海军用来警戒海面和实施救护，把它用于作战，实在是太笨拙了。可是，就是这样笨拙的12架水上电机，现在却从次维舍南海（实际是一个近似圆形的内陆湖）起飞了，飞机的载重量达到了最大的限度。5月10日7时，这些飞机沿着新马斯河（6架由东、6架由西）进入了鹿特丹市中心。飞机以距水面几米的高度超低空进入目标。在维列姆大桥附近，成两列着水，随后驶向大桥。这时，机降兵打开舱门，投下橡皮筏，然后坐上橡皮筏划向岸边。在防护堤处登岸后，立即向东栈桥突击，迅速占领了旧港附近莱乌和科依特两座桥梁。紧接着，又夺取了南面最长的维列姆大桥，拆除了荷军设置在桥上的炸药。邻近的铁桥也被相继占领。几分钟内，12架He－59飞机运来的步兵和工兵，就在马斯河两岸筑起了桥头堡。荷兰守备部队立即反扑。德军士兵躲在桥下、墙后和建筑物的角落里抗击，死守着他们的桥头阵地，荷军第一次反扑被击退了。

另一支空降分队是伞兵第1团第11连，约60人。他们在维列姆大桥以北不远的一个运动场

↑一名德军伞兵从机舱中飞身跳出。

上伞降着陆，而后截住几辆市内公共电车，横穿费耶努尔特区，急忙赶到河边。当时，第16机降步兵团第11连正被困在桥头，情况危急，他们的到来，使形势有了好转。伞兵们越过马斯河，来到北面的桥头堡。

不久，在瓦尔港机降的第16机降步兵团第3营，经过激烈的巷战后，也突击到马斯河畔，他们占领了河上的几座小型桥梁和马斯河中的诺德岛，并进一步增强了扼守维列姆大桥的力量。荷军被赶出大桥后，从岸边阵地和高建筑物上，向维列姆大桥猛烈射击，并出动炮艇对桥头进行炮击，对大桥进行火力封锁。此时再想从桥上通过是非常困难的。打通维列姆大桥是在5天4夜之后。但留在北岸的60名伞兵凭借桥头堡，顶住了荷军的猛烈反击，始终封锁了这座大桥。

从南面通往"荷兰要塞"的唯一道路上，除了鹿特丹市的维列姆大桥外，还有多尔德雷赫特大桥和默尔迪克大桥。只有在这些桥梁未被炸毁时将它们夺到手并能坚守住，等到第18集团军的先头部队第9装甲师开到，荷兰之战才能稳操胜券。所以斯图登特方面作战的空降部队还必须夺取多尔德雷赫特和默尔迪吉克大桥。

夺取多尔德雷赫特大桥的是第1伞兵团第3连的2个排。他们着陆后几分钟就占领了大桥，并拆除了桥墩上安放的炸药。由于大桥周围建筑物布局复杂，荷军利用有利地形，趁德军立足未稳进行反扑。德军于是将布劳尔上校率领的第1伞兵团主力和在瓦尔港机场机降的第16步兵团第1营投入该桥作战。双方进行了持续3天的反复争夺，直到5月13日，德军第9装甲师开到，在装甲部队的冲击下，荷军仓皇退却，德军才完全占领了多尔德雷赫特大桥。

夺取默尔迪吉克大桥的是第1伞兵团第2营。该营在没有完整建制下作战，有1个连去支援攻占瓦尔港机场的部队。剩下的兵力在德轰炸机对桥旁的碉堡和高炮阵地进行了准确的俯冲轰炸之后，由布罗盖上尉指挥，在桥的南、北两个桥头堡附近伞降，对大桥守卫队进行两面夹击。经过短促激战，他们顺利夺取了这座横跨迪普河的长1.2公里的公路桥和长1.4公里的铁路桥，并扼守到正面进攻军队到达。

在鹿特丹和多尔德雷赫特地区空降的德军，不仅击退了荷军的反复冲击，而且还向多尔德雷赫特以南推进，并与在默尔迪吉克大桥附近作战的德国部队建立了联系，使荷军未能炸毁任何一座大桥。10日中午，斯图登特飞抵瓦尔港，接管鹿特丹、多尔德雷赫特、默尔迪吉克三角地区的防务。

德军正面进攻的第18集团军于5月11日，突破了整个哥雷比—皮尔防线。当荷军企图往鹿特丹撤退时，发现德军已占领了构成主要水上障碍的那些桥梁，于是荷军的退却部队更是溃不成军。5月12日晚，德军胡比克少将率领第9装甲师先遣营到达默尔迪吉克。13日清晨，装甲车在德军空降兵的欢呼声中通过了默尔迪吉克大桥向北推进，接着占领了多尔德雷赫特。当天傍晚，第一辆坦克开进了鹿特丹。

在维列姆大桥，德军第16机降步兵团第3营仍在拼命死守着。虽然荷军的重炮和炮艇仍猛轰维列姆大桥，但无济于事。德方的损失也很大。营长霍尔蒂兹中校奉命撤回坚守在北桥头堡的60名伞兵，但是他们无法撤回来，因为荷军封锁得太严，不管白天还是黑夜，就是老鼠也休想活着过去。由于维列姆大桥被荷军封锁，地面进攻军队被阻于桥的南端。

5月13日16时，德军开始敦促防守鹿特丹的荷军投降，经过一天谈判，没有结果。5月14日15时，德军航空兵对鹿特丹市进行了狂轰滥炸，近60架轰炸机一次投弹1,300余枚，共重97吨，市中心受到很大的破坏，建筑物绝大部分被摧毁，居民死亡900余人。空袭后，17时整，荷军城防司令斯哈罗上校亲自走过维列姆大桥向德军投降，并于1小时后签署了投降降书。

在马斯河岸边地上坚守了5天4夜的德国空降部队的幸存者，从建筑物中、地下室和战壕里爬出来。桥头堡里死亡的伞兵很多，活着的都是满身泥土，衣服破烂不堪。紧接着，装甲部队通过公路桥，向北驶去。他们是去接应海牙郊外的第22机降师残余部队的。德军命令荷兰士兵带着武器到集合地点集中。此时，碰巧一支德国党卫军部队通过市区，他们以为突然与"武装"的荷军遭遇，顿时枪声大作。斯图登特听到枪声，马上跑到司令部的窗口想加以制止。就在这时，一颗流弹打中了他的头部。幸亏一名荷兰的外科医生及时抢救治疗，他才得以活命。

5月14日20时30分，荷军总司令温克尔曼将军通过广播命令全军投降，荷兰皇室及政府要员逃往伦敦。德军空降部队在荷兰的空降作战并非完全成功，由于荷军战前已有反空降准备，德军空降兵受到重大损失。德军在荷兰共空降16,000余人，伤亡4,000余人，1,600名伞兵被荷军俘获并运送到英国。在海牙的空降完全失败，其第22机降师失去了几乎一半的军官和1/4的士兵。在鹿特丹的空降虽然取得成功，但也伤亡很大。德国空军投入500架运输机，损失117架，使德空军的后备力量受到削弱。

德空降兵在海牙、鹿特丹地区突然空降，对荷兰政府构成直接威胁，在关键时刻牵制了荷军统帅部及其预备队，保障了德军正面部队的进攻。"荷兰要塞"的迅速被夺取，不仅对盟军的战术家们产生了很大影响，而且当训练有素的荷军彻底崩溃的消息传出后，在世界上也产生了很大震动。

03

BATTLE

第三篇 > 空降·不列颠

第1章
CHAPTER ONE

英国绝不屈服

★希特勒在贡比涅让法国受辱后，便和一些老友到巴黎作了一次短暂的游览。在荣誉军人院，他久久凝视着拿破仑墓，然后转身对他的忠实摄影师霍夫曼说："这是我一生中最伟大、最美好的时刻。"

★丘吉尔决不会被希特勒的和谈烟幕所蒙蔽。从希特勒违反凡尔赛和约扩军备战，到撕毁慕尼黑协定吞噬波兰……集与希特勒打交道的经验，丘吉尔已看透这个流浪汉出身的家伙是个出尔反尔、言而无信的卑鄙小人。

No.1 "胜利的蓝图"

1940年6月5日清晨，敦刻尔克海滩，又恢复了往日的平静。

凄清的晨风中，到处飘洒着碎布片，还有雪片般的军事文件，丢弃的弹药和扔掉的杂物遍地可见。士兵们趟水奔向救援船只时丢掉的数千只鞋，骑到海边来的数百辆自行车，一眼望不到尽头的排成一列列长阵的卡车和大炮，一堆堆的步枪，还有堆积如山的罐头食品，一切的一切都反映出英国人和法国人的无措。

两名德国空军高级将领正沿着宽阔的海滨沙滩向前走着，他们的皮靴踏在英军所留下的废墟上。这两个德国人一个是德国空军参谋部的沃尔多将军，另一个是德国空军司令戈林元帅的副手，德国空军监察长米尔契将军。

两人走到一堆装葡萄酒和威士忌的空酒瓶前（无疑是英国军官们喝完后扔下的），沃尔多将军用脚尖踢了踢一只酒瓶，挥手指着废墟说："这里就是埋葬英国人在这场战争中的希望的坟墓！"随后，他又鄙夷地指着酒瓶说："这就是他们的墓碑！"

此时，矮小肥胖，带着一副颐指气使神情的米尔契将军却没有一点他的同伴那种得意洋洋的表情，他似乎有些沉重地说："他们的希望还没有被埋葬。"

不远处，赫然停着一辆豪华列车，德国空军司令戈林元帅的装甲专列，此人长着一张红脸和两片薄嘴唇，生性爱吹牛撒谎，好大喜功，追求时髦，爱慕虚荣。他喜欢狩猎，并对各类艺术作品和五光十色的珠宝有着疯狂嗜好。人们的共同感觉是，这位身材高大，身穿挂满勋章和珠宝的天蓝色制服的空军司令，可谓是健壮如牛的赳赳武夫；可是，那浅黄色闪光的翻领，阵阵飘过的香水气息，以及那戴满钻石戒指的双手，又让人感到一种十足的脂粉气。

1893年1月，戈林出生于巴伐利亚的勒森海姆，其父与铁血宰相俾斯麦关系亲密，曾受俾斯麦委派出任德属西南非洲（今纳米比亚）总督。少年戈林秉承父亲意愿，入读士官学校，1911年毕业于德国大利希特菲尔德军事学院，后在亚尔萨斯的米尔贺森联队任步兵中尉。一战爆发后，戈林转入陆军航空兵部队学习飞行，曾任著名的里希特霍飞行中队的最后一任指挥官，在空战中击落23架敌机，成为德国著名的空中战斗英雄，获得德国战时最高荣誉勋章。"一战"后，德国的战败使得戈林一落千丈，流落到丹麦和瑞典当起了运输机驾驶员。1921年，戈林结识了希特勒。那是一次偶然的机会，他听了希特勒的演讲，两人一个想重温日耳曼帝国的旧梦，一个想重振德国空军雄威，因而一拍即合，大有相见恨晚之意。戈林凭借其过人的精力和毒辣的手段，为希特勒的啤酒馆政变、国会纵火案、建立盖世太保和冲锋队以及清除同党罗姆等竭尽犬马之劳，成为希特勒最得力的助手之一，为希特勒夺权立下了汗马功劳。其手段之卑鄙龌龊，较希特勒有过之而无不及。在清除元首的心腹干将罗姆时，希特勒有些于心不忍，念及共同起家的故交，想留他一命。但是戈林却力劝希特勒杀掉了罗姆，也为戈林自己扫除了竞争对手。戈林还为希特勒创建了恶贯满盈的盖世太保，并设计了血债累累的集中营。随着希特勒的发迹，戈林在第三帝国的仕途青云直上，成为希特勒

→ 戈林，纳粹的顶级帮凶，在他的策划下，无数无辜民众卷入战火。

的宠臣。先后担任过冲锋队队长、航空部长、空军司令，并晋升为陆军上将、元帅，直至成为希特勒的法定继承人。

此时的戈林正在这辆列车上等待召开一次德国空军总司令部会议，前来参加会议的有第2航空队司令凯塞林将军、第3航空队司令斯比埃尔将军、第5航空队司令施登夫将军，以及监察长米尔契将军和参谋长耶舒昂纳将军。

满面红光，神采飞扬，身着华丽的丝质新制服，挨个拥抱手下的将军，拍拍他们的后背，绕桌走了一圈后，戈林来到首席的位置上。

他首先告诉大家，法国方面的某些消息媒介已经试探停战的条件了，接着他又说，英国军队在遭受了德国军队如此"沉重的打击之后，于敦刻尔克被全部歼灭"，他和元首不知有多么高兴。

听到戈林说到这里，米尔契不由自主地打断戈林的谈话，插话道："元帅是说英国军队在敦刻尔克被全部歼灭？"

戈林微笑着点了点头。

米尔契满面狐疑地说："在我看来，英国人远没有被打垮。我承认，我们在三个星期内就将英国人赶出了法国,这是很了不起的战绩,是对英国人傲气的一个沉重打击。但是,我们必须面对这样一个事实,即英国人几乎把他们的全部军队都撤过了英吉利海峡,这个情况令人担忧。"

在戈林看来,西线的战事差不多已经结束,他正是带着这种想法来召集这次会议的。米尔契刚才的一席话,对他的情绪产生了很大影响。他问他的这位监察长:"你认为下一步应该怎么办?"

米尔契十分严肃地强调:"我认为我们应当立即将空军现有的全部兵力调至英吉利海峡沿岸……攻占大不列颠不容拖延……我警告您,元帅先生,如果您给英国人三四周休整的时间,到那时就来不及了……"

"这不行!"还没等米尔契说完,戈林就打断了他的建议。

但是,参加会议的其他人,绝大多数都支持米尔契的意见。随着会议的继续进行,戈林渐渐开始转向米尔契的观点。

几个小时之后,一项作战计划终于形成了。

这是一个入侵不列颠的计划。它拟以空降兵入侵,先以轰炸机和俯冲轰炸机大举进攻英国的南部沿海。在飞机袭击的掩护下,伞兵部队将在英国本土着陆,并夺取一个机场。紧接着用容克军用运输机进行穿梭运输,运送5个德国精锐师;这些士兵将呈扇形散开,像丛林野火一样遍布英国农村。除了地面上可能遇到的抵抗之外,这项计划还考虑到了其他一些难以克服的障碍:要使英国人屈膝投降,不仅要把他们的飞机从天上打下来,而且还必须封死他们运送食品的海路,并使他们的港口陷入瘫痪。这就意味着要解决在世界上仍是最强大的英国海军。戈林预言,德国的入侵将使大英帝国在北海和地中海的战舰离开现在的位置,而且还会调动英格兰斯卡帕湾重兵把守的大本营里的军舰,迫使它们开足马力驶向英吉利海峡。这样,全部皇家海军将集结在这条狭长的海域,与此同时,全部的皇家空军也将在战场上空露面,这不仅能使德国空军摧毁英国的空中力量,而且也能消灭英国的海上力量。

戈林认为,这是一个绝妙无比的计划,妙就妙在它将是一场由德国空军控制的战斗。不仅有10个陆军师将归他指挥,而且德国海军那些需要用来作后援和策应的船只及舰艇也将归到他的手下。他相信,德国空军不但能阻挡英国海军的侵扰,还能摧毁英国的空军力量。身为德国空军的总指挥官,如果入侵英国成功,他自己必定获得头功的荣耀。

第二天,戈林来到希特勒设在比利时一个村庄里的临时指挥部,把他和空军将领们详尽讨论过的那项计划面呈希特勒。

"我的元首,这就是胜利的蓝图!"戈林说道,"但是我想强调一点,要取得这场战争的胜利,有一个先决条件,即战争务必立即打响,一定要趁英国人尚未从他们在比利时和法国之战的惨败中爬起来,趁那些从敦刻尔克撤走的英国远征军仍然士气低落,缺乏武器装备之际,将他们一举击败。"

"我等待着你的命令,我的元首。"最后,戈林带着自信的期待说。

希特勒在认真看了戈林的计划后,给戈林下达了一项命令。但是,这项命令让戈林傻了眼，而米尔契将军听到这项命令后更是暴跳如雷。希特勒命令戈林"不要行动"。

希特勒明确指出，尽管他欣赏这个计划的现实态度，但却反对将它付诸实施。这并不是因为他认为这项计划不会取得成功，而是因为他觉得现在或将来都没有这样做的必要。他深信，英国人作为一个理智的民族，到此时此刻已认识到了他们山穷水尽的处境，他指望英国政府会接受将由他提出的和平解决方案。在着手准备这件事的同时，他并不想用穷追猛打的入侵来"教训"英国人。

在戈林和米尔契看来，希特勒简直是疯了——当然他们只敢在心里这么说。他们认为英国人正在秣马厉兵，决不会俯首称臣，要征服他们，唯一的办法就是摧毁他们的空中力量，让他们的海军葬身海底，封锁他们的港口，然后长驱直入，到英国的本土上与他们较量。现在，德国每浪费一个小时，就等于送给了英国人用以准备反攻的生死攸关的60分钟。

事实上，戈林和米尔契是对的。早在6月4日，英国首相丘吉尔就预示英国将不顾一切地进行抵抗："我们决不气馁认输。我们将战斗到底。……我们将在海洋上战斗，我们将以不断增长的信心和不断增长的力量在空中战斗；不论代价多大，我们将保卫我们的岛屿。我们将在海滩上战斗，我们将在登陆地点战斗；我们将在田野和街道上战斗；我们将在山中战斗；我们决不投降……"

No.2 和平的信号

此时，希特勒的心思完全放在了促使法国投降上。敦刻尔克战役刚过两个多星期，法国的最后一道防线就在德军闪电战的进攻下崩溃了，以贝当元帅为首的法国新政府请求停火。

6月22日，法国在停战协议书上签字投降。

希特勒在贡比涅让法国受辱后，便和一些老友到巴黎作了一次短暂的游览。在荣誉军人院，他久久凝视着拿破仑墓，然后转身对他的忠实摄影师霍夫曼说："这是我一生中最伟大、最美好的时刻。"

希特勒在他的将军和老友们的前呼后拥下，来到了第一次世界大战时期的西线战场。这个当年毫不起眼的奥地利下士，此时已成为世界上最显赫的人物。马奇诺防线毫无生气地静卧在他的面前，堡垒上的斑斑弹痕无神地望着这位不可一世的征服者。

故地重游，希特勒百感交集。曾几何时，一个出身低微的传令兵居然使一个第一次世界大战的战败国，一个在政治上一片混乱，在军事上被解除武装，在经济上快要崩溃的德国，一跃而成为欧洲大陆最强大的国家，所有其他的国家，甚至包括英国和法国，都在它的面前发抖。

希特勒转过身，得意洋洋地对走在他身边的霍夫曼说："那些凡尔赛条约的战胜国，那些主宰英国和法国政府的'小蛆虫'，现在不知做何感想！"

霍夫曼同样是满面春风。他问希特勒："你对战争的下一步作何打算？准备什么时候在英国登陆呢？"

"下一步我想对付的是俄国佬，"希特勒把手一挥说，"如果我们与英国人开战，就得同时在东西两线作战。这对德国并没有什么好处。我们德国人流血牺牲得到一些胜利，但获得实惠的只是日本、美国及其他国家。"也许因为激动，希特勒苍白的脸有些泛红。

霍夫曼和将军们这时已经停下，静静地听着。

"英国是个理智的国家，"希特勒信心十足地说，"待他们明白了自己孤立无援的处境后，必定会接受我的和谈方案。"

希特勒所以坚持与英国人讲和，除了他所说的为避免两线作战外，据说还有一个原因，即希特勒是真心真意地敬慕英国人，敬慕大英帝国和他们的文明。希特勒认为，英国人作为盎格鲁-撒克逊人，符合优秀民族的标准，因此最好不要消灭他们。

当天，希特勒回到他在克尼比斯的"黑色森林"别墅，他在那里一直静养了10天。这期间，他把跟战争沾边的一切事务都抛到九霄云外去了，天天早上驱车四处兜风。他尽情享受着胜利之后的愉悦，细细品尝着那份妙不可言的滋味。而这段美好的日子和这种美好的感受，在希特勒以后的日子里绝未再出现过。

法国失陷之后，德国的战争机器突然变得温和起来。德国士兵在英吉利海峡的岸边洗澡，他们光顾那些挂着"此处说德语"牌子的饭馆和咖啡馆；而几周之前，同样是这些饭馆和咖啡馆，挂的却是"此处说英语"的牌子。

然而，在法国北部海岸并不全是休息和娱乐。对德国武装部队的将领们来说，希特勒"不要行动"的命令仅仅只是说他现在不希望进攻那个岛国，但这并不妨碍他们为希特勒万一突然改变主意的可能性做准备。

因此，德国空军把第2航空队调到了英吉利海峡，一同调去的还有第3航空队。第一次世界大战中赫赫有名的红色男爵的表兄弟，胆大过人的里希特霍将军也在调集兵力，他手下的战斗机和俯冲轰炸机中队正在英吉利海峡沿岸与英国隔海相望的法国飞机场集合——从那里飞到多佛尔断崖只需20分钟，飞到伦敦也只用一个小时。

在这些部队的身后，轰炸机中队和容克军用运输机正从它们在德国的基地开过来，德国士兵已把肝泥腊肠和啤酒的味道传遍了法国兵营，而前不久这里弥漫的还是法国香烟和廉价葡萄酒的气味。

德国的海军也在忙碌着。他们的驳船和小型船只开始集合，陆续沿莱茵河通过荷兰和比利时的运河网驶向英吉利海峡和北海沿岸的集合点。

虽然希特勒下达了不让对英国发动全面进攻的禁令，但是德国空军却开始对英国进行了零星的突袭。空袭的主要目的，是对德国飞行员进行实战训练。

白天，德军战斗机在英吉利海峡呼啸而过，它们袭击护航舰，企图引诱皇家空军的飞机起飞作战，以了解英国人的飞行技术和胆量。

夜间，德国空军参加夜袭的轰炸机小分队对一些防范不严的孤立的目标进行攻击，目的是试试他们进攻的准确度和有效性。

6月底，德国方面试探和平的建议通过各种渠道传到了伦敦。梵蒂冈通过它瑞士的教皇使节发去了一封询问信。瑞典国王也亲自要求英国与德国和解。在西班牙，纳粹的密使正在直接与英国大使霍尔爵士会谈。

No.3 丘吉尔随时准备战斗

对于希特勒伸过来的橄榄枝，英国首相丘吉尔是什么态度呢？他作出了明确而坚定的回答："不！决不！"

丘吉尔有着一副铮铮铁骨。他于1874年11月出生于英国一个贵族家庭。父亲伦道夫·丘吉尔勋爵是保守党领导人之一，曾任财政大臣。母亲珍妮·杰罗姆是美国人。丘吉尔个性勇敢，富于冒险精神。自幼喜欢玩打仗游戏，孩提时他就拥有1,500个玩具小锡兵。他可以长时间地将它们摆成各种阵势，进行交锋对垒，战斗演习，经常玩得废寝忘食。18岁那年，丘吉尔考上桑赫斯特皇家军事学院。24岁时，他在苏丹恩图曼第21兰瑟支队服役，经历了英布战争。1914年，丘吉尔任英国海军大臣，英海军在达达尼尔战役中的惨败，导致他引咎辞职，委身在西线指挥一个旅的皇家苏格兰士兵。

丘吉尔的血管里流动着战争的血液。他是战争问题专家，是战争艺术的学子。一些人把他描绘成《圣经》中约伯的那匹马，很远就能闻到战争气息，"在山谷中搔爪，在号角中嘶鸣"。现在，又是战争，把他推上了历史的舞台。他不知疲倦，足智多谋，热情洋溢，英明果断，就像一尊岩石阻挡着风暴的袭击，他使一个摇摇欲坠的国家重新振作起来，走向胜利。当战争结束后，英国和其他许多国家的人民回首往事时，都把丘吉尔视作英国这艘几经风险最终凯旋而归的战舰的舵手和舰长。然而，当丘吉尔于1940年5月10日夜晚接过这艘战舰时，它已是遍体鳞伤，摇摇晃晃，而且即将面临纳粹德国铁蹄践踏的灭顶之灾。

丘吉尔决不会被希特勒的和谈烟幕所蒙蔽。从希特勒违反凡尔赛和约扩军备战，到撕毁慕尼黑协定吞噬波兰……基于与希特勒打交道的经验，丘吉尔已看透这个流浪汉出身的家伙是个出尔反尔、言而无信的卑鄙小人。

这位素以坚定无情而著称的英国首相，给瑞典国王写了一封措辞强硬的复信："……甚至在对于这种要求或建议做任何考虑以前，德国必须用事实而不是用空话作出确实的保证。它必须保证恢复捷克斯洛伐克、波兰、挪威、丹麦、荷兰、比利时，特别是法国的自由和独立生活。"

当丘吉尔得知德国代办托姆森企图在华盛顿与英国大使会谈的消息以后，立即发了一封急电："应告知洛提安勋爵，绝不能给德国代办以任何答复。"

丘吉尔对待希特勒的和平方案的态度，多次在公共场合明确表达出来。一天晚上，他召集了一次帝国参谋部会议，会议是在那迷宫般的地下总部的一间空房子里进行的，此处有白厅"地洞"之称，离国会和政府办公楼很近。当首相走进来时，已聚集在那里的将军们和内

↑英国首相丘吉尔微笑着向人们打招呼

阁大臣们都站着静静地看着他，只听得见排风扇往这间沉闷的屋子里输送空气的声音。丘吉尔站稳后，从嘴上拿下那只特大号的雪茄，用它划过这个简陋的防空洞，然后指向会议桌首席位置上放的那把木椅。

"我将在这间屋子里指挥这场战争。"他宣布说，"如果我们受到入侵，我就坐在那里——那把椅子上。"他把雪茄放回到嘴上，吐了一口烟，然后接着说："我就坐在那里，直到德国人被赶走，要么到他们把我的尸体抬出去！"

在拒绝希特勒和平计划的同时，丘吉尔抓紧时间进行抗击德国人侵的准备。农民、第一次世界大战后退伍的老兵以及地方上其他一些国防志愿人员，都聚集到了国民军的行列，他们正在英国的一条条道路和8,000公里的海岸线上巡逻，手里拿着狩猎用的武器，老式的步枪，甚至还有草耙和高尔夫球杆。在他们得到正规的装备之前，在敦刻尔克撤回的士兵和其他正规军重新武装起来之前，在防御工事筑牢、坦克陷阱挖好、海边的地雷埋好之前，在皇家空军以更好的飞机和飞行员加强实力之前，每赢得一天都是十分宝贵的。

在法兰西失利后，英国人并没有被惊恐和混乱所困扰，他们充分地利用了撤退后的间歇时间，加速飞机、坦克和其他武器的生产，加紧进行各项战争准备，以使他们的岛国壁垒森严。

No.4 不要轻视英国

7月初，希特勒认为英国人会恢复理智的自信心开始渐渐消失了。

在希特勒眼里，丘吉尔是一个喜欢大喝白兰地的农夫，而那些辅助他统治英国的人则是顽固不化的笨蛋。在去年9月战争爆发以来的10个月里，德意志帝国的武装力量已将从波兰的布格河到法国英吉利海峡沿岸的整个北欧纳入了德国的统治之下，而海峡那边的英国人却偏偏对这一现实视而不见。他们的固执令希特勒大惑不解。

希特勒十分恼火。他终于开始做全面入侵英国的准备了。

7月16日，一份发给德国军官的绝密命令宣布了元首的决定：

"鉴于英国不顾自己军事上的绝望处境，仍然毫无愿意妥协的表示，我已决定对英国登陆作战，若有必要，即付诸实施。"

这项命令还说："这次作战行动的目的是消除英国本土这一对德作战的基地，并在必要时全部占领该国。"

希特勒在这项指令中用了几个关键字眼："若有必要。"这说明，此时希特勒仍在期待着英国人能认识到他们的困境并接受他的意见。

这次作战行动的代号是"海狮"。

与戈林和米尔契以空军部队入侵英国的流产计划相比，"海狮"行动虽然没有那么轰轰烈烈，但它的构想却庞大得多。它拟以多达25万人的德国步兵在英国南部海岸长达320公里的宽阔战线上登陆，只有少量的入侵部队使用飞机运送；大部队由改装过的内河驳船、拖船、汽艇和较大的运输船运过英吉利海峡。他们将分三批到达，首先抢占滩头阵地，继而向内陆推进，他们的首要目标是切断伦敦与英国其他地区的联系。当占领英国首都后，立即由盖世太保逮捕2,000名英国的首脑人物，从丘吉尔到作家赫胥黎和沃尔夫及演员科沃德，并将所有17至45岁身体健全的英国男子都拘禁起来，运往欧洲大陆。

希特勒的高级将领都十分赞赏的"海狮"计划，惟有海军总司令雷德尔元帅持怀疑态度。令他忧虑的除了他的海军在挪威受过损失之外，主要是他看到他身边的战略家们把"海狮"行动仅仅看做是一次渡河计划，只不过这一次宽一些罢了。那些战略家们似乎不懂得，入侵部队乘风破浪地渡过40多公里通常是白浪滔天的英吉利海峡进入英国本土，与攻过1公里宽的维斯杜拉河进入波兰或2公里多宽的莱茵河打进法国，有着天壤之别。

雷德尔的同事们认为，一般的渡河作战德军已很熟练了，他们只需要对此作两处修改：一是用德国空军的轰炸机代替地面的炮兵；二是让海军承担运输任务，而这项任务过去通常是由陆军运输部队完成的。

高级将领们的这种轻率的态度，使雷德尔十分震惊。他深知，由海路登陆这种作战方式，德军并没有仔细地训练过。而且他明白，他的海军并不具备保护和维持"海狮"计划在320公里宽的正面上实施作战所需的足够的船只。当他提出缩短战线时，陆军的将领们反驳说，这等于把他们的军队"直接送进绞肉机"。

对于高级将领们的分歧，希特勒作出了裁定，他将战线比原定的缩短了一些，减掉了怀特岛以西的地区。

尽管雷德尔的疑虑仍然未被打消，但德国陆军却深信"海狮"行动能够成功。陆军总司令布劳希奇将军和陆军参谋长哈尔德将军都向希特勒保证，他们将全力以赴地执行这个作战计划，而且一定能够取得胜利。然而，他们却提出了一个非常关键的要求，即在海路入侵英国的战斗打响之前，德国空军必须先削弱英国皇家空军的战斗力，并完全摧毁英国的空中防御力量。

这两位将军太高明了，他们把球扔给了空军司令戈林元帅，为自己留了一条退路。这样一来他们便同时赢得了雷德尔的大力支持。后来雷德尔回忆说，当他得知这一部署时才放下心来。这将使他的海军在两个意义上摆脱困境：如果德国空军没能击败皇家空军，那么就不会从海上入侵，而雷德尔也不必用他所剩的海军力量去与强大的皇家海军相抗衡了。反之，如果皇家空军被击溃，海路登陆开始，希特勒就会担任最高指挥，这样以后的罪责（当然也许是功劳）就都是他的了。

然而，这时希特勒还没有最后确定非要实施"海狮"计划，他打算再给英国最后一次采取"理智"态度的机会。

7月19日，希特勒在柏林的克罗尔歌剧院召集了一次特别引人注目的国会会议。

希特勒的将军们在剧院的前排就座，包厢里挤满了各国的外交官。这些外交官听到的传闻说，元首今晚将提出一项最后的和平建议。

希特勒以其出色的表演技巧扮演了一个伟大征服者的形象。他一改以前那种歇斯底里、大喊大叫的风格，以十分温和的语调开始了自己的发言。

他在演讲中大力颂扬德国在这场战争中已取得的胜利后，将话锋转向英国对待战争与和平的态度。他说：

现在我从英国只听到一个呼声：战争必须进行下去！但这不是人民的声音，而是政客的声音。我不知道这些政客对于这场战争继续下去会有什么结果，是否有了一个正确的概念……

请相信我吧，先生们，我对于这种毁灭整个国家的无耻政客，是深感厌恶的……丘吉尔先生无疑会去加拿大，那些特别热衷于战争的人们的金钱和子女早就送到加拿大去了。但是千百万人民将开始遭受大灾大难。丘吉尔先生这一次也许会相信我的预言：一个伟大的帝国——一个我从来也不想毁灭甚至不想伤害的伟大帝国，将遭到毁灭……

现在，我觉得在良心上有责任再一次呼吁英国和其他国家拿出理智和常识来，我认为我是有资格做出这种呼吁的，因为我并不是乞求恩惠的战败者，而是以理智的名义在说话的胜利者。我实在看不出为什么要把这场战争继续打下去。

就在希特勒进行演讲的当天晚上，德国的飞机飞到英国，撒下了印着希特勒演讲全文的传单。传单上说，德国要"使你们了解你们的政府向你们掩盖的事实"。

德国人有些过虑了。实际上，英国的广播已全文播送了这篇演说，并将希特勒的讲话在报纸上全文刊载。对希特勒的战争恐吓，英国政府认为没有必要进行封锁，相反，应当让全体英国人民知道，让他们对此有所准备。

十分有趣的是，就在希特勒结束讲演后不到一个小时，英国广播公司就作出了一个强硬的而且完全是自发的回答。

英国广播公司的播音员兼记者德尔默，听了希特勒的演讲后义愤填膺，他在没得到政府许可的情况下，就独自作出了反应。他用德语直接对元首说："对于你所呼吁的什么理智与常识，让我来告诉你我们这些英国人是怎么想的吧。元首先生，我们要把它扔还给你——塞进你那张恶毒的臭嘴里！"

丘吉尔本想对希特勒的和平建议在上、下两院都进行一场正式辩论，但同僚们都认为这样未免小题大做。7月22日，哈利法克斯勋爵在广播中正式拒绝了希特勒的建议："除非自由确有保障，否则我们决不停止战斗。"

希特勒还没有放弃最后一线希望，他派人继续在幕后进行外交活动。

8月3日，瑞典国王认为和英国政府商谈此事的时机已经到了，并试探英国的态度，但英国外交部门则照样给予了强硬的回答。

在英国外交部发言人谈话后，丘吉尔也向新闻界发表了声明：

首相希望大家了解，德国企图进攻的可能性决没有完结。德国人正在散播谣言，说他们不打算进攻，对于他们所说的话，我们历来表示怀疑，对于这个谣言就更应该加倍怀疑了。我们感觉到，我们的力量在日益增长，准备也日益充分，但决不可因此丝毫放松警惕，在精神上有所松弛。

英国人的这种态度，使许多德国人难以置信。"你能理解那些英国傻瓜吗？"他们不禁互相询问，"现在还拒绝和平，他们是不是发疯了？"7月22日哈利法克斯在广播中拒绝了希特勒的和平建议后，德国政府发言人更是向新闻记者们大呼小叫："哈利法克斯勋爵已拒绝元首的和平建议。先生们，将要打仗了！"

英国人的民族反抗精神和钢铁般的意志，令德国参谋部的大部分人惊讶不已。但是同时，德国的高级将领们也松了一口气，因为事到如今，他们又可以打开希特勒已关上的刹车，使纳粹的战争机器再度运转起来。

对于希特勒的演说，虽然英国人不以为然，可德国将领们却为之一振。因为希特勒在演说时宣布，他要把手下的十几位将军提升为陆军元帅，以嘉奖他们在征服波兰和法国时的业绩。被提升的十几位元帅中，有三位是德国空军的将军：米尔契、凯塞林和斯比埃尔。

最兴奋的当数空军司令戈林，因为他得到了一项特殊的奖励。元首亲自宣读了这份嘉奖令：

"鉴于他对胜利所作的重大贡献，我特此授予德国空军的创始人大德意志帝国的帝国元帅的军衔，并授予铁十字的大十字勋章。"

在德国军队的历史上，从未有人得到过这种军衔。为了纪念这个非同寻常的时刻，戈林在他柏林的住处莱比锡格宫邀几位朋友们举行了一次晚宴。

几天之后，帝国元帅戈林开始工作了。8月6日，他召集手下的空军高级将领，其中包括刚提升的陆军元帅米尔契、凯塞林和斯比埃尔，在东普鲁士那幢豪华的乡村别墅卡琳厅举行了一次会议，这个别墅是戈林以他前妻的名字命名的。

戈林在会上宣布，从现在开始，对英国空军防卫力量的攻击将要逐步加强，直至摧毁皇家空军。德国空军将全力以赴地进攻英国。行动开始的时间称为"鹰日"，定在8月10日。

戈林还宣布说："我已告诉元首，英国皇家空军将及时被消灭，以使'海狮'行动能在9月15日之前进行，那时，我们的德国士兵将在英国本土登陆。"

戈林还不经意地补充说："我认为我给空军用来消灭英国皇家空军的时间绰绰有余，德国空军的力量，一定能在9月15日之前使英国陷于不堪一击的绝境。"

当有人提醒他不要低估了英国皇家空军的力量时，他语调傲慢而轻蔑地说："德国在各个方面都优人一等，无论是飞行员的素质还是飞机的性能。而且，德国空军在数量上比皇家空军占优势，至少是2:1，这样德国就有足够的后备力量作为后援。"

后来的事实证明，这位新产生的帝国元帅所作的乐观估计是完全错误的。他对英国实力的轻蔑估计将使他和他的德国在今后的几周和几个月内付出惨痛代价。

第2章
CHAPTER TWO

一个火药味
十足的夏天

★ 在不列颠抗战的高潮时，每一个人都表现得很沉着，宁愿豁出自己的性命去决一死战。这就是英国人的心情，全世界无论是敌是友都逐渐认清了这一点。这种心情的根据是什么呢？那就是只有用暴力才能解决问题。

★ 平静的海面刹那间成为一片火海，熊熊火光映在黑油油的水面上，大火和浓烟散发出令人窒息的气味。在英国舰炮轰击10分钟后，法军战列舰"布列塔尼"号被炸毁，"敦刻尔克"号搁浅，战列舰"普罗旺斯"号冲上了沙滩，"斯特拉斯堡"号逃走……

No.1 万众一心的英国

　　英国人民具有那种既乐观又沉着的气质，有了这种气质就可挽回颓局。英国人在战前的岁月里曾陷入极端和平主义而又缺乏远见，他们沉迷于政党政治的角逐，他们疏于防备，却又漫不经心地涉猎于欧洲事务的中心，现在他们面对着一项任务：要同时清算他们过去的善良心意和疏忽的安排了。他们一点也不感到沮丧。他们藐视那些欧洲的征服者。看来，他们宁愿血染他们的英伦本土，也不愿投降。这在历史上会写下光荣的一页的。这一类故事过去有的是，雅典人曾经被斯巴达所征服，迦太基人曾经独力抗击过罗马，还有好多悲剧根本没有记载或被人们永远遗忘：有些英勇、自豪和遇事达观的国家，甚至整个民族遭到消灭，留下来的只是他们的名字，有的甚至连名字也失传了。

　　岛国的地位有其独特的军事技术上的有利条件，了解这一点的英国人并不多，而外国人则更少；甚至在战前那些举棋不定的年代里，怎样在海防以及后来在空防上保持重要设施这一点，也不是人们普遍认识得到的。不列颠人在英格兰土地上看到敌人的营火，已经是将近一千年以前的事了。

　　在不列颠抗战的高潮时，每一个人都表现得很沉着，宁愿豁出自己的性命去决一死战。这就是英国人的心情，全世界无论是敌是友都逐渐认清了这一点。这种心情的根据是什么呢？那就是只有用暴力才能解决问题。

　　事情还有另外一方面。6月间最大的危机之一是：把最后的后备部队也调到法国参加法军劳而无功的抵抗，同时，空军实力又由于出击或向大陆转移而逐渐遭到削弱。如果希特勒具有过人的智慧，他就会放慢进攻法国战线的速度，或者在敦刻尔克之后在塞纳河一线停三四个星期，同时，进行侵略英国的准备。这样，他就有很大的选择的余地，使英国左右为难：或者抛弃法国，让它去受苦；或者为了英国将来的生存耗尽最后的资源。英国愈鼓动法国打下去，对它承担的支援义务就愈大，防卫英国的一切准备工作就愈加困难，尤其是更难保住有关英国生死存亡的25个战斗机中队。在这一点上，是寸步不让的，但是，如果拒绝的话，便一定会引起正在挣扎搏斗的盟国的无比愤慨，毒害一切关系。一些高级司令官在谈到当前新的大大简单化了的局面时，甚至表现出一种实际的宽慰态度。正如伦敦的一个军人俱乐部的一名侍者对一个垂头丧气的会员说："不管怎样说，先生，我们已经参加了这场决赛，而且就在咱们自家的运动场上决赛咧！"

　　纵观英伦三岛，随处可见鼓动做好迎战德军入侵准备的宣传画和大幅标语，自发的保家卫国演讲和集会频频召开。人们开始在城郊和市区主要路口修筑防御工事，清理火场，架设铁丝网。市民们接受政府发放的武器弹药。在伦敦广场和屋顶的平台上，民众们开始进行军事训练。连旅馆侍者也加入救护队，开电梯的服务生逢到休息日便去挖战壕……

　　所有的军工厂都开足马力，工人们夜以继日地加班加点生产各式武器和军用品，从飞机、大炮、坦克到步枪、子弹、钢盔……

　　伦敦的夏日常有晨雾，当浓雾消散时，阳光特别灿烂。碧波闪亮的泰晤士河水像条急速银带，把这座大都市分割开来。绿树掩映的大街小道上，人来车往，川流不息，市区的高楼大厦鳞次栉比，远处的工厂烟囱林立，烟云缭绕。威斯敏斯特教堂尖尖的塔顶高耸入云，教堂大钟"铛铛"敲起来，四周教堂也遥相呼应，洪亮的钟声此起彼伏，在伦敦上空久久回响。伦敦城风景依旧，不同的是，在人们心头蒙上了一层战争的阴影。

政府颁布了许多战时法令，告诫英国市民务必随身携带防毒面具，居民外出须带上身份证、补给证和其他配给票证。工人和机关工作人员须带出入证。私人轿车的两翼和保险杠都要涂成白颜色，车灯罩上塑料遮护镜，居民寓所的窗户用一条条细纸条交叉糊上，以防炸弹震碎玻璃。家家摆满一桶桶沙子和水，以备灭火。几乎所有的家庭都开始储备食品和各种生活用品，以便在德军入侵切断补给源时，仍可维持一家人的生计。

6月28日，丘吉尔要求参谋长委员会组织坚固的防御，封锁可能遭受袭击的海滩，对东海岸的港口采取安全措施，在需要设防的海岸部署守备部队，如敌人占领某个港口，需采取坚决措施进行反击。根据受威胁程度，把英国南部作为"采取最高戒备措施的地区"。1940年夏，英国本土共有机场和油库324处，雷达站51个。海军在一些水域布设水雷，在便于登陆的海滩设置障碍，陆军则构筑坚固的防线，挖掘反坦克壕，建筑混凝土掩体。英国还实行"公民之战"，到1941年2月，共建有250万个家庭防空洞，在伦敦，80%的人可以进入防空洞。

丘吉尔对可能遭入侵的地区进行了一系列视察，在肯特郡和苏塞克斯郡观看了军事演习，在哈里奇和多佛尔视察了防御工事。他还到东北沿海一带视察，极大地鼓舞了军民的士气。《泰晤士报》曾报道说：

在他经过一个小村庄时，人们很快认出了他，举帽和挥手向他致意。丘吉尔先生似乎处于最佳精神状态之中，他对人们表示感谢，笑容满面……如果丘吉尔的微笑是一种表示满意的尺度的话，他诚然是很满意的。首相还视察了英国东北部的一个造船厂，他在那里待了一个小时，也很快被认了出来，人们大声向他欢呼……工人们的妻子聚集在造船厂的大门口，丘吉尔先生被热烈欢迎他的气氛所感动，大声问道："我们泄气了吗？"妇女们高声回答："不！"

丘吉尔还借助于广播，利用其前任从未用过的方式直接向全国军民发表演说，以坚强的决心和必胜的信念激发大家的战斗勇气。据估计，全国有64%以上的成年人收听了他于7月14日发表的广播讲话并被感动。小说家兼诗人维塔·萨克维尔-韦斯特曾在给她丈夫的信中写道：

"我想，人们之所以被他所使用的伊丽莎白时代的词句所打动，原因之一就是人们感到，在这些词句背后，有着像一座坚强堡垒那样巨大的力量和决心全力支持着，而绝不是字斟句酌、咬文嚼字的缘故。"

战争带来的不仅仅是双方的胜负，恐怕更多的是物质的损毁和人员的伤亡。千百年来，战争始终伴随着人类文明的每一阶段，无疑，它推动了人类的发展进步，同时也吞噬了无数的财富和肉体，这种代价是无法用数字来表示的。

面对即将来临的大战，英国政府开始了一系列的疏散行动，以充分减少物质和人员在战争中的损失量。

首先，国家银行储备的黄金开始外运。第一批黄金于7月24日装上"埃默拉尔德"号巡洋舰，运往加拿大。以后又接连用战舰或快速商船将黄金分批运抵加拿大港口，然后，再由重兵把守、戒备森严的专列把这些黄金转运到蒙特利尔大金库。为保密起见，这笔黄金在运送期间的代号为"鱼"。这是有史以来最大规模的金融运输，也是最大胆的一次金融运输。英国人实在是太幸运了，自始至终竟然没有一艘运输黄金的船遭德国海军袭击。这真是一个奇迹。这笔财富，后来被英政府用来购买美国舰艇等装备和物资，在保卫英国的战争中发挥了极其重要的作用。

其次，英国政府将撤离和疏散儿童的工作列为最紧急的任务，并且建立了专门负责儿童撤离的机构——英国儿童海外接收委员会。

撤离伦敦的计划有条不紊、井然有序地进行着。近5,000名5岁至15岁的孩子被船运到大英帝国自治领地，近2,000名儿童被撤运到美国，还有2,666名儿童等待撤运。与此同时，在英伦诸岛，孩子们也正被撤出伦敦等城镇以及东南沿海地区。

美国政府照会德国政府，要求保证撤运英国儿童舰船的行驶安全，遭到德国的无理拒绝。9月17日，载有320名孩子的"贝拿勒斯城"号鱼雷艇被德国一艘潜艇击沉，300多名儿童丧生，只有11人生还。这一海难事件使人们不愿再冒险将孩子们送走。10月2日，英政府停止了整个海外撤运活动。一周后，已将近千名孩子撤出英国的一些美国志愿机构也中止了有关活动。

另外，为了使居住在英国的美国人免遭纳粹战争的洗劫，5月17日，美国驻英国大使馆通知所有在英国的美国公民（大约4,000人）尽快返回美国，无法回国的美国公民尽快撤离大城市和军事战略要地，去非人口稠密区居住。7月7日，美国大使馆发布特急警告："这可能是战前最后一次呼吁美国公民回国。"大多数美国公民听命回国。也有许多美国人出于对希特勒倒行逆施的深恶痛绝和被英国人民的勇敢精神所感动，决意留下来和英国人民并肩战斗。7月初，留在伦敦的美国人组建了美国第1国民警备中队。该中队有60多人，中队长为美国人韦德·海斯将军，他们一律身着佩戴红肩章的英国国民队队服。

No.2 建筑防线

丘吉尔认为，要拯救英国，只有同美国结盟，争得美国的援助，舍此别无出路。他于5月15日致罗斯福总统的电报中要求："借用你们40或50艘较旧驱逐舰，以弥补我们现有舰只和我们从战争开始时就着手建造的大批新舰艇服役之前的差缺。明年这个时候，我们就有足够的舰只了。但是，如果在这段差缺期间，意大利参加进来，又用100艘潜艇向我们进攻，我们就可能濒于崩溃。"在6月11日的电报中再次谈到这件事情："对我们来说，最重要不过的，就是要把你们已经重新装备好的30或40艘旧驱逐舰拿到手。我们可以很快地给它们装上我们的潜艇探测器……今后的6个月是至关重要的。"到7月底，英国已经单独作战，并开始进行决定命运的空战，鉴于空战之后敌军有立即入侵的可能，所以他重新提出要求。丘吉尔充分了解罗斯福的好意和他的困难，因此，在每次电报中都使用坦率的词句，竭力向他说明，如果英国一旦崩溃、希特勒称霸欧洲，掌握了欧洲所有的造船厂和海军，则美国将处于多么危险的境地。

丘吉尔6月间发出的电报，由于强调了如果敌人登陆成功并征服英伦，将给美国带来多么严重的后果，所以在美国的高级官员中起了相当大的作用。华盛顿要求英国保证，在任何情况下都绝不将英国舰队交与德国。英国当然准备以最庄严的方式提出这种保证。既然已准备牺牲，就不怕提出保证。然而，在这敌人即将登陆的前夕和空战最激烈的时刻，丘吉尔不愿意让德国人知道英国人曾经设想过这类万一发生的事情并从而得到鼓舞。

5月18日，丘吉尔再次致电罗斯福，强调"英国不久就要遭到荷兰所遭到的那种攻击……如果美国要发挥作用的话，就必须从速发挥。"罗斯福认为："合众国眼前最有效的防御就是大不列颠成功地保卫它自己。"美国也很需要英国继续与法西斯战斗。6月间，美国援助英国50万枝步枪、5.5万枝冲锋枪、2.2万挺机枪、895门野战炮。9月3日，英美两国达成协议，英国将纽芬兰、百慕大、巴哈马群岛、牙买加、安提瓜、圣卢西亚、特立尼达和英属圭亚那等8个空军基地租借给美国，租期99年，美国则给英国50艘旧驱逐舰，以加强大西洋的反潜活动。9月6日，首批8艘旧驱逐舰移交给英国。

在敦刻尔克大撤退后，英国军队虽保存了一定实力，但装备大量丢弃，损失惨重。

针对这种情况，英国战时内阁采取紧急措施，加强防御。陆军计划在7月份达到44个师；空军有"喷火"式和"飓风"式战斗机620架，后备飞机289架；海军实力超过德国海军，有1,000多艘巡逻艇，其中200余艘在海上巡逻，大部分驱逐舰也从执行护航任务抽回，以对付德国的入侵。英国还组织机动部队，准备打击入侵者。1940年5～8月，国民自卫军已有100万人，准备发展到150万人。为抗击德军登陆，在英国南部和东南海岸修建油池，准备在德军舰船驶近海岸时进行"火攻"。6～8月，英国计划生产飞机903架（实际生产1,418架）。6月6日，第一批8个营的兵力从印度启程，7月25日赶到英国加强防务。此外，从澳大利亚抽调的部队也已启程，准备参加登陆作战。

不列颠空战前夕，英国空军部成立了防空指挥部，司令是爱德华·比尔上将，统一指挥全国所有的战斗机、高射炮、雷达和警报部队。战斗机部队共计56个中队，战斗机980架，其中性能优秀的"飓风"和"喷火"战斗机688架；高射炮部队共计7个师，高射炮4,000余门，但其中大口径高射炮不足2,000门，而且由于大口径高射炮月产量仅40门，短时期里数量难以增加，因此英军调整了部署，将约700门大口径高射炮配置在飞机制造厂；防空拦阻气球大队5个，拦阻气球1,500余个，这些拦阻气球都系在汽车上，可以迅速转移；探照灯

2,700具。最重要的是英军还有当时鲜为人知的雷达部队。英国是最早将雷达投入实战的国家，至1940年7月全国共建成雷达站51座，其中东南沿海地区有38座，约占总数的75%，形成了严密的雷达警戒体系，分为两个层次，第一层是中高空防空雷达系统，能有效发现飞行高度在4,500米以下的飞机，第二层是低空防空雷达系统，能有效发现飞行高度在750米以下的飞机。这样英军就能通过雷达测出德军飞机来袭的大致方位和时间，指挥己方战斗机在有利方位和时间迎击。而在雷达使用之前，通常都是派出战斗机在空中巡逻，由战斗机发现来袭敌机，使用雷达后，英军战斗机的每次起飞，都是有目的地迎战，极大减少了飞机、燃料和人员体力的消耗，很大程度上弥补了飞机数量不足的缺陷。因此雷达无疑是英军取得胜利的最重要的王牌！此外，英国还有一支人数达150万的国民自卫军，他们在沿海地区设置了无数防空监视哨，使用双筒望远镜和简易的方位测向仪，担负对空监视、警戒、救护等任务，是英军正规部队不可或缺的辅助力量。

6月25日，英国本土部队总司令艾恩赛德将军制定了防御计划，主要包括：在沿海敌军可能进犯的海滩修筑"覆盖式"战壕；建立一条穿过英国东部中心的反坦克障碍，由国民自卫军防守；后备部队部署在反坦克障碍后面，以便组织反击。在伦敦设总司令部，下设7个指挥部。

8月初，划定三道防线阻击德军入侵，"敌人的港口"为防御敌人入侵的第一道防线，用空中侦察和潜艇监视获取情报，用一切兵力袭击敌船只；严密的海上巡逻作为第二道防线，截击敌入侵部队；敌人登陆地点是第三道防线，组织海空军不断反击。最后是机动部队对登陆敌人进行反击。

9月间，英军在南部海岸线部署了16个精锐师，包括3个装甲旅，拥有240辆中型坦克、108辆重型坦克、514辆轻型坦克、498门反坦克炮。

9月7日20时，英本土总司令部根据参谋长委员会下达的待命指示，对东岸和南岸指挥部以及伦敦地区的所有部队发布代号为"克伦威尔"的密令，指出德军的登陆行动已迫在眉睫。

9月8日，英军参谋长委员会要求本土总司令规定一个特定的中等程度戒备的信号，以便遇到情况时能按等级加强战备。

9月11日，丘吉尔在下院指出："下星期前后，是我国历史上非常重要的时期，可以与西班牙无敌舰队逼近英吉利海峡的那些日子相提并论。"

尽管英国采取了以上措施，加强了防务，但形势仍很严峻。丘吉尔在1942年回顾这段历史时说："1940年，入侵的军队大约只要有15万精兵，就能使我们十室九空，生灵涂炭。"

No.3 粉碎希特勒的梦想

德军要从英吉利海峡入侵英国，必须有强大的海军力量，而德国的海军力量要弱于英国。但是，当1940年6月22日法国投降之后，法国的海军力量就成了德国海上力量的一部分了。如果这支位居世界第四的海军力量与德国海军力量融为一体，那对英国是极为不利的。为了削弱德国的海上力量，丘吉尔在战时内阁做出了他自己认为是一生中"最违背天性"的决策——"弩炮"作战计划。

这个计划要求，尽可能地解除法国舰队的武装，夺取、控制法国海军的舰艇，或使之失去作用，在必要时将其击毁。战争就是这样，昨天还是亲朋挚友，今日必须将其作为敌人，

↑ "二战"期间，美国将自己的一部分驱逐舰交给英国军队使用。

↓ 一艘被英军缴获的法军战舰。

甚至将其歼灭。

由法国海军让·苏尔将军统帅的一支舰队，停泊在地中海西端奥兰附近海面上。这支舰队包括法国最优秀的巡洋舰"敦刻尔克"号和"斯特拉斯堡"号，以及1艘航空母舰、2艘战列舰和一大批驱逐舰等，这是一支具有强大实力的舰队。

7月2日，英国"H"舰队萨默维尔中将要求与让·苏尔面谈，但遭到拒绝。9时30分，萨默维尔中将向法军舰队司令递交了英国政府的函件：

……我们必须真正做到：法国海军最精锐的舰只不致被敌人用来攻打我们。在这种情况下，英王陛下政府指示我要求现在在米尔斯克和奥兰的法国舰队根据下列办法之一行事：（甲）和我们一起航行，继续为取得对德国和意大利战争的胜利而战。（乙）裁减船员，在我们的监督之下开往英国港口……（丙）随同我们一起开往印度尼西亚群岛的一个法国港口，例如马提尼克，在那里完全按照我们的要求解除舰只的武装。

……如果你们拒绝这些公平合理的建议，那么，我们谨以最深的歉意，要求你们在6小时以内把你们的舰只凿沉。最后，如果你们未能遵照上述办法行事，那么，我只好根据英王陛下政府的命令，使用一切必要的力量，阻止你们的舰只落入德国或意大利之手。

持续一整天的谈判毫无结果，在这种情况下英军只能诉诸武力。

17时24分，英国皇家海军"H"舰队向法国这支拥有岸上炮火掩护的舰队发起了攻击。从"皇家方舟"号航空母舰上起飞的飞机，向海面上的法军舰只投掷炸弹。

平静的海面刹那间成为一片火海，熊熊火光映在黑油油的水面上，大火和浓烟散发出令人窒息的气味。在英国舰炮轰击10分钟后，法军战列舰"布列塔尼"号被炸毁，"敦刻尔克"号搁浅，战列舰"普罗旺斯"号冲上了沙滩，"斯特拉斯堡"号逃走……

同一天，在英国的朴次茅斯和普利茅斯港，英国海军采取出其不意的突然行动，夺获了所有停泊在那里的法国舰只，并加以控制。在不列颠，除"苏尔古夫"号上有极少量死伤外，其余舰只都顺利移交。在亚历山大港，法国舰队司令戈德弗鲁瓦和英国舰队司令坎宁经过长时间谈判后，同意放出自己所有舰船上的燃油，卸掉大炮装置主要部分，并遭返部分船员。

7月4日，丘吉尔在下院说明了政府被迫采取这一果断举措的原因，是由于法国方面在保证舰队不落入德国人之手、保证将俘获的约400名德国飞行员送往英国、保证不单独签署停战协定、保证将停战文本事先通知盟国等所有问题上没有一项承诺得到兑现。

7月8日，英国皇家航空母舰"赫尔米兹"号向停泊在达喀尔的法国战列舰"黎歇留"号发动了进攻。"黎歇留"号被1枚空投鱼雷击中，受到重创。而停泊在法属西印度群岛的法国航空母舰和2艘轻巡洋舰经谈判，根据与美国达成的协议解除了武装。

这样，法国海军的作战能力基本丧失。希特勒企图依靠法国海军增强自己海军实力的梦想破灭了。

第3章
CHAPTER THREE

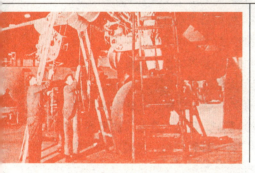

以蓝天为战场

★应当说，在这时候，德国空军占有较大的力量优势，尤其是数量优势，如果双方在这种态势下交手，德国空军的胜数要大得多。但是，后来出现的两个重要因素，使将要山穷水尽的皇家空军绝处逢生。

★德国空军的战略家们认为，第一阶段最易得手的部分就是封锁30多公里宽的多佛尔海峡，从大西洋驶来的所有英国船队都必须通过这里进入伦敦港。封锁多佛尔海峡的任务，交给了洛泽将军的一个部下芬克上校。

No.1 希特勒错失良机

在不列颠战役开始之前，德国人一直认为皇家空军的飞机在5月10日以来的战斗中伤了元气，基本丧失了作战能力。事实并非如此。

在德国闪击法国的作战中，英国的战斗机的确受到了重创。仅在头三天里，皇家空军就有232架战斗机被击落，随着战斗越来越激烈，这个数量也在不断上升。法国的军政领导人迫切要求皇家空军派出更多的战斗机去法国上空战斗。丘吉尔在答复法国领导人的要求时，向他们保证将派出更多的飞机飞过英吉利海峡。如果丘吉尔真的信守了这个诺言，那么皇家空军的战斗机可能已经被一网打尽了。但是，在皇家空军战斗机指挥部的总司令、空军上将道丁警告丘吉尔，如果他在这个为时已晚的时刻继续向法国派出更多的飞机，那么"无论是在法国，还是在英国本土，我们都将失去空战能力"。道丁把援助一个已经战败的法国的政策称之为"浪费"，他要求把皇家空军的战斗机留在国内，准备迎接英国自己迫在眉睫的苦战。

5月16日，在英国的一次内阁会议上，道丁带来了一张皇家空军迄今在战争中所损失的图表。道丁警告说，如果继续让战斗机到法国去冒险，图表上的那条线就会马上降到零点，而且"在法国的失败将连累这个国家遭受全面的、无法挽回的失败"。道丁说，反之，如果国内保持一支足够的战斗机队伍，如果皇家海军的损失不算太大，如果地面上抵御侵略的部队组织得当，"我们也应该能单枪匹马地打一段时间，即使不能永远打下去"。

1940年时，希尔·道丁已是58岁的老人，在皇家空军有"古董"之称。但这个绰号是根据他滴酒不沾的生活方式送给他的，而不是对他指挥作战的看法。虽然他是第一次世界大战时西线皇家飞行军团的老兵，但从来没有人因此嘲笑他是"持操纵杆的那一代人"中的遗老。在热心推动皇家空军的现代化方面，他比他的许多年轻同事更积极。多年来，道丁一直在为英国空军拥有最先进的战斗机而奋斗。他曾逼着航空部给新式飞机装上防弹挡风玻璃，而那些官僚们却认为这是一笔不必要的开支。道丁大发其火，他情绪激烈地说："我真是搞不懂，为什么芝加哥的飞车党可以有防弹玻璃，而我们的飞行员却不行！"

由于道丁的努力，飞机最终没有派出。但是，为了赶走德国空军，保护在英吉利海峡穿梭来往的救援船只，皇家空军进行了好几场恶战，损失了106架战斗机和75名飞行员。即使如此，回国的士兵仍然抱怨皇家空军没能为他们提供更多的保护。加上5月10日德国闪电战开始以来的其他损失，皇家空军全部的战斗机减少了1/4。6月5日，当最后一批船从敦刻尔克回到英国港口时，英国只剩下466架可以服役的战斗机，另外仅有36架备用。

应当说，在这时候，德国空军占有较大的力量优势，尤其是数量优势，如果双方在这种态势下交手，德国空军的胜数要大得多。但是，后来出现的两个重要因素，使将要山穷水尽的皇家空军绝处逢生。

首先，希特勒没能在敦刻尔克胜利之后立即进攻英国，这给了英国人一段喘息的时间。"乘胜追击"是用兵的基本原则，如果德军在占领法国后能遵循这一原则，立即对英国发动全面入侵，不仅有可能将皇家空军一举歼灭，而且有可能从总体上将英国打败。但是，希特勒为了他的东线战略，没有这么做。英军利用这段时间，整顿军队，恢复士气，加强训练，并充分做好了抗击德军从海上入侵和从空中进攻的各项准备。

其次，61岁的实干家、出生于加拿大的报刊发行人比弗布鲁克受命负责英国的飞机生产计划。他提出的每周工作7天，"不停歇地工作"，振兴了英国的飞机工业。凡是潜在的原材料都逃不过比弗布鲁克的眼睛。为了收集制造飞机所必需的铝，他呼吁英国妇女把家里所有带这种金属的东西统统拿出来。结果回收了大量的铝锅、铝盘、铝水壶以及吸尘器和浴室设施。在敦刻尔克撤退后的那个月里，英国工人为皇家空军制造了446架新战斗机，比德国人那时为德国空军生产的至少多100架。另外，加拿大和美国的飞机也陆续运到了英国，使英国空军飞机的数量有了很大的增加。

这样一来，德国就丧失了彻底打垮英国空军的最好时机。

↑ 英国空军上将道丁。

↓ 正在与手下商讨下一步进军英国计划的戈林。

No.2 空中交火

1940年7月，英德双方空军首先摆开了决战的架式。

参加空袭英国的德国空军部队共有3个航空队。第2航空队司令为凯塞林元帅，司令部设在比利时的布鲁塞尔附近，负责突击英国东南部的广大地区；第3航空队司令为斯比埃尔元帅，司令部设在巴黎市郊，负责突击英国西南部地区；第5航空队司令为施登夫大将，司令部设在挪威，负责突击英国的东北部。在荷兰、比利时和法国北部的德军第2和第3航空队，共有轰炸机1,232架、俯冲轰炸机406架、远程侦察机65架、战斗机1,095架。在挪威的第5航空队有轰炸机138架、远程侦察机48架、战斗机37架。3个航空队总计有3,021架飞机。

英军参加抗击德军空中进攻的主力是战斗机航空兵，共有4个航空队。第10航空队司令为布兰德空军少将，下辖4个中队，有战斗机48架，负责英国的西南地区；第11航空队司令为帕克空军少将，下辖22个中队，有战斗机228架，负责英国的东南地区；第12航空队司令为利－马洛里空军少将，下辖14个中队，有战斗机168架，负责第10和11航空队以北的中部地区；第13航空队司令为索尔空军少将，下辖14个中队，有战斗机168架，负责英国的北部地区。英国战斗机航空兵共有54个战斗机中队，648架战斗机。

为了夺取制空权，确保"海狮"计划的实施，戈林和他的顾问们把空军进攻英国的战斗分作三个阶段：

第一阶段主要在英吉利海峡上空进行，目的是击沉英国的所有商船，打击皇家海军的舰只、基地和设施，将企图阻止德国这些行动的皇家空军战斗机予以消灭或逐出天空。

第二阶段是大规模地猛攻英国空军，通过庞大的轰炸机和战斗机综合闪电战，摧毁皇家空军的机场、防御工事和飞机制造厂，使英国空军陷入瘫痪。

在第三阶段，也就是最后一个阶段，德国空军将掩护协助"海狮"行动的实施，由帝国的混合武装占领英伦三岛。

戈林和他的助手们预计，第一阶段征服英吉利海峡的作战不会太困难，用不着动用第2、3航空队的全部力量去完成。因此，他们将这项任务交给了两个飞行队，一个是洛泽将军领导的飞行中队，基地在加来多佛尔海峡；另一个是由里希特霍芬将军指挥的飞行中队，基地设在勒阿弗尔。里希特霍芬是德国运用俯冲轰炸机的头号专家。

德国空军的战略家们认为，第一阶段最易得手的部分就是封锁30多公里宽的多佛尔海峡，从大西洋驶来的所有英国船队都必须通过这里进入伦敦港。封锁多佛尔海峡的任务，交给了洛泽将军的一个部下芬克上校。

1940年7月10日，不列颠大空战的序幕拉开了。

7月10日，受来自大西洋北部低气压的影响，英格兰岛的大部地区都下着倾盆大雨，只有紧挨英吉利海峡的岛子东南部和多佛尔一带乌云密布，小雨连绵。中午刚过，海峡上空的云雾便掀开一角，偶尔露出一片晴空。飞行在海峡上空的德国侦察机突然发现了一只英国大型沿海护卫船队，正从福克斯顿驶往多佛尔，船队上空还有英国战斗机护航。当得到英国船队航行的情报后，德军不顾此时天空低云密布，立即调集了20架轰炸机和40架左右的单发（动机）或双发战斗机在空中组成了一个立体编队，向英国海岸扑去。英国船队一发现德军飞机，立即散开，并全速前进。船上的高射炮也以密集的火力射向空中。顿时在德军飞机编队附近，出现了一朵朵高射炮弹爆炸的烟云。看到德军飞机来袭，担任掩护船队任务的英国空军第32中队的6架"飓风式"战斗机在比金·希尔率领下腾空而起，飞行员们准确地向敌机逼近。德军轰炸机飞行员见英军飞机不多，仍坚持对英国船队进行第一轮投弹，商船周围立即炸起了一个个水柱。英国飞行员驾机在德军轰炸机后面紧追不舍。此时，德军飞行员为了干扰英军战斗机截击，实施左右机动飞行。可是，英军战斗机紧紧咬住德军轰炸机不放，把它死死地套在射击环中，猛烈射击。这是6：70的空中肉搏战，英国空军在数量上处于绝对劣势。正当英国空军拼死作战，寡不敌众时，突然又一群矫健的战鹰冲入德军的机群，向它们射出了愤怒的子弹。顷刻之间德军突然感到空中到处都是敌机。原来，当德军飞机编队刚一出发，英国本土搜索雷达网的几个雷达站，就发现在法国加来上空有大批敌机集结。于是，一大批英国"喷火式"战斗机从拉姆斯格特附近的曼斯汤机场迅即起飞迎战，以便支援运输船队。这次空战，英军大获全胜，打了一个3：0，英国飞行员全部安全返回，船队闯了过去，只有一条船被击中。

7月11日，德军空军司令戈林发出了新的、更加具体的命令：攻击英国海岸护卫队，诱出英国战斗机。英国战斗机司令道丁识破了德军的意图，只是派一小部分战斗机出来应战一下就走。他现在要把在敦刻尔克和法国北部的损失夺回来，他要重新组建一支强大的战斗机部队。他需要的是时间，哪怕一个星期一天也好。一切迹象表明，德军将要进攻英国本土。道丁希望他们来得越迟越好，他可以用重建的英国战斗机部队对付他们。正因如此，每次战斗英国都慎重用兵，以致商船遭受不少损失。对此，英军战斗机飞行员无法忍受，他们感到对不起国民。因此，多次请求起飞作战，道丁仍然没有批准。自从7月10日的第一场大战之后，在随后的10天德军不断空袭英国运输船队，使用的兵力也日益扩大，皇家空军损失了50架战斗机。7月20日，有6位皇家空军的飞行员身亡，这是迄今伤亡人数最大的一次。德国欣喜若狂，英吉利海峡上空的战斗似乎正在按德国人所希望的发展。此后的英吉利海峡空战几乎每天都有，从7月10日至31日德国损失180架飞机，其中100架是轰炸机；英国损失70架战斗机，约4万吨货船被击沉，但是皇家海军的舰艇完好无损。因此，就战斗机的损失而言，双方不相上下，打了个平手。德国空军在摧毁英国战舰上并没有取得多大进展，同时，它也没能使英国空军战斗机飞行员疲于奔命，因为英国空军有意识派少数飞行员参加战斗，德国空军引诱英国战斗机起飞，想在空中加以消灭的企图也已落空。英吉利海峡上空的初战失败并未能打消希特勒吞并英国的野心。相反，他希望"德国空军对英国的伟大空战"立刻开始。

德军20架轰炸机和40多架战斗机迅速升空，并在进入英吉利海峡前编好了战斗队形，向英国船队扑去。

升空后不久，德国飞行员就看到了英国船队。皇家空军有6架"飓风"式战斗机正在为

↑ 组队飞向英国的德轰炸机编队。

它们护航。

此时，英国船队也发现了来袭的德国飞机。护航军舰上的高射炮以密集的火力射向空中，炮弹爆炸的烟云在德机周围绽放出朵朵"烟花"。

此时，担任掩护船队任务的英国空军第32中队的6架"飓风"式战斗机在希尔率领下快速迎了上去。当他们看到强大的德机阵容时，不禁大吃一惊：德机共分为三层，组成立体阵容，在20架轰炸机上面是一层近距离支援的"梅－110"战斗机，更高的一层是"梅－109"战斗机。

面对强敌，希尔毫无惧色。他向各机长下达了命令："保持高度，隐蔽接敌。"

在英国战斗机的前方，恰好有一片积雨云，英机巧妙地进入积雨云中隐蔽，伺机躲过20架德国的战斗机群，然后向德机飞去。其中英军3架"飓风"战斗机直扑德军轰炸机群，另外3架向"梅－110"机群猛冲过去，掩护对轰炸机的攻击。

德国轰炸机则趁自己的战斗机缠住皇家空军战斗机的空当，进行了第一轮投弹，在商船的周围炸起了一个个水柱。

英国海岸上的高射炮也向德国轰炸机开火射击，但由于轰炸机处于其射程之外，基本没有什么效果。

德国轰炸机开始绕大圈，准备进行第二轮轰炸。

英国飞行员驾机在德军轰炸机后面紧追不舍。此时，德军轰炸机驾驶员为了干扰英军战斗机截击，实施左右机动飞行，可是，英军战斗机紧紧咬住德军轰炸机不放，把它死死地套在瞄准环中，并用力按下了射击按钮。

此时，大批德军战斗机向英机冲来，英机眼看就要陷入德机的包围之中。

突然，空中又出现了几个英国皇家空军的战斗机中队向德国战机快速扑去。

原来，在德国战斗机刚刚起飞时，多佛尔断崖上的英国雷达监测人员就在屏幕上发现了一大片信号。几分钟后，他们证实至少有70架敌机正在飞来，并向设在本特利修道院的战斗机指挥总部做了报告。

英国战斗机指挥部立刻命令附近战区的4个皇家空军大队的飞机紧急起飞，在多佛尔海峡上空会合，增援为船队护航的6架"飓风"式战斗机。

英德双方的战斗机辗转翻滚，进行着激烈的混战，发动机尖厉的吼叫声和机枪的射击声、高射炮弹的爆炸声连成一片。

在英国战斗机的驱逐下，德国轰炸机惊慌失措，仓皇投弹，海面溅起一股股冲天水柱。

这场战斗持续不到30分钟。在战斗中，德国损失轰炸机2架，还有2架战斗机被击落；而数量上处于劣势的皇家空军损失3架战斗机，一只小船被击沉。

对于双方的第一次交战，英国一位史学家后来用英国人那种典型的轻描淡写的笔法写道，那是一场"轻松的战斗"。

而那个发出第一个警报的德国飞行员则更富于诗意。他说，他看见的是"一场壮观的激战……远远望去，飞机就像一串串葡萄"。

英德双方都找到了自我满足的理由。英国人对不同战区的飞行大队协同作战感到满意，而德国人则为他们成功地引出了这么多的敌机而高兴。他们认为，被引上天的飞机越多，皇家空军也就被消灭得越快。

在芬克上校指挥部外面的那个小花园里，他和他的十几位飞行员喝着香槟酒，举杯相庆，一起展望着他们新的战略宏图。

No.3 云海中的较量

7月11日，空战继续在英吉利海峡上空进行。

这一天，单架的德国飞机穿梭不息。英国空军也派遣单架飞机迎战。

一大早，皇家空军第85中队的中队长汤森德就坐上他的"飓风"式飞机，冲出地面的雾气，爬升入低云层及大雨中。

空中管制官把他导向3,000米的云层中，去拦截一架德国轰炸机。这架飞机刚刚在英国港口投完炸弹。它一共投下10枚50公斤重的炸弹。

德机的机员们洋洋得意，他们对这次突击甚感满意。在返回的路上，他们放声高歌"再会强尼……"

云和雨增加了搜索的困难，汤森德累得两眼流泪。他从挡风玻璃的雨刷中望出去，几乎什么也看不见，因此，他揭开座舱罩，把头伸出舱外的滂沱大雨中。

突然，德国机枪手大叫道："注意，猎人！"

几乎在同时，"猎人"汤森德也看到了那架德国轰炸机，就在他的左下方不远处。

汤森德一压机头，向德军轰炸机扑了过去。

德国轰炸机看到英国战斗机扑来，急忙采取措施应战。

汤森德用瞄准具套住德机，按下机枪射击按钮很长时间才松开。

"飓风"飞机上的白朗宁机枪一口气发射出几百发子弹，击中了那架轰炸机。

在轰炸机里面，到处是碎片，几乎每个德国机员脸上都沾满了血迹。空气中弥漫着火药味，所有的窗子都被击碎了。机员中的右后机枪手头部中弹。接着，另一名机员头部及喉咙中弹，血流满地。

但是，那架德国飞机仍在昂然飞行，并一直飞回了德军机场。有位德军机员后来回忆说："汤森德赏了那架飞机220颗子弹，它仍飞回了阿拉斯，生还的机员们笑着数机身上的弹洞，他们都感觉自己很幸运。"

德国的飞机非常结实，承受得起大量枪弹，尤其是小口径子弹。这种飞机所以结实，不在于有稳固的线路和木质翼梁，而在于这些金属造的轰炸机有装甲保护，重要的部位都有双重装置。尤其可贵的是它有自封油箱。在其简单的层面结构中，中间一层是生树胶，当燃油从漏孔中流出时，生树胶即溶解、膨胀而密封漏孔。这天的事件证明，这种装置非常有效，使得严重受创的轰炸机仍能返回基地。

汤森德的机枪不但未能击落那架德国轰炸机，而且他的飞机的冷却系统反而挨了敌机机枪射出的一颗"幸运弹"。当他距离英国海岸还有35公里时，发动机不转了。汤森德跳伞后，一艘拖网船驶进水雷区把他救起。

在汤森德起飞后不久，另一个皇家空军的中队长也奉命起飞。他是赫赫有名的贝德。贝德在战前就是战斗机飞行员。在一次飞行意外事故后，他的双腿被锯掉。但战争爆发后，他又获准加入英国空军，再度驾驶战斗机。

大约7点钟，贝德在飞机附近的疏散小屋中接到电话，有一架德机沿海岸线飞近英国海岸，管制官希望派"飓风"式战斗机拦截。贝德注视着天空的低云，判断"飓风"式机无法编队飞行，决定自己单刀赴会。

他的对手是德国第261气象侦察队的轰炸机。这是一架德军王牌飞机，它曾击落过两架英国"喷火"式战斗机，其中一架系由皇家空军第66中队的中队长驾驶，他的油箱被击中。这一次，贝德决心为皇家空军报一箭之仇。

贝德升空后认真搜索，终于发现了那架德国轰炸机。此时，贝德恰好在一处云层下面，德机没有发现他。贝德从容不迫地向德机接近过去。

800米……700米……600米……500米……400米……已经离德机只有300米了，德机还没有发现他。贝德沉住气，继续向德机接近。当他到达德机后面250米处时，德机发现了他。德机后机枪手随即开火。

当德机转向时，贝德射出两串子弹。

德机略作爬升，钻入云层中。

贝德诅咒着，飞回基地，并报告敌机已逃逸。

但稍后不久，电话里传来敌机在他射击后不久即坠入海中的消息。贝德谦虚地表示说，这是幸运之神助他一臂之力。毫无疑问，他的成功得自他的技术及经验，仅凭运气是不足以立此彪功的。

7月28日，风云消散，天空再度放晴。大约午后两点，正是英国人在餐桌旁进行周日午餐仪式的时候，发生一件空战中空前绝后的事：英德两位空战英雄在战斗中针锋相对。

"水手"马兰是南非人，战争结束时，是同盟国中几位积分最高的空战英雄之一。他对于英国空军的战术及队形曾有很重要的影响。

马兰出生于南非威灵顿，他身材魁梧，脸上经常挂着和蔼的笑容，任何人也无法从他的外表看出他心中对德国人的深仇大恨。他对他的伙伴说："重创敌人轰炸机使他们返回基地时死在机上，或濒临死亡，比击落他们还痛快，因为这样更能打击德国空军的士气。"他正是这样做的。

在1935年志愿加入英国空军之前，马兰是一名商船官员。根据他的飞行考官评语，他是一位禀赋优秀，异于常人的飞行员。1940年5月他参加作战时，已是一位飞行小队长。

这一天挨马兰子弹的德机，竟是德国战斗机飞行员中备受尊敬的佼佼者——传奇人物莫

↑ 与战友交流心得的英军王牌飞行员马兰（左）。

德斯。他们两位皆被视为第二次世界大战中最伟大的战斗机飞行员。

莫德斯年轻英俊，有迷人的脸庞、深邃的眼睛、瘦削的鼻子和薄唇，却很难得有他微笑时拍摄下来的相片。他性格内向，严肃的举止使他获得一个外号"老爹"。他坚决地要求成为一个战斗机飞行员，因而曾像其他许多人一样，极力忍受着晕机的痛楚和煎熬。

1940年之前，莫德斯的航空日志内就记载了歼灭敌机18架的战斗记录。他不仅是一位顶尖的空战英雄，还是一个优秀的行政官和热心的教官。虽然许多纳粹党员都反对"老爹"莫德斯天主教的宗教信仰，但是戈林十分确信这档子事不致对莫德斯有何伤害。

1940年，德国空军决定把铁十字武士勋章颁授给击落敌机20架的飞行员。莫德斯是第一位获得这枚勋章的人。他在29岁生日之前，已被擢升为"战斗机将军"。

在莫德斯看来，7月28日这天是个吉祥的日子，因为这是他担任德军第51战斗机联队长的第一天。这一天，他由于成为德国空军最年轻的联队长而志满意得。

莫德斯率领着4个中队的"梅－109"战斗机向英吉利海峡飞去。

对德军战机行动了如指掌的英国战斗机司令部命令"喷火"式战机迎战他们，而以"飓风"式机对付德国的轰炸机机队。

马兰驾驶着"喷火"式飞机领队飞行。接近德军机群后，他瞄准一架飞机开火，眼看着那架飞机栽落下去。

莫德斯掉转回来，寻找他的第27个目标。此时正好与马兰相遇。

莫德斯与马兰的速度都很快，但莫德斯稍快一些。

正当马兰在数着战果时，莫德斯已悄然跟在他后面了。马兰立即做一个他十分熟练的空中规避动作，甩掉了莫德斯，并从后面咬住了他。

马兰果断射击，密集的机枪子弹射中了莫德斯的飞机。如果马兰的"喷火"式机上装的是20毫米机关炮，莫德斯便休想驾驶他那架千疮百孔的飞机飞回基地。

当莫德斯在机场着陆时，他的腿伤相当严重，必须住进医院。莫德斯的第27个目标，看来只能顺延到以后的日子了。

No.4 针锋相对

在7月的战斗中虽然英国人打了几次漂亮仗，但总的来讲，是德国人占了上风。这主要是德国飞行员在空中格斗技术上略胜一筹。

德国飞行员自西班牙内战以来，历经磨练，战术技术水平得到很大提高。他们的杀伤力并不是在军事操练或演习中得到加强的，而是在真正的战场上练就出来的，那是你死我活的真正战斗。

在飞往海峡与皇家空军作战的飞行员中，有几十位曾是德国空军"秃鹰军团"的成员。这是一个空战能力很强的军团，几乎所有的飞行员都有着丰富的实战经验。他们善于最大限度地利用天空、太阳和敌军弱点，各战斗机之间相互配合十分默契，并有着很强的纪律性。从技术上来讲，他们是无与伦比的——至少当时还无人超过他们。英国人很快就认识到了这一点。

与这些德国飞行员交过手的皇家空军的飞行中尉迪尔说："他们就像太阳发出的红色闪电一样向你袭来。当时，我在54中队驾驶一架'喷火'式飞机，亲眼看见一个战友突然被一架'梅－109'击中，飞机在火焰中坠毁。在毫无办法的情况下，我只好对着一架德军的'梅－109'撞去。随后，我的飞机跌跌撞撞地迫降在肯特郡，发动机损坏，螺旋桨也折断了。我能幸免于难真是个奇迹！"

经过几次战斗之后，英国人很快就意识到，他们在空中的战术存在着严重的问题。对此，德军"秃鹰军团"的阿道夫·加兰德一针见血地指出："所有空战的第一条原则就是要首先找到敌机。要像猎人悄悄跟踪猎物那样，神不知鬼不觉地移动到最有利的位置上进行捕杀。战斗机在空战开始时要尽早地盯上对手，以便占据有利的位置发起进攻。但英国人却没有这样做。"

皇家空军的队形飞得很密，机翼挨着机翼，这在飞行表演中煞是好看，但在实战中就不灵了。为了使飞机保持密集的队形，必须小心翼翼地驾驶，照顾到前后左右，这样就没有功夫去寻找周围的敌机了。而一旦敌机冲过来时，由于相互之间的间隔很小，没有地方挪动，机动也

↓一艘商船恰巧遇到被击落的英国飞行员，船上人们将飞行员救了上来。

↑ 德军装备的"梅-109"战机。

很困难。这样，就很容易陷入被动挨打的境地。

德国的战斗机编队就不存在这个问题。德国空军在西班牙作战时就学会了以松散的队形飞行。各个机组在不同的高度侦察跟踪敌机，每架飞机之间都隔着很大的间隙。每个飞行员都可以清楚地看到己方的进攻者和将要进攻的目标，而不必担心会碰着旁边的飞机。每架飞机都可以自由地采取机动行动或对敌机发起进攻，视野和活动范围十分开阔。而且，各架飞机之间离得也不算太远，可以在作战中相互保护。

从7月11日至20日的10天空战中，皇家空军共损失了50架战斗机。大规模的空战还没有开始，如果按照这个速度损耗，将是十分危险的。

在这一阶段，皇家空军共击落了92架德国空军的飞机，但多数是轰炸机，空战能力很强的"梅式"战斗机只有28架。

7月20日，有6位皇家空军的飞行员身亡，这是开战以来皇家空军飞行员损失最大的一天。对皇家空军而言，飞行员比飞机更珍贵，因为飞行员比飞机还要短缺。

在连续遭受一些损失之后，皇家空军的指挥官迅速进行了反思。他们吸收了德国空军的许多做法，放弃了密集的队形，开始尝试新的战术。

皇家空军创造了一种新的战斗队形——"四指"队形。这种队形像一只张开的手，每架飞机各在一个指尖的位置。这样一来，就改变了原来的死板队形，空战中增加了许多生还的机会。

从这时起，英吉利海峡和英格兰南部上空的激战就变成了一种现代角斗士的格斗，技艺高超的战斗机运用先进的空中格斗战术，在这里一争高低。壮观的空战在天幕上画满了一道道狂舞飞旋的烟尘。

同样，飞行员对于德国空军来说也很宝贵，因为培养一个飞行员远比制造一架飞机困难得多。而且德军认为，眼看着让那些有可能被救活的飞行员在大海中溺死，会严重影响士气。

于是，英德双方在海峡展开了一场搜寻落水飞行员的竞赛。

为了营救德国的飞行员，也为了把皇家空军的飞行员抓过来，德国人派出了刷着白漆、印有国际红十字会标志的海上飞机。这些飞机明目张胆地穿过短兵相接的空中战场，停在水上打捞飞行员。

针对德国人的这种做法，伦敦的航空部发出警告：所有"救护飞机"，只要它胆敢闯入战区，不管有没有红十字标记，统统将被击落。

英国人宣称："我们所以采取这一步骤，是因为德军利用援救飞机报告英国船队的活动，这种做法违反了国际红十字会的协议。"而实际上，英国人是担心这些飞机不仅会救出许多德国飞行员，而且还会把溺水的皇家空军飞行员抓去当战俘。

对于掉在海峡中的皇家空军飞行员，英国主要使用摩托艇打捞。除了官方派出的摩托艇之外，还有一些小船，大多是海峡沿岸港口的渔船，这些船冒着相当大的危险去营救英国飞行员。当遇到落水的德国飞行员时，英国的救生船往往是眼看着德国人淹死不去理会。

驾驶"喷火"式飞机的皇家空军飞行员佩奇，在一次空战中飞机被敌人击中着火，他被严重烧伤。他吃力地挪动被烧焦的手，奋力打开降落伞，从飞机上跳了下来。火焰烧毁了他的制服，灼伤了他的脸部和身体，他半裸着身子在海水中奋力挣扎。

巨痛之中，他模模糊糊地感到有一只船在他周围。终于，身受伤痛折磨的佩奇听见了一个声音在喊："你是谁？是德国佬还是自己人？"

佩奇过了好一会儿才吐出口里的海水，从烧伤的嘴唇里喊道："狗娘养的，把我拉起来！"

那只船立即停在了佩奇身边，几只有力的胳臂伸向他，把他拉上了船。

一个船员说道："伙计，你一张嘴骂人，我们就知道你是皇家空军的人了。"

德国空军为了在海峡上空的交战中获得更大的优势，投入了双引擎的"梅-110"飞机。但是，这种飞机的笨拙使它们成了容易捕获的猎物。在受到了皇家空军的沉重打击之后，"梅-110"为了增加防御能力，以圆圈队形飞行，这使人想起了波尔人为抵挡祖鲁人进攻而摆的圆形阵势，还有美国西部大篷车队为防御印第安人袭击而设的队形。为了得到相互间的保护，"梅-110"不仅要放弃它们保护德国轰炸机的这个基本任务，而且也成了容易被击中的靶子；皇家空军的飞行员一次就能击落两三架"梅-110"。

皇家空军的弱点也很快被德国人发现了。德国人很快就认识到，"挑战"式飞机虽然外型与"飓风"式十分相似，但它没有向前方发射炮火的装置，炮火都是向后的，如果从正面对付这种飞机，可以轻而易举地将其制服。7月19日，9架"挑战"式飞机从面对海峡的前线机场霍金吉起飞，遇上了从太阳的方向飞来的20架"梅-109"。几乎就在一瞬间，5架"挑战"式就栽进了海里。第6架想飞到多佛尔去，却在熊熊火焰中坠毁。这个飞行中队的另外3架被皇家空军111"飓风"式中队营救出来，"飓风"式飞机击落了一架"梅-109"，并且挡住了其余的飞机，直到最后德国人因燃料耗尽返回法国。

虽然不列颠之战还远远没进入高潮，但英德双方的飞行员打得却都很艰苦。双方空军的绝大多数飞行员每天有12小时以上的时间都处于戒备状态，等待着起飞的命令。在肯特、萨西克斯和汉普郡的海峡沿岸战区，皇家空军的飞行中队一天要执行4次飞行任务，每次侦察一个半小时。德国空军的战斗机和轰炸机中队当时虽然没有那么辛苦，但战斗机飞行员一天飞3次，"施图卡"飞机的飞行员一天起飞两次也是常有的事。

战斗机的近距离交战是你死我活的斗争，这种短兵相接的战斗持续时间虽然很少超过10或15分钟，但动人心魄的程度超出常人所想象。很有意思的是，海峡两岸的人往往能一清二楚地看到海峡上空的激战。德国士兵可以在加来和布洛涅之间的断崖上观看。英国广播公司的记者们在峭壁上进行现场连续报道和评论，使不能到现场的英国人也如同身临其境。

在7月的大部分时间里，天空温和晴朗，但不时也有一阵阵的雨水洒过海面。早晚的雾气遮住了海岸线，寒风吹过英吉利海峡，聚集起夹有雷电的乌云。当风暴突然袭来时，迫使德国人不得不取消作战行动。海峡的气象对英国人比较有利，因为天气的变化通常是从大西洋那边过来再向东移的，这样皇家空军就能比德国人先了解天气情况。但是，德国人除了最恶劣的天气之外，其他天气都要采取作战行动，因为戈林想速战速决。

在德国人看来，空战似乎正在按照他们的计划进行着。戈林的情报专家们不断地向他保证，皇家空军的指挥官为了拼死抵御入侵的先头部队，正在把他们所有的战斗机投入海峡上的战斗。但是，戈林仍然不放心，为了防止英国人保留后备力量，他要求凯塞林和斯比埃尔两位元帅竭尽全力引诱更多的英国飞机升空。这样一来，除了日常的战斗之外，德国人还运用了所谓诱敌上钩的战术，诈骗皇家空军的战斗机追赶德国飞机，一直引到"梅－109"等待伏击的法国海岸。

德国飞行员阿道夫·加兰的空战经验十分丰富，他有一套狡猾的战术，能够诱骗皇家空军最有经验的飞行员采取莽撞行动。7月下旬的一天，加兰的飞行大队里来了一些新飞行员，加兰想让他们迅速经受战斗的洗礼，并为他们创造一次歼击的机会，使他们树立自信心。于是，他独自一人驾驶他的"梅－109"起飞了。

加兰飞过英吉利海峡，发现一队皇家空军的侦察机正在进行例行侦察飞行。此时，加兰就在英国侦察机的火力射击范围之外的附近转来转去，引诱英国人上钩。果然，其中一架英国侦察机离开机队向加兰追来。

这时，加兰马上调转方向，向法国海岸飞去，而且总是保持在追击者前面一点的位置上。与此同时，他用无线电通知他的两位飞行新手准备出击。他的这两位新手正在法国上空等待着。

上当的英国飞行员迪尔是皇家空军的空中英雄。他驾驶着"喷火"飞机，紧追着加兰的"梅－109"一直飞过了海峡，但是当他发现德机"几乎是一头朝下，垂直飞向机场时，才意识到那是加莱马克机场"，是德国空军一个主要的战斗机基地。迪尔知道，自己上了敌人的当了。迪尔立即把加速器开到最大，贴着海面往家里飞，并喃喃地骂自己："你这个大傻瓜。"

然而此时，加兰召唤的两架"梅－109"拦截过来了。两架"梅－109"各在一边，轮番向迪尔攻击。迪尔朝着其中一架飞机猛拐过去，打散了两架"梅－109"的战斗队形。趁它

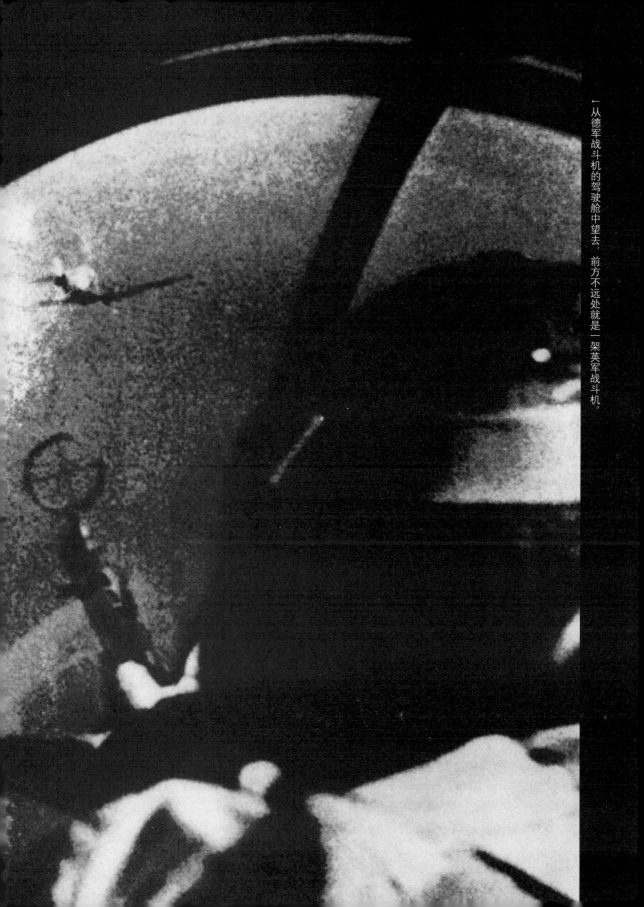

←从德军战斗机的驾驶舱中望去，前方不远处就是一架英军战斗机。

们重新组队时，迪尔又掉转机头重新向英国飞去。

当迪尔看得见多佛尔的断崖时，一架"梅-109"击中了他的仪表板、座舱盖和油箱。他的手表也从手腕上打掉了，可他在当时根本没有感觉到。等到皇家空军的飞机飞来保护他，并把那两架"梅-109"赶走时，迪尔的"喷火"式飞机已燃起了大火。

迪尔冒着浓烟大火和飞机随时可能爆炸的危险，奋力将飞机翻过来，带着降落伞跳出了机舱。在脱离机舱时，他的手腕被折断。

在迪尔最危险的时刻，幸运之神伴随着他。距他落地的地点只有50米处，恰好停着一辆皇家空军的救护车。迪尔死里逃生，并及时得到了救治。

但是，还有一些英国飞行员就没有迪尔这样幸运了，许多飞行员的座机被击落后，人也命归大海。飞行人员的不断损耗令英国空军上将道丁十分忧虑，他命令手下的各大队指挥官不要只是为了一场近距离激战就把飞机派上天去，也不要让飞行员在英国海岸的滑翔距离之外追赶敌机。他对他们说："我要活着的飞行员，而不是死去的英雄。"

为了减少飞行员的损失，道丁指示雷达部队加强侦察和监测，为战斗飞行员们提供更加准确的空中情报。但是，由于受到当时雷达技术的限制，雷达情报的准确性很难保证。皇家空军的飞行员发现，虽然雷达可以准确地指出敌人离他们有多远的距离，但它常常低估了敌机的高度，有时相差1,500多米。后来，飞行员收到雷达监测员通过无线电传来的敌机高度情况时，就往这个高度上至少再加1,500米以上，以防受到来自头顶上的伏击。

德国空军很羡慕英国人技术方面的辅助设施，一位当时的德军战区指挥官曾沮丧地说道："有时，当我们的小伙子投入战斗时，他们接到的最后指示已是两个小时以前的了。而英国人则可以通过耳机不断地接到指示，甚至当他们作战的时候也可以这样。"

为了抵消英国雷达的优势，德国空军的战略家们采取了蒙骗皇家空军的做法。他们派出大量的飞机升上天空，佯装出动。当英国人在雷达屏幕上看见这些飞机活动的信号后，往往就命令他们的机队起飞，等着袭击他们以为就要来的敌机。当英国的"喷火"式和"飓风"式飞机在空中盘旋，消耗掉许多燃料后，德国人则命令他们的头一批飞机返回基地，另一批"梅-109"升空向英国的飞机进攻。这样一来，英国飞机由于燃料将要耗尽，就难以与德国飞机抗衡了。

皇家空军也制定了一套新方案，用于对付德军的这套战术。按照新方案，"喷火"式和"飓风"式飞机将在英国内陆的基地和海峡附近的前线机场之间穿梭接力，这样，飞机在内陆基地时，敌人的战斗机不易到达，在前线机场时它们则可以等到最后的时刻起飞。

7月的交战就要结束了。在整个7月间，戈林接到一份又一份关于英国皇家空军伤亡数字的报告。根据这些不实的报告，戈林得出了一个错误的判断结论：不列颠战役的第一阶段已经打赢了，英吉利海峡已经被德国空军封锁，皇家空军已受重创。

然而实际情况却恰恰相反，沿海岸航行的英国船队仍在海峡行驶，而且还将继续这样做；皇家空军7月底时的前线战斗机比月初时还要多，仅在这一个月里，英国制造飞机的工人就生产了496架战斗机，是敦刻尔克撤退之前一个月生产量的4倍。

事实上，德国空军在7月份的战斗，远远没有达到预定的目标。

第4章
CHAPTER FOUR
未曾腾飞的鹰

　　★听到警报时，机场上英国皇家空军第65飞行中队的驾驶员们飞速地跳进"喷火"式战斗机的座舱，起动飞机。12架飞机开始向跑道滑行，最前面的3机编队已经加大油门在跑道上进行起飞滑跑了。

　　★13架在海峡上空侦察的"喷火"式战斗机穿过为"施图卡"护航的"梅−109"，俯冲下来，与40架"施图卡"展开了战斗。只见战斗机腾升俯冲，穿梭交织，机枪疯狂地扫射，机炮咯咯喷射着冒火的弹头。

No.1 8月之鹰

7月19日，希特勒在国会上发表了针对英国问题的讲话。事前，希特勒并没有让戈林看他的讲稿，这使在这些事情上极为敏感的戈林有些不快。不过，希特勒随后正式发表的授予他为帝国元帅的任命，使他的不快烟消云散了。作为帝国元帅，他现在已是欧洲乃至全世界级别最高的军官。希特勒在公布了对戈林的任命之后，又宣布授予其他12人元帅军衔。

戈林在被任命为帝国元帅的第二天，邀请刚获元帅头衔、同样情绪高昂的凯塞林和米尔希到卡琳庄园讨论对英国的空战计划。戈林谈到，因为英国拒不接受元首提出的和平条件，元首授权他指挥对英决战，他的空军将在最近一周内对英国进行战略性轰炸。他指示德国空军现在将英国商船也要列为攻击的目标，扬言"将以激烈的进攻扰乱其整个国家"。这次戈林并没有涉及具体的行动方案，他要等希特勒最后拿主意。

7月22日，英国外交大臣哈里法克斯代表英国政府正式发表谈话，言明决不接受希特勒的和谈建议，并向全世界宣告英国将同纳粹德国血战到底。这样一来，同英国人作战就被提到议事日程上来了。但是，迄今为止，德国海陆空三军均未考虑拿出实施入侵英国的"海狮"计划的详细意见来。希特勒责成德军统帅部抓紧讨论这件事，可还是迟迟未能形成具有实战意义的方案。最后，希特勒宣布，他计划再观望一下此前为期10天的"猛烈空战"的结果。

然而，空战没有产生戈林和希特勒所期望的结果。由于希特勒对德国空军的行动做了许多限制，如禁止夜间轰炸、禁止轰炸民用目标、禁止轰炸伦敦等等，就使得空军无法在英国人面前显示如戈林所说的那种"真正的力量"。戈林认为这是希特勒的一个战略错误，但又不敢同希特勒争辩。另外，他还有一个不便与外人道的心病，那就是作为主战飞机的双引擎"梅-110"和"梅-109"战斗机，在空中格斗的机敏性和燃料的携带能力方面，都差强人意。更糟糕的是，戈林发现英国空军不但没有被摧毁，反而战斗力日益增强。他本指望利用德国空军在数量上的优势，一举摧毁英国所有的战略目标，给英国人以毁灭性打击，可希特勒一再要求再等一等看一看，就在这要命的等待中，英国空军的力量眼看着一天天壮大起来。直到8月1日，希特勒才下令，让戈林"在空战中彻底消灭英国空军"，可又附加了一个指示，那就是严禁对英国进行"恐怖性的空袭"。

7月底，戈林得意洋洋地把他自己统计的战果清单交给了希特勒，并请求允许他为这个战役的第二阶段准备力量。

希特勒看到戈林的战果统计不禁大喜，戈林果然没有让他失望。对于戈林，希特勒百分之百地信任，从来不怀疑他的能力。

随即，希特勒作出了一个令戈林欣喜若狂的决定。8月1日，希特勒发出全面袭击英国空军的第17号战斗命令：

← 戈林升任帝国元帅一职，希特勒上前握手表示祝贺。

为了创造最后打败英国的必要条件，我打算加强对英国本土的海战和空战。为此，我命令：

1.德国空军要使用其拥有的所有兵力尽快打垮英国空军。德国空军的攻击首先应针对敌之飞机、空军地面部队心脏补给系统，而且还应针对敌之航空工业及生产高射兵器的工厂。

2.一旦取得局部空中优势，空战应转而对付敌之港口，特别是对付敌之内地的给养机构及给养中心。考虑到我们将来的计划，对英国南部海岸的港口及海港的袭击应保持在必要的最低限度。

3.为了利于实施上述指令，对敌之军舰及商船的空袭应保持在最低限度。如果出现极有利的机会，或者上述第2条规定的作战的胜利能够得以巩固，或者认为这类袭击对训练将来参战的轰炸机机组人员有必要，则另当别论。

4.在实施这场强化的空战时，空军应始终为海军攻击临时发现的有利目标提供有力的支援。再就是，空军必须全力以赴支援"海狮"行动。

5.以造成英国民众恐慌为目的的轰炸必须留到最后。我保留人微言轻报复手段的恐怖性袭击的决定权。

6.8月5日是这场强化的空战发起的最早日期，但是具体日期留待空军决定，这要依空军完成准备工作的速度及气象条件而定。

同时，海军也将获准加强自己的海上行动。

德国最高统帅部选了一个"鹰袭"的名字，作为从空中全面进攻英国的代号。但是战斗打响的具体日期——"鹰日"，希特勒并没有作出规定，他只是说8月5日是最早的行动日期。

8月2日，戈林在东普鲁士的一幢豪华乡村别墅召集空军高级将领们开会。会没开多久，凯塞林元帅和斯比埃尔元帅就争吵了起来。

按照任务区分，战斗打响后，凯塞林元帅和斯比埃尔元帅分别领导的第2、第3航空队将率先起飞。这两个人本来就互不服气，此时他们的观点出现重大分歧。

凯塞林主张，所有的进攻力量应集中在一个目标上——即伦敦。他说："如果我们炸死几千个伦敦佬时，英国人肯定会喊着求和。"

斯比埃尔不同意凯塞林的看法，他阴沉着脸皮反驳说："在没有首先摧毁皇家空军的情况下把全部力量都用于进攻伦敦，就会上英国人的当，因为这样一来。皇家空军就可以把它的战斗机部队全集中在首都周围，进而严重破坏德国空军轰炸机的大规模进攻。"

斯比埃尔的参谋长戴奇曼也在一旁帮腔说："这样做将极其危险，因为轰炸机将要飞出'梅－109'飞机的护航范围之外。"

凯塞林反驳说："按照德国空军的现有力量，如果不集中攻击伦敦，根本不可能达到目的。"

此时，戈林提醒与会者，元首特别说过伦敦城在进攻范围之外。这样，才平息了这场争吵。

凯塞林仍然不服气，他又提出："空军的进攻应集中在别的某个大城市，而不应该按斯比埃尔所主张的分散力量进攻范围较广的多个目标。对于皇家空军的基地和军需品工厂，可以放在以后的时间进行摧毁。"

　　但是，凯塞林的观点明显地不符合希特勒的想法，因此戈林不会采纳。

　　为了缓和一下会议的紧张气氛，戈林提出先休息一下，去游泳。

　　他们来到了戈林的室内游泳池。可是还没等下水，两人又在游泳池边吵了起来。

　　凯塞林火冒三丈地说："我从未主张这样打英国！我一直认为，要想胜利就应该占领直

↓天空中德军"梅－110"式飞机呼啸前进，它们的目标是英国。

布罗陀，把英国人堵在地中海里。这样他们才会屈膝求饶！"

最后，会议开不下去了，不欢而散。一直到8月6日，德国才最后确定"鹰日"的日期，时间定在8月12日。如果这一天天气好，将是德国空军全面进攻英国的日子。

No.2 打掉英军的耳目

8月6日，戈林向各部队下达了随时准备全面出击的命令。德国飞行员跃跃欲试，一些人把不列颠岛的地图画在机身上，并加上"伦敦——8月15日——完蛋"的文字注记。

几乎在德军下达全面空袭英国命令的同时，英国的情报机关就得到了这一情报，并报告了丘吉尔。首相随即通知皇家空军说：德国空军的大举进攻就要开始了。

8月8日，英国空军上将道丁对战斗机指挥部的成员发布了一项重要命令：

"不列颠战役就要开始了。皇家空军的成员们，几代人的命运就掌握在你们手中了！"

8月8日，德国空军的进攻明显加强。从清晨开始，"施图卡"式飞机就不断地袭击英吉利海峡上的一支庞大的船队，而其他的轰炸机则在英国南部海岸几乎所有的港口外投放水雷。汉普郡、萨西克斯郡、肯特郡以及海峡上空的空战十分激烈。到当日黄昏，双方加起来共起飞了1,000多架次飞机。在这一天的战斗中，德国空军损失了31架飞机，而皇家空军损失了19架。这是当时空战最为激烈的一天，也是双方飞机损失最多的一天。

8月10日，英国南部狂风大作，夹着雷电的乌云低悬在英吉利海峡和法国北部的上空。随后两天的天气不是多云就是有雾，飞机根本无法起飞。

此时，德国空军飞行员已经整装待发。几天拖下来，他们开始感到烦躁不安，士气受到了影响。

戈林知道，如果这样拖下去，会造成官兵心理上的松懈，影响战斗力。于是，他决定将"鹰日"后延一天，宣布8月13日定为"鹰日"。

8月12日，连续阴雨几天之后，天气开始放晴，多佛尔海峡上空能见度良好。

碧空白云之下，一队德军混合战斗机编队贴着海面向西飞去。

不一会儿，驾驶战机的鲁本斯德尔法上尉就清楚地看到了英国海岸的悬崖峭壁。当飞机大约飞到海峡中间时，他对着话筒下达了命令：

"第3中队注意，前往执行特殊任务。预祝成功！"

第3中队长海因茨中尉回答了个"明白"后，就率领8架"梅-109"式飞机，直接飞向多佛尔。

鲁本斯德尔法带着12架"梅-110"式飞机向左迂回，沿着英国海岸飞向西南。

鲁本斯德尔法率领的第201实验大队，是德国空军唯一的一支实验部队。一个月来，该大队在海峡轰炸机部队司令芬克上校的指挥下，一直在执行封锁英国船队航线的任务。在这期间，他们经过反复试验，验证了空军司令部迫切想知道的问题，即战斗机能否携带炸弹，

↑编队飞行前进的德军"多尼尔"轰炸机。

能否用炸弹进行攻击并命中目标。

　　就在昨天，这支实验大队首次以战斗机轰炸了英国绰号为"战利品"的海岸护卫船队。当德军的战斗机出现在船队上空时，英国人一看是些战斗机，觉得没什么了不起。不料德机进入超低空飞行，接着便投下了炸弹。结果两艘大船的甲板和上部建筑被炸，船身严重损伤，陷于瘫痪。

　　实验大队今天的任务是炸毁英国东部和南部海岸的雷达站，打掉英国皇家空军的耳目，以便更好地实施"鹰袭"作战。

　　德国人所以在"鹰日"之前进行这次空袭，是因为几个月来，德军一直在有组织地监听英军的无线电通信和雷达使用情况。通过监听，德军吃惊地发现，英国利用部署在本土的"海岸低空搜索雷达网"，可以清楚地知道德军飞机出动的情况，使德军丧失了至关重要的空袭的突然性。在"鹰袭"作战行动中，德国空军要想改变同英国皇家空军作战的不利地位，就必须首先破坏英国的沿海雷达站。因此，德军的这次攻击行动既是"鹰袭"作战的准备，也是不列颠之战大规模交战的序曲。

　　鲁本斯德尔法上尉看了看表，差几分11点。12架"梅－110"同时改变方向飞往西北，直扑英国海岸。

　　各中队接近海岸时散开，迅速奔向各自的目标。

卢茨中尉带领第1中队从伊斯特本刚进入英国内陆，就发现了英国的"佩文西"雷达站。

6架"梅式"飞机开始爬高。但是，由于在两个机翼下分别挂着500公斤炸弹（相当于俯冲轰炸机挂弹量的2倍），所以，爬高就不那么灵活了。

当光学瞄准具对准四根天线塔中最近的一根时，卢茨中尉第一个投下炸弹。

驱逐机群像一阵突然刮起的暴风掠过雷达站上空。有8颗500公斤重的炸弹命中了目标。其中一颗直接命中了细长的天线塔，还有一颗炸断了主电缆。

于是，电波中断，"佩文西"雷达站沉默无声了。

在卢茨中尉袭击"佩文西"雷达站时，第2和第3中队正在袭击另外两个雷达站。

由勒西格中尉率领的第2中队袭击黑斯迁附近的"拉伊"雷达站，炸毁了地面上全部建筑。

由海因茨中尉率领的第3中队袭击了多佛尔附近的雷达站，有3颗炸弹落在了天线塔附近。尽管有2座天线塔被炸得歪斜，但都没有倒。

当各攻击编队返航时，几乎都报告说完成了预定的任务。从空中可以清楚地看到，各目标都冒起了黑烟。可是，透过滚滚向上的黑烟，人们发现绝大多数雷达站的天线塔依然屹立着。实际上，英国人经过紧急抢修，仅仅在袭击3小时后，绝大多数雷达站又相继开始了工作。

这时候，英国人施出了一条妙计，他们从被摧毁的雷达站废墟中发出假信号，使德军误以为他们的轰炸确实摧毁了这些雷达站。德国人果真陷入英国人的陷阱，不久就完全放弃了对英国雷达站的攻击，这就为其最后失败留下了隐患。对此，德国王牌飞行员加兰后来说："后来我们才意识到，皇家战斗机中队一定受地面某种新装置的控制，因为我们听到指挥'喷火'式和'飓风'式飞机同德国机群作战的命令是非常熟练和准确的。这种雷达和对战斗机的控制使我们感到意外，而且是非常惨痛的意外。"

尽管袭击雷达站的预期目的未能达到，但是德军同时开始的对英国战斗机部队前线基地的袭击却取得了很大成功。

13时30分，英国战斗机曼斯顿基地遭到了猛烈攻击。实施这次攻击的是上午刚刚袭击了英国沿岸雷达站的鲁本斯德尔法编队。

由于此时英国雷达站还如同瞎子一样瘫痪着，因此，鲁本斯德尔法编队的奇袭获得了极大成功。当曼斯顿基地收到德机空袭的警报后只有1分钟，德军攻击的飞机就已飞抵机场上空了。

听到警报时，机场上英国皇家空军第65飞行中队的驾驶员们飞速地跳进"喷火"式战斗机的座舱，起动飞机。12架飞机开始向跑道滑行，最前面的3机编队已经加大油门在跑道上进行起飞滑跑了。

就在这一瞬间，德军飞机铺天盖地飞临机场上空。

"敌战斗机都排在跑道上，我们的炸弹就要落在它们中间了！"德军飞行中队长卢茨中尉报告说。

正在起飞的英军飞行员中，有一个叫奎尔的中校。他从1936年起，就当试飞员，驾驶技术十分熟练。他正在向前滑行，忽然听到一阵强大的轰隆压过了他的飞机发动机声音，回头一看，原来是后面的机库被炸飞了。奎尔不顾炸弹的爆炸，顽强地滑进了跑道。

此时跑道两侧不断有炸弹爆炸，烟雾笼罩着跑道。奎尔全然不顾，毅然开足马力在跑道上滑行起飞。

奎尔驾驶的这架"喷火"式战斗机忽而被周围的硝烟吞没，忽而又像没事似地在跑道上奔驰。不一会儿，机轮咯咯嗒嗒的振动声消失，飞机离地飞起来了。

其他"喷火"式战斗机也都在硝烟弥漫的曼斯顿机场以大迎角上升。

德国飞行员从空中看去，似乎机场上剩下的4架"飓风"式战斗机和5架其他飞机全部被炸毁了，炸弹在机库和机场宿舍爆炸，大火吞没了大部分建筑……

英军第65中队的"喷火"式战斗机大部分都奇迹般地幸免于难。当然，曼斯顿机场的损失相当严重，空中的飞机只好按命令到后方机场降落。

到当日傍晚，沿海地区的小型作战结束。这一天，德军的第2、第3航空队在强有力的战斗机护航下，投入了300架俯冲轰炸机。这仅仅占德军空军投入的俯冲轰炸机总兵力的1/3，更大规模的战斗还在后头。

No.3 虚假的情报

8月13日是戈林确定的"鹰日"。根据德国气象部门的预报，这一天的天气不好。

清晨，果然风暴骤起。于是，戈林立即下令取消既定的行动。

但是，戈林撤销行动的命令来得太迟了，74架"多尼尔"轰炸机和50架护航的"梅－110"已经起飞去进攻皇家空军的机场和设施了。

凯塞林元帅赶紧通过无线电发去了撤回的紧急命令。

接到命令，"梅－110"很快就调头返回。但是指挥"多尼尔"轰炸机的芬克上校决定继续前进。虽然护航的战斗机撤回后使他失去了保护，但他可以利用厚厚的云层作掩护。

芬克上校很幸运。皇家空军的一支雷达小组算错了迎面而来的飞机数量，把错误的情报送给了战斗机指挥部，因此指挥部没能派出足够数量的战斗机去对付如此强大的轰炸机机群。结果，芬克的"多尼尔"机队突破了防线，把炸弹投到了伊斯特切奇机场。

在随后的战斗中，德机4架飞机被击落，4架受伤，其余的飞机都飞回了法国。

返回后的芬克上校报告说，他们已使皇家空军一个主要的战斗机机场陷于瘫痪，并摧毁了地面上的10架"喷火"式飞机。实际上，伊斯特切奇机场只是由二线的战斗机和一些轻型轰炸机驻守的，虽然机场受到了重创，但10小时之后就恢复使用了。

下午14时以后，天气逐渐开始好转。德军第1飞行训练团第5驱逐机大队接到起飞命令。

23架"梅－110"飞机在隆隆的轰鸣声中陆续升空，向英国海岸飞去。

← 英国港口在德军的轰炸之下燃起大火。

　　当这个庞大的飞机编队通过法国的瑟堡上空时，被英军的雷达发现了，而且报出的兵力数字相当准确。但是，英国人从雷达信号上没有判断出即将飞临的入侵飞机是轰炸机还是战斗机。尽管这样，英国人还是充分做好了迎击的准备。"喷火"式战斗机飞行员坐在驾驶舱里，随时准备起飞。

　　林斯贝尔格上尉带领着他的23架"梅－110"，保持着整齐的战斗队形。在越过英国海岸线时，处在编队最后的一架飞机突然发出警报："后方发现'喷火'式飞机。"

　　这一声警报使德国飞行员们像遭到电击一样，神经顿时紧张起来。他们知道：尽管他们的飞机上有4挺机枪和2门机炮，火力是相当厉害的，可是多少显得有些笨拙的"梅－110"不是"喷火"式战斗机的对手。

　　林斯贝尔格率先按编队部署开始转弯。但是，在他还没有完全转过来的时候，飞在高空的英国战斗机就突然高速从后方追了上来。

　　见到此种情形，林斯贝尔格马上向右一拐，巧妙地避开了"喷火"式飞机的火力。

　　好险！子弹从他飞机的左侧擦过，只差几厘米就打上了。"喷火"式战斗机扑空了。

　　但是，另一架"梅－110"飞机就没有林斯贝尔格走运了。它想用俯冲动作规避"喷火"机的攻击，速度却没能一下子提起来，被英国飞机紧紧咬住，打了个凌空开花。

　　不一会儿，又有2架德机被击中，拖着黑烟栽下大海。

　　当林斯贝尔格上尉的驱逐机大队返回基地时，损伤过半，有5架被击毁，10多架中弹受伤。

皇家空军的这个战果给戈林一记当头闷棍，使他大发脾气，他怎么能够容忍他的空军出现这种情况？

下午3时，德国的又一个庞大机群向英国海岸飞去。这个机群有150架轰炸机，并由一支"梅-109"机队护航。它的目标是袭击南安普敦这个英国最大的港口。

皇家空军派出了4个中队迎战德空军。

在进攻的轰炸机当中，既有"施图卡"飞机，也有双引擎的"容克-88"飞机。"容克-88"是德国空军速度最快、最新式的中程轰炸机。

在"容克-88"飞往南安普敦的航线上，皇家空军负责守卫的只有"布伦汉姆"战斗机。这种飞机是由"布伦汉姆·马克4型"轰炸机改装而成的，与装满炸药的"容克-88"比起来，"布伦汉姆"战斗机的时速慢了16公里，用于白天作战速度是不够的。

两支空中编队在港口附近不期而遇。"容克"飞机在与"布伦汉姆"的交火中占有优势，它们在击伤了几架"布伦汉姆"战斗机后，一路呼啸着向南安普敦港飞去。

到达港口上空后，"容克-88"的炸弹滚滚而下，大面积的码头和仓库被摧毁或烧着。

但是，德国的"施图卡"飞机就没有那么幸运了，它们遇上了"喷火"式飞机。

13架在海峡上空侦察的"喷火"式战斗机穿过为"施图卡"护航的"梅-109"，俯冲下来，与40架"施图卡"展开了战斗。只见战斗机腾升俯冲，穿梭交织，机枪疯狂地扫射，机炮咯咯喷射着冒火的弹头。

"喷火"式飞机不仅有远远超过"施图卡"的空战性能，而且占有顺着阳光的优势。可怜的"施图卡"机，只有招架之功，几乎没有还手之力。转眼间，就有9架"施图卡"被击落，还有几架受伤。其余的则胡乱丢下机上的炸弹，匆匆逃走了。

这次空中大捷是皇家空军第609中队的杰作。其中一名飞行员对这次战斗进行了一番评论，他的这番评论后来被写进了皇家空军的记录里。他说："今年光荣的12号我没能脱开身去打猎，但是光荣的13号却是我有生以来射猎成果最大的一天！"（注：8月12日是英国人射猎松鸡的季节正式开始的日子，英国人称这一天是"光荣的12号"。）

"鹰日"这天，德军共出动飞机1,485架次，而皇家空军只起飞700架次。德国飞行员回来报告说，他们成功地袭击了皇家空军的6个机场和其他一些设施，摧毁了地面的数十架飞机，消灭了几座小工厂，并使南安普敦港陷于瘫痪。事实上，英国只有3个机场遭到严重破坏，而且都不是皇家空军的主要战斗机基地。

让戈林感到十分振奋的是，他的飞行员向他报告说击落了大量英国飞机。当天晚上德国最高统帅部发表的战报宣布，皇家空军有88架战斗机被摧毁——其中有70架"喷火"式、18架"布伦汉姆"式。而戈林接到报告说，德国空军仅仅损失12架飞机。

欣喜若狂的帝国元帅下令，战区所有飞行员吃饭时加饮香槟酒。戈林并不知道，他所得到的"鹰日"战果，是被大大夸张了的。当日双方的真正损失是：皇家空军有13架战斗机被击落，德国空军则损失了23架轰炸机和11架战斗机。

那天的战斗一直持续到日落。敌人的战术几乎全部归于失败，战斗机司令部岿然不动。

↓接到作战命令后，英军飞行员快速向自己的战斗机跑去。

对道丁来说，这是一场最严峻的考验。皇家空军和高射炮部队击毁敌机75架，自己有28架战斗机被击毁，13架受伤，这些飞机的飞行员中只有12人丧生。更重要的是，德国空军由于情报部门极为无能，未能摧毁一个在防空中起关键作用的机场。另外，由于从斯堪的纳维亚起飞的飞行编队遭到了英国毫不客气的回击，戈林在此后的对英作战中再也没有使用空军第5集团军。"黑色的星期四"这一天，德国空军的损失几乎没有对其造成任何威胁，并以为道丁的战斗机损失惨重，因此便全力以赴地开始了对英国的全面进攻。在此后的整个8月里，德国每日进攻不断。道丁不断将飞行中队派往较平静的北部，然后再调回，巧妙地"轮换"兵力，全力坚持伦敦周围及东南部的防御。

但部队开始出现战斗力紧张的情况。作战紧张和伤亡使有实战经验的中队长和小队长越来越少，19岁的年轻人就算是老兵了。地勤人员彻夜不眠地维修受伤的战斗机，因过度疲劳而纷纷倒下。然而，这段时间对于丘吉尔领导下的为数不多的指战员来说却是光辉的日子，在英国历史的丰碑上鲜明地刻有斯坦福·塔克、道格拉斯·巴德、唐·金阿比、约翰尼·肯特、科林·格雷等人的名字，看到它们，人们就会想起那英勇的日日夜夜。在战斗机司令部里，有来自各国的飞行员。一个叫约瑟夫·富兰迪斯克的捷克人，创造了同盟国击落敌机的纪录，一个月后，他在战斗中牺牲。

就在战斗机司令部人员疲惫不堪的最艰苦时刻，戈林部队中的各级飞行员也出现了紧张过度、灰心丧气、失去信心、士气低落、信念毁灭等迹象，所有这些迹象都表明，德国已失去了决心。两个月来，德国的机组人员斗志高昂，英勇战斗，他们受到了连续作战的冲击，看到战友的轰炸机起火坠毁，常常是有些同伙干脆不见了，无踪无影，生死不明。德战斗机很少能够突防到英国本土纵深，但又不能放弃为轰炸机护航的责任，它们不断遇到燃油不足的威胁，常常不是由于中了英国战斗机的炮火而坠落，而是由于燃油耗尽而自己坠入英吉利海峡灰色的波涛中。

这位暴躁的德国元帅违背一切战争规律，在历史上犯下了臭名昭著的罪恶，这时也感到沮丧不堪。9月7日，他突然改变了进攻目标。道丁的飞行员们整整一个白天都在等待着敌人的进攻，但敌机一直没来。而此时，戈林亲临英吉利海峡南岸，看着他的庞大机队乘着夜幕飞过英吉利海峡。进攻的目标不是光天化日之下的机场和沿海城市，而是黄昏与黑暗笼罩着的伦敦。这就是他的目的所在：在英国本土上挫败英国人的锐气，摧毁他们的首都，把他们的家园变成废墟，打垮他们的作战意志。

一夜间，战争揭开了一个新纪元。

实际上，德国空军对英国的"鹰日"打击失败了。8月13日，本是德军炫耀空中优势、摧毁强硬英国的大好日子，没想到最终却成了一个充满晦气的日子。对于这一点，不少德国军官心里十分清楚。里希特霍芬将军在日记里沉痛而又无可奈何地写道："直接打击失败了。"

但是，戈林却被"胜利"的迷雾罩住了双眼，一个又一个虚假的情报使他对形势的判断出现了重大失误。

第5章
CHAPTER FIVE

不可忘记的
8月15日

★在尤伦贝克中尉的前面，戈洛布中尉咬住了一架"喷火"式飞机，从后面悄悄接近。他描述当时的情景说："就这样，一直接近到离敌机50米处。射击的效果比侧面好得多。只见那架'喷火'式战斗机机头上仰，进入螺旋，然后，垂直栽了下去。"

★尽管格列佛已经进入了不适宜空战的年龄段了，因为与20岁左右的人相比，这个年龄的人反应要迟钝一些。但是，他具有一种与众不同的特质，这种特质比飞行技术更重要，比锐利的眼力更重要，甚至比敏捷的反应和高超的射击技术更重要。

No.1 惨痛的星期四

德国空军计划将全部空袭兵力分为南、北两路进攻，以南路为主。

北路是驻扎在挪威和丹麦，由施登夫将军指挥的德军第5航空队，共有100多架轰炸机和数十架战斗机。南路是驻扎在法国境内的德军第2、3航空队。这两个航空队共有875架高空轰炸机和316架俯冲轰炸机以及929架战斗机。从南路和北路分别使用的飞机数量可以看出，德国空军将主力投入了英格兰南部。

德军之所以在南路投入如此强大的兵力，是有重要原因的。驻扎在挪威和丹麦的德国空军从起飞基地到英国北部地区，作战目标距离约650～750公里，再加上全程20%左右的"战术备份"航程，这样攻击英国北部目标的飞机就必须具有1,800公里左右的续航力。但是，当时单发动机的"梅－109"战斗机的航程只有750公里，刚飞至英国海岸就会因燃油耗尽而坠入海中。虽然"梅－110"可以提供护航，但其远不是"喷火"式飞机的对手。而从法国的空军基地进攻英国南部地区的目标，就不存在这个问题。因此，德国空军企图通过猛攻南部来钳制英国战斗机，以使在对英格兰中部和北部实施突击时遭到尽可能少的敌机阻截。

与德军用于进攻的兵力相比，皇家空军上将道丁的截击兵力要少得多。他只拥有"飓风"式战斗机480架、"喷火"式战斗机120架以及少量的其他类型战斗机，与德军兵力对比处于明显的劣势。道丁根据所掌握的情报，看到了德国空军的险恶用心。为了更好地抗击德国空军的进攻，道丁把原来部署在英格兰南部双方争夺焦点以外的第11大队的部分战斗机北调到苏格兰，与一直没有参战的第12、13战斗机大队合兵一处，以增强北部抗击的力量。

8月15日，在挪威和丹麦指挥德国空军第5航空队的施登夫将军，终于接到了让他将他的人马投入战斗的命令。此时，他完全忘记了英国雷达的存在，也不知道英国人能破译德国的密码。施登夫决定飞过北海，对英国东北部泰恩茅斯和约克郡北部之间的英国机场和飞机制造厂发动一次突然袭击。

然而，他的飞机至少在到达之前的一个小时就被雷达跟踪上了，因此，皇家空军的战斗机有足够的时间飞到顺着太阳光的位置上，以便向下俯冲进攻德军的轰炸机。

13时45分，德军第一攻击波第26轰炸航空团2个大队共65架"海因克尔"轰炸机，在"梅－110"战斗机的护卫下，飞行在4,500米的高度上。当机群接近英国海岸时，机上的无线电设备突然喧嚣起来，敌情报告一个接一个：

"左侧发现'喷火'式战斗机！"

"敌战斗机正从太阳方向飞来！"

"我被敌机击中了！"

为"海因克尔"轰炸机群护航的，是德军第76驱逐航空团第1大队的21架"梅－110"飞机。这个大队有顽强的战斗作风，战斗力也强，历史上战果辉煌。他们在1939年12月18日的德意志湾空战中，曾击落过当时盟军参战的"威灵顿"式飞机的大半。在德军占领挪威时，也是该大队冒着对方绵密的防空火网，最先降落和夺占了位于奥斯陆的福内布机场。在德国空军中，这个大队声名显赫。但是，他们今天遇到了真正的对手，一场好戏就要上演了。

4架前导机飞在德军驱逐机大队的最前面，它们在轰炸机上空几百米处担任掩护。编队最前面的一架飞机是大队长雷斯特曼上尉的座机。他今天除了要指挥其编队外，还担负一项特别任务，即配合同机的侦听中队长哈特维希使用高性能接收机，监听英国战斗机之间的通信联络。德国人想以此为突破，掌握英国空军的防御体系，从而制定德国轰炸机部队相应的战术及飞行航线等。

正当他们刚刚开始集中精力侦听时，一架英国的"喷火"式飞机从阳光照射的方向向他们扑了过来。

雷斯特曼刚要掉头进入迎战状态，就被对方击中了。机身出现十几个窟窿，随着高空气流的冲压，窟窿越来越大，致使飞机操纵十分困难。

没过多久，这架指挥机便燃起大火，尖叫着一头栽向大海。真是不幸，大队长雷斯特曼上尉率先与飞机一起葬身大海。

十几分钟后，前来截击的英军第72、79中队"喷火"式战斗机从四面向德机发起了立体攻势。

在辽阔的空中，双方展开了一场你死我活的拼杀，被击落和击伤的战机不断，一个词——惨烈。

天幕上，被击落和击伤的飞机划出一道道黑色的"长虹"。

位于德军驱逐机编队尾部的里希塔中士因机枪子弹打伤头部而失去了知觉，他的飞机一个倒栽葱向下掉去。通信员盖斯黑卡中士一见大事不好，随即双脚一蹬，跳伞脱离了飞机。

一会儿，里希塔又清醒过来，在飞机刚刚掉到云层下面时，他又重新控制了飞机。尽管头部大量出血，他还是努力控制飞机，飞过北海，返回德占区，迫降在丹麦的埃斯堡。而盖斯黑卡中士却去向不明。唉，真是天意难测！

此时，尤伦贝克中尉带领着5架德军飞机一起，调过头来投入战斗。他们击中一架"喷火"式飞机，并看着它拖着长长的黑烟栽了下去。

但是，皇家空军的飞机太多了，尤伦贝克只好命令他的几架飞机组成圆形防阵。就在这时，一架"喷火"式飞机从尤伦贝克后方攻来，他的僚机施马赫准尉以准确的射击为他赶跑了"喷火"式飞机。

在尤伦贝克中尉的前面，戈洛布中尉咬住了一架"喷火"式飞机，从后面悄悄接近。他描述当时的情景说："就这样，一直接近到离敌机50米处。射击的效果比侧面好得多。只见那架'喷火'式战斗机机头上仰，进入螺旋，然后，垂直栽了下去。"

但两三秒钟后，他被两架"喷火"式飞机咬住，机翼中弹，左发动机冒起黑烟停车了，他描述说："我俯冲躲进云层，两架敌机仍然紧追不放。于是，我又提前改变了航向，并在800至1,000米的高度上拉了起来，穿云甩了敌机。13点58分，在云下飞行时，我亲眼看见那两架'喷火'式飞机有一架冲进了海里。"

此后，戈洛布用右发动机作单发飞行，安全返航。两小时后，他在那弗尔基地降落。

在皇家空军战斗机的层层拦截下，德军第26轰炸航空团已无法找到预定的轰炸目标，最后只好把炸弹稀稀落落地投向海岸以及纽卡斯尔与森德兰之间的港湾设施附近。

施登夫将军的另一编队，即第30轰炸航空团的3个大队却空袭成功。德军这50架"容克－88"轰炸机在没有战斗机护航的情况下，在弗兰伯勒角一带越过海岸后，即以云层为掩护，避开英军战斗机，直抵英军第4轰炸集团的德里弗菲尔空军基地。

德军炸毁了英军基地上的4座机库和数处其他建筑物，12架英军轰炸机在地面起火。当然，德军参加轰炸的50架轰炸机也有6架被英军战斗机击落。可是由于德军空袭兵力众多，尽管英军战斗机拼命作战，仍始终没能阻止德军对基地的空袭。

当施登夫将军的机群回到挪威时，一共损失了16架"海因克尔"和6架"容克－88"，这些飞机占施登夫全部轰炸机总数的20%。另外还有7架"梅－110"被击落。

而在英国南部，8月15日这一天英国人遇到了更大的困难。

在英国南部空域，德军的"施图卡""海因克尔"和"容克－88"依次来往穿梭于英吉利海峡，轮番轰炸皇家空军的飞机场。从朴次茅斯到泰晤士河口直至内陆伦敦远郊的比金山，许多飞机库着火，飞机跑道被炸得坑坑洼洼。在320公里的海岸线上空，几乎没有一处不在进行着空战。

在8月15日的战斗中，英国皇家空军本来可以有更多的战斗机升空作战，但是由于牺牲和受伤的飞行员太多了，许多飞机因无人驾驶而不能起飞。幸存飞行员的起飞强度甚至达到最大限度。他们从黎明开始，就守在飞机旁，等着命令他们紧急起飞的铃声。一仗下来，在飞机旁作短暂的休息之后又得马上起飞去迎战来敌。过度的劳累使皇家空军飞行员疲惫不堪，他们几乎到了人的身体所能承受的极限。

在地面上，劳务队不分昼夜地修补被轰炸过的基地和机场，以使它们再次投入使用。可是，这样做往往徒劳，因为每当劳务队刚把跑道修好，德国空军的轰炸机就会飞来再次把它炸个稀烂。

这一天的空战是史无前例的。从近距离的空战来看，以后再也没有像这样的激战了。到晚上战斗结束，筋疲力尽的飞行员收兵时，德国空军已派出了1,780架次飞机——其中有520架是发动对皇家空军及其设施的空袭。德国人宣称，皇家空军有12个飞机场陷于瘫痪，99架飞机在空中被摧毁。英国人也报道说自己重创敌军——皇家空军起飞974架次，摧毁了182架德国飞机。

就像以前的战报一样，双方都在吹牛。公布战报是战争中的一种心理战，交战双方往往都会把自己的战果说得很大，损失说得很小，以鼓舞己方士气，动摇敌人军心。同时，在统计战果时各个作战单位往往都会把自己的战果说得大于实际，以讨得上司的欢心。对于这一点，无论是英国还是德国的高层领导心里都是很清楚的，只不过有时由于种种原因不愿说破而已。这一次英德双方也是如此。实际上，德国空军击落的英国飞机数量是34架而不是99架；皇家空军击落的德国飞机也不是182架，而是75架。

飞机和飞行员的损失如此之大，令双方都感到震惊。在被击落的德国飞机中，许多都是由3人或4人机组驾驶的，而英国人的飞机多半是单座飞机，他们死了17名伤了16名飞行员。尽管英国飞行员损失得远比德军少，但对于本来就十分缺少飞行员的皇家空军来说，无疑是雪上加霜。

8月15日结束了，这的确是一个"黑色的星期四"。但从总的交战结局上看，德国的星期四较之英国的星期四黑得多。

No.2 战场上的传奇

在8月剩余的十几天里，英德双方继续进行着激烈的空战。在这些空战中，英国飞行员表现出了超人的胆略和作战技艺。

8月30日，英伦岛的一个晴好的天气。

这天，在皇家空军的格雷伏山德基地，一批新闻摄影人员访问机场，要求皇家空军的飞行员们示范一次中队紧急起飞。

第501中队在疏散区假装接到了电话，然后迅速地奔向"飓风"式飞机。

守候在机场的地勤人员动作熟练地帮助飞行员们背上保险伞束带、绑紧座带、启动发动机、移走垫木，让战斗机轻盈地滑过平整的草地，陡直地冲入云霄。飞行员们刚一离地，就收起机轮。这是战斗机飞行员偏好的一种自信表现。

兴奋中的摄影记者并不知道，这些飞行员戴上耳机接通联络时，正好听到皇家空军的飞行管制官的声音，要他们真正地紧急起飞，并把他们导向泰晤士河口。

该中队保持完整的队形，向预定空域飞去。

在接近德军的飞行队形时，随着指挥官一声令下，全体一齐射击。虽然没有一架德机被击中，但冲散了德军"梅"式机群的队形。

此时的英国空军极重视把德机队形冲散。这是为什么呢？原来，前一段时期，德国飞机往往从万米高空作地毯式轰炸，德军运用这种领队投弹和集体投弹的战术说明德国缺乏训练有素的轰炸机人员。因此，如能在德机投弹前将他们冲散，就可以使他们的炸弹投在目标之外。因此，要求把冲散德军的轰炸机编队作为最重要的事情。现在，第501中队成功了。

第501中队的雷西士官是冲散德军飞机编队的飞行员之一，当他掉过头来准备作第二次攻击时，突然感到眼前一片黑暗。原来，他的机翼及发动机挨了几颗子弹，座舱罩被洒漏出来的润滑油涂染成了黑色。

他盲目地作了一个急转弯，但子弹依旧向他扫射而来。开火的这个德国人不是运气好，就是非常精于偏向射击，因为飞机一直处于改变方向的过程中，却又接连不断地被打中。

沾满油污的座舱罩使雷西什么也看不到，他索性把座舱罩抛弃。

抛掉座舱罩后，他看到了飞机下面灰蒙蒙的泰晤士河水，他决定暂不跳伞，想利用飞机还保持的高度，滑翔至陆地。

当他滑翔飞行至雪培岛时，决心以小角度滑翔，一直滑回基地。在接近格雷伏山德时，他放下起落架，同时也放低机翼。他在发动机完全失去作用的情况下，完成了一次完美的降落，并且将飞机停止在几乎就是他起飞的地方。

此时，采访的摄影记者们还没有走，他们欣喜若狂地拍下了降落的全部过程。

雷西的"飓风"式机上一共有87个弹孔，脱落部分还没算在内。

飞机停稳后，雷西颇感洋洋自得。在一旁的工程军官幽默地说："你到底搞什么鬼，不跳伞？本来明天早晨还可以获得一架新飞机，现在好了，我得花很大一番功夫去修理它。"

这天上午，还发生了另外一件广为流传的事情。

格列佛联队长是当时英国空军几位最资深的作战飞行军官之一。他1908年出生于利物浦，不到20岁时，创立了一个飞行俱乐部。在1930年加入英国空军之前，他已取得飞行员执照。战时，他先在战斗机司令部本部担任轰炸机联络官，后来担任第253中队的中队长。1940年，他已经年届32岁，但仍然担任中队长，这件事全然违背了道丁上将的命令，道丁规定，中队长超过26岁就不得留任。7月份，格列佛擢升为联队长，这意味着他不但年龄太大，而且资历太高，不适合再任中队长。眼看着无法继续驾驶"飓风"式战斗机，他询问新任命的中队长能否让他以一名"普通人"的身份留在中队里。新任中队长大方地邀他"共同领导这个中队"。

这一天，格列佛联队长带着另外两架飞机，以"V"字队形离开中队，朝一批

德机机队飞去。在他前面大约3,000米的高空，格列佛看到德军一个"梅－109"机的纵队凌云驾雾地飞行于薄雾之上。这正是格列佛梦寐以求的情景。

　　他不慌不忙地从正中央硬闯敌方的战斗机队。当瞄准具套住一架敌机时，他连续射击4秒钟，枪弹击中了那架"梅－109"，他看到座舱罩的透明塑胶裂成碎片，在阳光中闪闪发光。这架梅式机翻转过来，机背朝下，旋转，然后下坠，机鼻朝下，栽落地面。

　　突然，又一架敌机进入了他的视线。格列佛果断开枪，这架梅式机机翼开始冒黑烟，然后垂直栽落到地面上，爆炸后燃起一团火焰。

　　就在格列佛的视线还没有收回，第三架敌机又与他擦身而过。他迅速调转机头，向那架敌机攻去。当梅式机进入他的射击圈时，他连续射击3秒钟。他看到敌机座舱内好像空无一人，原来德国飞行员被击中后向前跌坐，从外面看不见。这架梅式机急速向地面坠去……

此时，有好几架德机向他的飞机射击，空中布满起伏的枪弹，格列佛感觉仿佛穿越一个巨大的金质鸟笼。

第四架梅式机以略高于格列佛的高度从他头顶飞过。格列佛急转弯，爬升，并朝德机机腹射击。格列佛持续射击了两三秒钟后，听到了不祥的嘀嗒声，这表示子弹已用尽。但是这第四架倒霉的飞机已经受到致命的射击，它翻了个身，便直坠而下，到上帝那里寻找满意的归宿去了。

尽管格列佛已经进入了不适宜空战的年龄段了，因为与20岁左右的人相比，这个年龄的人反应要迟钝一些。但是，他具有一种与众不同的特质，这种特质比飞行技术更重要，比锐利的眼力更重要，甚至比敏捷的反应和高超的射击技术更重要。

格列佛是一位胆略过人的飞行员，只有具备了这种胆略，才能在极为接近敌机的相对碰

↑德军轰炸后，英国街道变成一片废墟。

撞航线（如此才能用上正前方的机枪）上飞行。格列佛在射击的一瞬间，距第一架敌机170米，距第二架敌机120米，距第三架敌机60米，距第四架敌机70米。正是因为在如此近的距离上射击，机枪才能发挥最大的威力。这是一般人很难做到的。

但是，当格列佛宣称他击落4架梅式德机时，几乎没有几个人相信，英国航空部鉴定委员会也只是表示说："有可能。"许多人认为，格列佛似乎不太可能在这么短短的几分钟内连续击落4架飞机。

面对这种情况，格列佛自然很不高兴。后来，格列佛独自一人到美斯顿南侧地区，找到了4架飞机残骸，证明了他的说词。那4架飞机都是德国第27战斗机联队的，这下该不会有人说什么了吧，要说就只有一个词——神了。

8月31日下午，又发生了一件很了不起的事情。

这天下午，德军第2轰炸航空团的轰炸机突然袭击皇家空军的霍恩彻奇基地。当敌机到达机场上空时，地面才发出警报。虽然大部分"喷火"式飞机在炸弹落下之前紧急起飞了，但还有3架没能起飞，它们是迪尔上尉的三机组。

这3架"喷火"式飞机在跑道上乱了套，它们相互干扰。

迪尔一边骂着一边减速，因为再不减速，就要和从侧面过来的同伴相撞了。

就在这一瞬间，德军轰炸机掠过上空，炸弹接连落向正在滑跑的3架飞机。目睹这一情景的人吓得目瞪口呆。

迪尔不顾四周硝烟弥漫，快速飞离地面。就在他离地二三米的时候，飞机被炸弹爆炸的气浪打得翻扣过来。迪尔在头朝下的情况下，还是在离地至多一米左右的高度上继续倒飞着。炸弹掀起的土块飞进了座舱，倒挂在座舱里的迪尔的脸上。这是世界航空史上从未有过的"特技飞行表演"。

突然，飞机发出好像锯子锯东西时所发出的刺耳的声响，原来"喷火"飞机已擦着地面了，并飞了约100米。开始是尾翼着地，后是整个机身着地。接着，飞机又翻了个斤斗不动了。亲眼看到这一令人惊心动魄场面的人都在担心，迪尔还活着吗？

离迪尔不远，另一架"喷火"式飞机被炸掉了机翼。埃德塞尔少尉幸免一死，只是脚部脱臼。他设法从座舱里爬出来，爬向迪尔的飞机。

这时，他简直不敢相信自己的眼睛，原来，迪尔既没有死，也没有负重伤，只是闷在里面出不来了。

于是，他俩合作，砸碎了座舱盖，使迪尔爬了出来。迪尔只负了点轻伤。他们两个人步履蹒跚，扫兴地向笼罩着褐色烟雾的机场休息室走去。

第三架"喷火"式飞机冲进了离机场较远一点的田野里，迪维斯中士徒步走了回来，他也没有受伤。

这3名英军飞行员就这样摆脱了空袭。第二天，他们又驾驶着新分配给他们的飞机继续战斗了。

正是这种不屈不挠的精神，才使得英国战斗机司令部的全体官兵顶住了德军的空袭。

No.3 利物浦夜战

8月28日的晚上，德国空军第3航空队对利特浦实施了一系列经过策划的突击中的第一次突击。按德国空军的标准来看，他们认为这是对联合王国的第一次大规模的夜间突击。由于突击连续进行了4个晚上，所以可以放在一起加以研究。

从8月28日到8月31日的连续4个晚上，德国空军第3航空队平均每晚出动轰炸机157架，突击利物浦和伯肯黑德。事后调查，德国轰炸机中的70%飞到了目标，平均每晚投下爆破弹114吨，散布性燃烧弹257颗，每颗散布性燃烧弹中含有1公斤重的燃烧弹36枚。规模最大的一次（而且德国人认为是战果最大的一次）突击是在29日的夜间实施的，共出动轰炸机176架，其中的137架飞到了位于默尔济河口的这两个海港，共投下炸弹130吨，散布性燃烧弹313颗。28日和30日的夜间，对这两个海港的突击还伴随着对其他一些目标的猛烈轰炸，那主要是由第2航空队的飞机进行的。28日的夜间，除了轰炸利物浦和伯肯黑德以外，对其他一些目标还出动了轰炸机180架，30日晚上出动了112架。在29日和31日的夜间，则分别出动了44架和25架，以迷惑防御的一方，对广大地区进行骚扰活动，以扰乱英国人的休息和工作。

这次连续4夜的突击，代表了德国空军第3航空队在不影响其以后的作战活动的条件下所能出动的最大兵力。他们所能纠集的部队几乎全部出动了，还从海军部里借了几个轰炸机大队，而这几个轰炸机大队本来是用于配合潜水艇以进行联合作战的。这几次突击中的一个引人注意的特点就是，每次突击都以过去专门袭击船舶的部队为前导。有些德国军队中的战略研究人员不同意这种做法，他们认为对付联合王国的最有力的武器就是进行海上封锁，然而他们的意见没有被采纳。

依德国人看来，对利特浦和伯肯黑德的这几次突击，是集中力量对一个范围虽大但界限十分明确的地区进行的猛烈突击。事实上却并非如此。在第一夜，他们所投下的自以为是瞄准了利特浦的那些炸弹实际上是散落在很辽阔的一块地面上。此外，还由于德国空军的一些助攻部队发挥了很大的迷惑作用，所以直到很久以后，英国方面还不知道德机的主要目标乃是利特浦和伯肯黑德，而误认为是中部各郡。

德机只是在8月31日夜间的那次突击中取得了一些战果，在利特浦的商业区引起了160余起火灾。伯肯黑德也遭到一些破坏，但只有很少几枚炸弹命中了造船厂。从另一方面说，德国轰炸作战计划很不完善这一事实本身，也在英国全国许多地方造成了惶惶不可终日的现象。空袭警报往往延续五六个小时，夺去了人们的睡眠时间，当然也影响了生产。

这几次突击的效果之一就是暴露了英国夜间防空作战的弱点所在。在这四个晚上的袭击中，德国第3航空队共损失轰炸机7架，仅占其出动兵力的1%略多一些。高射炮还是继续起了迫使德机在高空飞行从而影响了其命中率的作用，但是除此之外，无论高射炮还是战斗机，都未能起到更大的作用。为此，道丁曾经一度主张对德国的无线电导航设备进行全面干扰，即使因此而影响英国的夜间防空作战也在所不惜。但是英国空军部却主张采用另一种更

↑ 英军飞机在空中摆好阵势，随时准备发动进攻。

为巧妙的方法，第80联队也正是为此目的而组建的。8月18日，在德国空军的夜间轰炸中起到最重要的作用的各个远程导航台的位置均已被发现，并且英国为了转发德国无线电导航信标而建立的9个电台也开始了工作。这一对策究竟取得了多大的效果，在当时固然很难确定，就是现在也很难进行精确的计算。然而从德国的空勤机组中有许多人没有能够找到目标这一事实来判断，至少足以说明来袭的德机还是遇到了一定的困难的。事实最后证明，第80联队作出了极为宝贵的贡献，使某些重要目标免遭破坏。

第6章
CHAPTER SIX
伦敦卷入战争

★皇家空军的最高指挥官道丁上将也希望看到德国空军飞到伦敦来。他的想法是，如果德国人开始轰炸首都，那么他们进攻力量的转移就能减轻地面空战设施和军需补给基地的压力，就能使皇家空军获得一点时间喘息、休整，以聚集力量再战。

★不列颠战役开始前，戈林曾信誓旦旦地向元首、向所有的德国人保证，英国人的飞机绝对不可能飞到柏林来，更不会把炸弹扔在柏林，他还开玩笑地说："如果它们飞来了，你们就叫我农夫。"

No.1 "误伤"伦敦

德国空军的整个计划是，在9月第一周将近结束时对伦敦实施一次昼间突击，并以此揭开对各大城市的居民和防空力量进行一系列昼夜突击的序幕。自从8月15日德国空军第5航空队的那次突击遭到失败后，德国空军参谋部就作出了明智的结论：轰炸机群在护航力量薄弱的条件下对距海岸相当远的目标实施昼间突击的这种方法是不足取的。然而德国最近作出的决定又使这一结论难以遵行，除非今后在昼间只使用有限的轰炸兵力，因为不可能有那么多的战斗机为之进行强有力的护航。

新阶段开始前的种种迹象并没有逃脱英国观察家们的注意。在战役的预备阶段，德国空军开始突击沿海运输船只，后来他们以英国空军的前方机场为重点，接着又转向了防空分区的各个机场。前面已经提到，伦敦在8月底遭到了昼间突击；在此后的一周期间，德机感兴趣的目标是位于伦敦南郊和西郊的一些飞机工厂，以及梅德韦河两岸介于塔桥和诺尔灯塔之间的地区内的工厂和船坞。由此可见，德国人的作战方针即将有所改变，但对英国空军说来，最大的危险仍在于德机有可能对防空分区的各机场继续进行突击。

针对这一情况，英国空军的作战计划仍以保卫机场为主，同时也逐渐重视那些有可能遭到德机轰炸的其他目标。8月底以后，帕克已经正式解除了他所承担的为航行于海峡的运输船只提供密切护航的任务，但是他的兵力显然仍不足以应付当前任务的需要。自从布鲁克兰兹机场附近的某些目标在9月4日遭到突击以后，道丁指示他于下一周内为该地区的工厂提供"最大限度的战斗机掩护"，而帕克本人所作的安排则是一方面承担这一新的任务，同时又不削弱对他说来最为重要的防区内各机场的防御。简单地说，他所设想的打法就是在入侵的德机进入海岸线以后和飞临防空分区的机场防御线以前这一期间予以最猛烈的抗击。因此，在出现情况时，他就将派出最大数量的中队，如果有时间集合编队就以两个中队为单位，飞到机场防御线的前方进行截击。帕克要求出航的战斗机切勿单纯为了在高度上超过对方担任上层掩护的战斗机而飞得过高，这样就会漏过德国的轰炸机而使本身的截击任务落空。为了保卫肯利、克劳伊登和比根希尔，他准备在后方保留数量不太多但又足够使用的中队；布鲁克兰附近一些工厂的防御任务指望能得到第10大队的支援。泰晤士河以北各个机场的保卫任务由第11大队自己承担，待第12大队的支援兵力到达后，再把第11大队的部队抽出来，投入主要战场。

开战一个多月来，帝国元帅戈林一次又一次接到他的情报官的报告，每次都说皇家空军几乎全军覆灭。但当戈林派出轰炸机飞过海峡时，英国的"飓风"和"喷火"式战机总是大批量起飞，毫不留情地将他的轰炸机击落下来。于是，戈林不再相信情报官的话了，他知道，皇家空军远远没有被消灭。

按照"海狮"计划的要求，德国空军早就应该削弱英国的战争潜力，并夺取海峡及英伦上空的制空权了，但由于空军笨拙的作战，实现作战目标遥遥无期，"海狮"计划不得不一拖再拖。更使戈林感到不安的是，元首开始有些不耐烦了。

↑ 与高级将领们在一起的丘吉尔。

　　怒气冲冲的戈林将他的空军军官和飞行员集合起来，狠狠地臭骂了一顿。骂归骂，但要完成作战任务还要靠他手下的这些人。他决定下放更多的权力，以调动部队的战斗积极性。

　　在下一阶段的行动中，戈林决定一切都放手让下面的人去干。他们有全权在白天黑夜进行轰炸，可以袭击打得到的英国空军的任何地方——包括英国的城市。但是，根据希特勒的指示，戈林把一个城市严格地划在了进攻范围之外，那就是英国的首都。他在伦敦城区的外围画了一条线，严禁进攻这条线以内的地区。

　　对于希特勒为什么会一再明令禁止袭击伦敦，人们有多种解释。有人认为是他希望在自己征服英国之后，能骑着战马从丝毫无损的白金汉宫里耀武扬威地穿过丝毫无损的蓓尔美尔大街，走到丝毫无损的国会大厦；有人认为是因为他担心摧毁伦敦的古建筑会引起不利于他的宣传，从而影响到那些中立国家；还有人认为是因为他已精明地预料到炸毁英国的首都对他在战术和战略上都没有什么好处。

　　德国空军指挥官中的相当一部分人，主张对伦敦实施攻击。这些人认为，不断地对伦敦实行恐怖轰炸，可以瓦解平民的斗志，最终使士气大落的英国人走到谈判桌边来。

　　但戈林不同意他们的看法。他质问他的高级将领说："柏林人会向恐怖轰炸屈服吗？我可不相信。我看伦敦人也不会求饶的。"

在这个时候，戈林和希特勒意见是一致的：他们都不愿看到伦敦被毁。

对这个问题英国人是怎么看的呢？

英国的一些高层人员，却十分希望德国空军把轰炸的主要目标转向伦敦。伦敦的一些知情者后来说，丘吉尔几乎每天晚上都要到唐宁街10号的花园里去，当他听到轰炸机的嗡嗡声和炸弹落在郊外的砰砰声时，他就向空中挥舞双手大喊："你们为什么不到这里来？来炸我们，来炸我们呀！"丘吉尔的想法是，如果伦敦变成一片废墟，他就可以更多地得到国际援助，特别是美国的支持。

皇家空军的最高指挥官道丁上将也希望看到德国空军飞到伦敦来。他的想法是，如果德国人开始轰炸首都，那么他们进攻力量的转移就能减轻地面空战设施和军需补给基地的压力，就能使皇家空军获得一点时间喘息、休整，以聚集力量再战。

然而希特勒太狡猾了，他不会上当；他坚持他那条德国空军轰炸机不进伦敦城区的成命，没有一点改变主意的意思。

从1940年8月13日至9月6日是不列颠之战艰难的第二阶段。德军集中突击英空军基地和雷达站，寻歼英空军主力。德国飞机8月24日开始把那些致命的炸弹投向第11大队的7个扇形站。虽然英国的扇形站没有一个被完全炸毁，但是受到一连串轰炸，遭到严重破坏，特别是位于比金山和肯利的扇形站损失惨重。这些神经中枢的功能开始萎缩。此后，英国各前线机场也遭到空袭。8月31日，皇家空军的战斗机指挥部遇到了它最糟糕的一天。一批又一批的德国轰炸机呼啸而来，像月球上的环形山，机场的仓库和指挥大楼被夷为平地，输电线路被切断，飞机被炸毁，地面人员丧生。这一天，德国人总共扔下4,400吨炸弹。皇家空军共损失了39架飞机和14名飞行员——这是迄今伤亡最多的一天，自不列颠战役打响以来，德国一天之内被摧毁的飞机头一次少于皇家空军损失的飞机。在随后的几天里，风暴和阴云再也没有光顾过英格兰上空，接连几天阳光灿烂，万里无云。从8月24日到9月6日接连13天，德军几乎每天组织千机大轰炸，即平均每天出动近1,000架飞机对英国南部的机场、空军地面部队及航空工业实施攻击。这些攻击及其由此而引起的空战在此间达到了高潮。不列颠战役已经进入了决定性阶段，英国皇家空军驾驶员1个月以来一直处于高度戒备状态之中，每天要出动好几次，他们已经太疲劳了。尽管他们坚持着进行最后艰苦的努力，但德军方面的数量优势开始发挥效力。随后，为了迷惑英国皇家空军的雷达监测人员，德国人在空中采取了一种新的战术，即德国空军的机队整天在法国沿岸飞上飞下，正好在皇家空军的雷达屏幕所能看到的范围之内。监测人员根本就无法预测究竟哪一队飞机会突然转向北方，掠过英吉利海峡，对英发动真正的进攻。第11战斗机大队的5个前进机场和6个战区机场都受到了严重的破坏。在肯特海岸上的曼斯顿和利姆2个机场有好几次接连几天不能供战斗机使用。保卫伦敦的主要战斗机基地比金山3天内遭到6次轰炸，基地调度室被摧毁，伤亡7名地面人员，以致有1个星期之久只能供1个战斗机中队使用。皇家空军的战斗机防御力量开始变弱了。

在这关键性的两周中，英国被击落重创的战斗机有290架，德国空军损失285架飞机。

↓在前线视察军队的戈林。

英国南部的5个前进机场遭到严重破坏，更糟糕的是，沿海7个关键性扇形雷达站中的7个遭到十分猛烈的轰炸，整个通讯与指挥控制系统濒于彻底摧毁的边缘。同时，皇家空军战斗机的防御力量开始削弱了，短短10天内，就有446架战斗机被毁或遭破坏，103名驾驶员死亡，128名重伤，这两个数字之和几乎是当时全部驾驶员的1/4。英国面临着灾难性的危险，整个国家也陷入了一片恐慌之中。丘吉尔首相焦虑地说："如果敌人再坚持下去，整个战斗机指挥部的全部组织就可能垮台，国家就有沦陷的危险。"是的，如果德国的这种打击再持续下去，哪怕只是持续1周，英国的天空就再不会出现有组织、成规模的抵御力量，可以肯定地说，"海狮"计划就能获得进展。

但是，由于后来发生的一个偶然事件，使事情的发展出现了戏剧性的变化。这个事件是两名德国飞行员犯下的错误造成的。

8月24日夜，德国空军的170架轰炸机席卷而来，它们将要袭击从肯特郡一直往北到苏格兰边界的目标。有一部分飞机奉命轰炸泰晤士河沿岸城镇罗切斯特和金斯顿的飞机制造厂，以及距伦敦20多公里处的巨型油罐储存设施。领航的飞机靠无线电导航，后面跟着一批没有这种装备的飞机。在飞往目标的途中，两架后面的飞机失去了与那些装有无线电的开路飞机的视觉联系，偏离了主攻的方向。

茫茫的夜空中，这两架掉了队的飞机紧挨着向前飞。突然，它们遭到了英国防空炮火的袭击，而且越往前飞，敌人的火力网越密集。此时，这两名飞行员意识到自己飞行的大方向都错了。无奈之下，他们丢弃了机上的炸弹，转头向东，向法国海岸逃去。

可是，十分不幸的是，当他们卸除炸弹时，他们的飞机正好飞到伦敦城的上空。在从飞机上扔下来的炸弹中，有两颗炸弹呼啸而下，落在了伦敦市的中心，克里坡盖特古老的圣贾尔斯教堂被夷为平地，附近一个广场上的约翰·密尔顿塑像也从底座上被震下来了。其余的炸弹落了伦敦城北部和东部的伊思灵顿、芬奇利、斯特普尼、托坦汉和贝思纳尔梅林等地区，炸死了一些关门时间从小酒馆里出来的顾客和看完电影从影院回家的观众。

毫无疑问，这次轰炸是无意的。当戈林得知发生这次误炸伦敦的事件后，大发光火，立即给执行轰炸任务的第1轰炸航空团发了一封电报：

"立即把向封锁区伦敦投弹的部队名单报上来，空军司令要亲自处罚这些指挥官，把他们都转到步兵去。"

No.2 轰炸机出现在柏林

但是，丘吉尔倒情愿认为这是故意的，以便他可以将错就错地作出反应。

丘吉尔立即下令参谋部开会，研究相应措施。与会的全体成员一致作出决定：对柏林实施报复性轰炸。

会议刚刚结束，一项命令就传到了皇家空军的轰炸机指挥部，随后又通过它传到了驻扎在英国东岸诺福克的一个汉普登轰炸机大队。轰炸机大队的飞行员立即做好了起飞准备。

夏日的夜空，繁星闪烁，月光给汉普登机场铺上了一层银色的薄纱。

朦胧之中，可以看到机场一片大战前的繁忙。

随着一声令下，穿着镶有羊皮边的飞行服、脚蹬飞行靴的轰炸机飞行员急速向停在机场上的轰炸机奔去。

机械师握住驾驶员的手，拍拍他们的肩头，祝他们好运。场上其他人员翘起大拇指，用特殊的方式祝愿他们的同伴胜利而归。

探照灯打开了，灯光显示出跑道的轮廓。

飞机启动了，隆隆的马达声响彻夜空。

第一架飞机闪亮着红光，开始在跑道上滑行。和其他飞机一样，这架飞机上载着6个人和许多炸弹。

第一架飞机刚刚离地，第二架飞机紧接着腾空，跟着又是第三架、第四架、第五架……

飞机全部升空后，很快编好了队形，一直向东飞去。他们此次轰炸的目标是德国首都柏林。

这是战争开始以来英国皇家空军首次轰炸德国首都。一周前，这个大队还只限于在德国上空撒传单，传单上警告说："希特勒发动的这场战争将继续下去，它将和希特勒活得一样长。"

而现在，英国人要把"纸弹"改为"铁弹"了。他们要让陶醉在胜利喜悦中的柏林尝尝空袭的滋味。

此时，柏林的上空乌云密布。从空中俯瞰地面，目标模模糊糊，若隐若现，只有不到半数的皇家空军轰炸机找到了目标。尽管这样，轰炸机飞行员们还是把所有的炸弹一股脑儿地扔了下去。

从天而降的炸弹使毫无准备的德国人十分震惊。尽管这次空袭给柏林造成的实际损失很小，但却在柏林引起了极大的恐慌。

不列颠战役开始前，戈林曾信誓旦旦地向元首、向所有的德国人保证，英国人的飞机绝对不可能飞到柏林来，更不会把炸弹扔在柏林，他还开玩笑地说："如果它们飞来了，你们就叫我农夫。"

为了预防万一，戈林对柏林的防空着实下了一番功夫。他在柏林市部署了里外两层高射炮和数以百计的探照灯。可是，当英国人突然袭来时，缺乏应有准备的柏林防空部队措手不及，而且那天晚上面对在厚厚的云层上飞临的英国轰炸机，他们是只闻其声，不见其影，只好瞎子打炮，乱轰一气，结果，一架飞机都没有打下来。

皇家空军对柏林的轰炸，使戈林狼狈不堪，真的有人在背后叫他"农夫"了。为了挽回脸面，他向希特勒保证说："以后不会再出现这种空袭了。"

但是，丘吉尔决定把轰炸柏林的行动继续下去，直到希特勒作出符合他意图的错误决定为止。

No.3 空袭！空袭！

在皇家空军又接连对柏林进行了三次夜间空袭之后，希特勒坐不住了。他召见戈林并命令他准备好轰炸机部队，发动一次大规模报复行动。

9月4日，就在皇家空军进行了第四次夜间空袭之后，希特勒命令在柏林体育馆举行一次大规模的群众集会。

在这次集会上，希特勒慷慨激昂地进行了演讲。他说：

"丘吉尔先生正在展示他的新招术——夜间空袭，他进行这些空袭并不是因为这些空袭多么有效，而是因为他的空军无法在白天飞临德国上空。"

接着，元首让他的听众们放心，他计划对英国人这种蠢不可及的做法采取坚决的行动："当他们说他们将加强对我们城市的袭击时，我们将把他们的城市夷为平地。我们将制止这些夜间空中的强盗行径，愿上帝帮助我们！当英国空军扔下3,000或4,000公斤炸弹时，我们将在一次袭击中扔下30万或40万公斤炸弹……在伦敦，英国人一直在充满好奇地问：'他为什么不来呀？'别着急，别着急。我们就来了！就来了！……总有一天，我们两个国家会有一个要求饶，但这决不会是国家社会主义的德国！"

就这样，希特勒在一个关键的时刻，犯了一个影响不列颠战役全局的关键性错误。

实际上，希特勒和戈林如果能坚持原来的空袭战略不变，德国空军很快就可以赢得这场战争。但性急的希特勒和戈林已经等不及了，他们考虑到英吉利海峡的秋季大风即将来临，如果不抓紧时间，德国入侵的舰船就不能在1940年跨过英吉利海峡，那么"海狮"计划就要告吹。可是，从海上入侵英国的最重要的条件——制空权，至今仍牢牢掌握在皇家空军的手中。

希特勒和戈林当然无法知道，此时皇家空军已十分接近于山穷水尽的地步。皇家空军的战斗机指挥部遇到了十分棘手的麻烦。问题不是出在飞机上，而是出在开飞机的飞行员上。自开战以来，皇家空军被击落的飞机和被击伤而无法立即修复的飞机以及那些在地面被毁的飞机，虽然总数加起来已有数百架，但是，由于战斗机的生产得到了加强，飞机的损失及时得到了弥补，但皇家空军飞行员的损失却不能及时得到补充。仅8月份的最后20天，皇家空军的飞行员就有94人丧生或失踪，另外有60名飞行员被打伤或烧伤住在医院里治疗。这样，就大大影响了皇家空军可以出动作战的飞机的数量。道丁上将为这事天天愁眉不展，也拿不出更好的办法。

德国人通过战果统计和英国战机的出动情况分析认为，英国皇家空军虽然已损失了1,100架飞机，但并未被摧毁。而德国空军自己的问题却迫在眉睫，每天可参战的飞机数字下降到低于建制的500架，补充受过训练的机组人员几乎跟补充飞机一样跟不上去。

戈林沉不住气了。他建议最高统帅部采取新的战略，将空袭的目标转向摧毁英国首都伦敦。他认为有充分的理由相信，只有攻击伦敦，"才能迫使英国战斗机离开他们的窝，被迫与我们公开交手"。更重要的是，"这样做，可以使世界上这个最大城市陷入混乱和瘫痪，使英国政府和人民产生畏惧心理，从而屈服于德国的意志"。

在皇家空军对柏林实施几次夜间空袭之后，希特勒和戈林想到一起了，他们都认为应当立即转变空袭的重点，把伦敦作为空中打击的重点目标。

这一次，他们的算盘珠又拨错了。他们这样做恰恰中了丘吉尔和道丁的计谋，送给了被打得晕头转向、精疲力竭的英国空军一次宝贵的恢复机会。

完全可以说，是德军轰炸重点的转移拯救了濒临绝境的皇家空军，使几乎无力支撑的皇家空军战斗机指挥部得到喘息，使英国空军满目疮痍的扇形站得以解脱，从而拯救了濒于崩溃的皇家空军，拯救了英国。

德国空军空袭目标的转移，是不列颠之战的重要转折点，它标志着空战的天平开始朝着有利于皇家空军的方向倾斜。

9月5日，戈林一大早就乘坐他的专列，来到了法国北部。次日晚上，在加来港和布洛涅港之间的一条铁路上，他为航空队的指挥官们举行了一次宴会，戈林告诉他的客人说："从现在起，我将亲自指挥这场战役。"

指挥官们与他一起高喊着"胜利"干杯。宴会一直持续到凌晨才结束，列车中充满了胜利似乎就要到来的气氛。

12个小时之后，即9月7日星期六的下午，戈林下达了空袭伦敦的命令后，来到了法国格里斯－内兹角的一个德军前线观察哨。站在山头上的戈林，此时圆圆的脸放着红光，他在等待着观看那令他激奋的一幕。

过了不多时，在他头顶上就出现了一批又一批的德国轰炸机，这些轰炸机呼啸着飞过狭窄的英吉利海峡，它们的目标地是伦敦。

在纳粹德国空军总司令戈林的私人档案资料中，有这样一幅带有战场背景的宣传照片：戈林站在法国加来海岸的一个高山顶上，对面多佛尔的白色峭壁在远处闪闪发光，一批批德国轰炸机正向英吉利海峡对岸扑过去；机场上，密集排列的"施图卡"轰炸机已做好出发准备，随时可以升空。这张照片的拍摄时间是1940年9月7日下午5时，德国大规模空袭伦敦的前一刻。

希特勒对英国有能力空袭柏林大为震怒，他命令戈林进行相应的报复行动。希特勒甚至认为轰炸伦敦能造成英国国民的恐慌情绪，德国或许不需陆军劳师远征就能迫使英国举手投降。其实，戈林和希特勒在1940年初就曾设想出伦敦被炸的情景。在一次总理府晚餐会上，希特勒简直陶醉在自己的梦幻之中，大谈如何轰炸伦敦，他说："你看过伦敦的地图吗？城市这么拥挤，一把火即可烧毁全城，就像200多年前发生过的那样。戈林想用无数具有新威力的燃烧弹，在伦敦的各区播下火种，使伦敦到处都是火源，成千个火源将汇成一片火海。戈林的想法完全正确。炸弹可能不起作用，但是，用燃烧弹就可以把伦敦烧毁。"

9月7日的傍晚，当德国大批机群起飞准备轰炸伦敦时，英国空军上将道丁正在本特利修道院里办公。

修道院外面天气晴朗而温和，可是道丁的办公室里却弥漫着大难临头的阴森寒气。

他的助手、空军少尉怀特带着一脸凝重神色来到他的办公室，有些不安的对他说："雷达发现德国大批飞行起飞，轰炸目标难以判断。"

两人来到了调度室的观望台，他们看着下方那张桌子上铺开的一张英吉利海峡和英国的巨幅地图。"空军妇女后援队"的姑娘们穿着蓝色的衬衣，头戴着耳机，正在用长棍子推着地图上的板块。每只板块都代表一个机队，是敌机还是皇家空军的飞机则要看它是什么颜色。随着新的情报不断从外面的监测站传来，这些板块的位置也在迅速地移动着。板块在桌上爬来爬去，而且不断有新的板块被放到桌子上，所有这些看上去就像一盘正在进行的巨型轮盘赌博游戏。

道丁全神贯注地看着地图，当他看到皇家空军第11大队的指挥官帕克"喷火"式和"飓风"式飞机已经升上天空时，才松了一口气。

道丁知道，帕克将指挥他的飞行员们按既定的战术行动。在过去两周的空战中，这套战术十分有效。皇家空军的战斗机飞行员驾驶在7,000米的高空盘旋待机，他们通过空中——地面的电话通讯系统每分钟都能从战斗机指挥部得到情报。德国空军大型机队通常是在到达英国海岸上空时再突然分开，分别进攻不同的目标。此时，在高空待机的皇家空军指挥官一旦得知进攻的德军机队分散了，便像猎人第一眼看到狐狸那样，大喊一声"嗬嗬！"命令飞行员们分别出击。随后，皇家空军的飞行员就会一队队地俯冲下来，与敌人战斗，在敌人尚未到达目标之前尽可能多地击落敌机。

当道丁注视着那幅大地图，想着皇家空军将如何行动时，突然产生了一种不良的预感，他后来回忆说，当时的感觉"犹如一把匕首插进了心脏"。他想：如果进攻的飞机这一次不散开，而是一起整体行动怎么办？如果他们突然进攻伦敦怎么办？英国空军没有对付这种意外的准备。想到这里，道丁不禁打了一个寒颤。

正在这时，道丁听到他的助手说："这就怪了，他们好像并不准备散开，是吗，先生？"

大约有300架轰炸机，在600架"梅-109"和"梅-110"的护卫下，正在飞往英国的途中。

第一批飞机自东边飞过来后直奔泰晤士河。它们沿河而上，有几架飞机把炸弹投到了泰晤士黑文的油罐上，这些油罐在头一天的空袭中就被点燃了，大火还在燃烧着。

另外一批大约150架飞机则向伦敦飞去。这些轰炸机飞得比平时高很多，达到了5,000米的高度。在这些轰炸机的水平高度，由"梅-110"飞机编队在四周护航；在这些轰炸机的上面，"梅-109"飞机以梯状队形迂回巡逻，随时准备对付皇家空军的战斗机。

此时，空中显得特别安静，没有发现一架皇家空军的战斗机进行拦截。原来，英国战斗机部队估计德军轰炸的目标还会是皇家空军的战斗机基地，他们全部起飞去保卫这些目标，恰好让出了飞往伦敦的通道上。

当德机到达泰晤士河上空时，部署在两岸的英军防空炮火开火了，火力逐渐加强。但是，由于飞机飞得太高，高射炮炮弹爆炸时的白色烟团在进攻者看来与其说是一种威胁，还不如说是在向他们鸣炮敬礼。德国的飞机像一列有条不紊、方寸不乱的阅兵队伍，继续向着伦敦前进。

↑ 在后方指挥部一刻不停工作的女战士们。

很快，伦敦城的轮廓出现在德军轰炸机乘员的目光中，飞机开始"下蛋"了。

遭到轰炸的第一个目标是位于泰晤士河南岸的伍尔维奇兵工厂，英国陆军的炮弹和皇家空军的炸弹都是这里生产的。炸弹直接击中厂区目标，滚滚的浓烟和熊熊的烈火像一支巨大的火箭直冲下午的天空。

下一个目标是伦敦港口区的码头和仓库重地，这个城市绝大多数的供给都是由外面运到这里的。接下来的目标是维多利亚和艾尔伯特码头、西印度码头和商业码头。当炸弹落到这些地方时，轮船沉没，桥梁和人行道被炸塌，起重机倒在水里，泄漏在水面上的油熊熊燃烧起来。

后面飞来的轰炸机已不需要指示目标，那些飞行员只要看见他们下面有烟有火就往下投弹。

德军轰炸机的轮番突击，很快就把伦敦东区简陋的街道和过于拥挤的房屋炸成了废墟。西弗尔镇、坎宁镇、莱姆豪斯、巴尔金、泰晤士大桥、坡普勒和米尔沃尔区都成了一片瓦砾。

那些未被埋在碎砖乱瓦下的居民收拾起包裹，把大包小包塞进婴儿车或手推车里，连滚带爬地往城外逃，他们估计夜幕降临后会有更多的炸弹落下来。他们估计得一点儿也不错。

张皇失措、狼狈不堪的皇家空军不顾一切地想挽回颓势。帕克已经把第11大队的所有飞机都派上了天，并急速飞往伦敦。道丁命令第12大队的司令官利－马洛里立即全力支援帕克。

很快，两个大队的战斗机撕开了由"梅－109"和"梅－110"组成的保护层，皇家空军的战斗机飞行员们带着决一死战的决心，向那些轰炸机俯冲下去。

伦敦人惊恐万状地盯着天空，看到一架又一架的德国轰炸机起火冒烟，向那些被毁的街道废墟栽下去。这时，他们惶惶不安的心情得到了一些缓解。

然而，皇家空军打得太晚了，破坏已经造成。大约有400人死亡，上千人受伤。伦敦的码头遭到了严重的破坏。东区被毁使这个城市的许多人无家可归。德国飞机在返回基地时，被击落47架。

这一次，德国人有充分的理由认为，他们将伦敦的对空防御系统大大地嘲弄了一番。

戈林打电话告诉他的妻子艾米说："英国首都已是一片火海。"随后，他又通过电台向德国人民发表了讲话。他以充满狂喜的声调对德国人民说："伦敦已成为德国空军的靶子，我们一拳击中了敌人的心脏。"戈林还向德国人民保证，今后这种打击将会更多。

No.4 "黑潭战线"

伦敦的被袭，使道丁深感内疚。他知道，是自己在指挥上的疏忽增大了不应有的损失。

次日，道丁下令从战事不是很激烈的防区抽调最优秀的飞行员来加强第11航空大队，同时，还从南部、西部和中部各城镇的防御系统中撤出许多重型高射炮连，火速开赴伦敦。几天之内，首都上空逐步建立起一道密集异常的火力网，这道火力网虽然没能击落多少进犯的敌机，但却使它们不敢肆意横行。

幸运的是，9月8日德国空军并未再次大规模空袭伦敦。可是，在9月9日，又有200架以上拥有强大护航力量的轰炸机于正午时至晚6时空袭伦敦。不过，这回皇家空军已经有准备了。

就在雷达站刚刚发出有大量敌机飞越英吉利海峡的警报时，皇家空军"喷火"式和"飓风"式飞行中队就立即起飞了。

当德军第一批几乎全部被战斗机团团护卫着的轰炸编队飞入多佛尔上空时，帕克的两个飞行中队猛扑了上去。

皇家空军得到的命令是："飓风"式战斗机袭击敌轰炸机，"喷火"式战斗机对付敌战斗机。

英德两方的战斗机一对一地追逐紧咬，展开生死搏斗，蔚蓝色的晴空布满了一道道令人眼花缭乱的白色雾化尾迹。这是给德国轰炸机飞行员的有力警告：休想在不受到攻击的情况下到达伦敦上空。

在苏塞克斯上空，帕克的另外3个飞行中队向一群德机发动猛攻。皇家空军战斗机的凶狠攻击把德军轰炸机赶到西面，使其陷入了帕克另一个飞行中队和由达克斯福德起飞的整整一个联队的攻击之中。德机顾不上瞄准就仓皇投弹，炸弹散落在伦敦的西南部以及切尔西和里士满之间的伦敦郊区。

其后几天，德国不惜代价继续闯入伦敦地区上空并给伦敦造成了巨大的破坏，市区有1,000多处被炸后发生过火灾，市民死亡近万人，市区1/5的房屋被炸毁，到处是断墙残壁。满目疮痍的城市里，弥漫着一种刺鼻的焦糊味。交通和公共设施遭到严重破坏，3条主要铁路干线的终点被炸得不能使用，每天从伦敦开出的火车由轰炸前的60次减至4次。人们缺水、缺电、缺煤气、缺食物，甚至缺药、缺修补震坏窗户的玻璃……然而纳粹的残忍并没有而且也不可能泯灭这个民族顽强不屈的灵魂。相反，他们的行为更增添了英国平民对纳粹的仇视和憎恨。在此命运攸关的时刻，英国战斗机司令部的战术作了重大改变。"喷火"式和"飓风"式战斗机不再以零星分散的中队投入战斗，它们采用能与敌方一争高下的大机群编队形式和德国空军对阵。以"大型飞行联队"作战的日子来到了，几百架"喷火"式和"飓风"式飞机在阳光的照耀下闪着光芒，像一把把利剑横在天空，等待斩下侵略者的一个个魔爪。

在这两批德国轰炸机中，能飞临伦敦居民区的连一半也不到。几乎没有什么军事目标和工业目标被击中；德国空军损失28架飞机，皇家空军损失19架战斗机。

如果说首次空袭伦敦的成功，曾使得某些德国人相信皇家空军已濒于山穷水尽的地步的话，那么，这一次皇家空军战斗机所表现出的强大威力，则使得他们大为惊恐。在皇家空军的辉煌战果面前，戈林所有的大话都显得十分荒唐。同时，这也使德国海军作战参谋部有理由强调说：很明显，德国还没有取得入侵所必需的无可争辩的空中优势。

9月10日，德国空军再度猛烈空袭伦敦。一支由100架轰炸机组成的机队在密集如云的"梅式"飞机的簇拥下，成功地窜入船坞区和市区上空，造成巨大破坏和惨重伤亡。同一天下午，一支编队严密的德国机队准确地轰炸了南安普敦附近一家新建的飞机厂。

这一天，皇家空军战斗机司令部确实不走运，因为它在击落29架德机的同时，自己也损失了25架飞机。

9月14日德机对伦敦的第四次白昼空袭只遭到微弱的抵抗，德国空军以14架飞机的代价击毁了14架皇家空军战斗机。

9月10日以来的情况似乎表明，皇家空军的战斗力受到了很大削弱。在这种情况下，希特勒预告通知三军将领，准备实施"海狮"计划。

↑一架英军"喷火"式战机正在天空中追击着德军轰炸机。

但是后来，皇家空军轰炸机部队的英勇作战，使希特勒不得不又一次推迟计划。

9月初，德国已在法国各港口内集结了1,000艘以上的驳船，此外600艘停泊在内河上游的安特卫普港。这些船只成了皇家空军轰炸机部队的大好目标。

每天晚上，这些轰炸机携带着最大限量的炸弹，飞越海峡作近程轰炸。在两个星期的持续轰炸中，它们不仅炸毁了12%的准备入侵的船只，而且还摧毁了港口附近的登轮器材和通讯设备，阻挠了对已选定的入侵航道的扫雷工作。

英国轰炸机上的飞行人员从飞机上可以清楚地看到，每天晚上，从布伦到奥斯坦德这一带的整个法国海岸，似乎被吞噬着驳船和港口设施的烈火抹上了一层红色，无数颗炸弹就在这一大片火海中纷纷开花爆炸。这番景象，再加上无休止地向他们驾驶的轰炸机射来的各种色彩的曳光弹雨，构成一幅奇特的画面，他们幽默地将这段海岸线称为"黑潭战线"。

第7章
CHAPTER SEVEN

不列颠战役日

★指挥皇家空军英格兰南部空战的，是第11航空大队的帕克少将。9月14日，他在指挥部彻夜未眠。根据所掌握的情报，他知道第二天德军将出动大批次飞机进攻，他与他指挥部的其他人员共同制定了一个周密的应对方案。

★9月18日，由于英国轰炸机司令部的空勤人员倾全力猛烈轰炸供入侵使用的驳船，元首又命令所有的驳船立即疏散。就这样，德国谋划已久的全面入侵英国的"海狮"行动，实际上已经泡汤了。

No.1 "我们取得了胜利"

9月15日，戈林决定给伦敦开一副剂量更大的药方。他命令他的轰炸机和战斗机竭尽全力进行"一场最大的战斗"。

9月14日晚，德国空军指挥部根据戈林的指示，经过精心筹划，制定了第二天的作战方案。他们要将自己的全部力量拿出来，在英格兰南部与皇家空军决一高低。

1940年9月15日，星期日，一个金色秋日的黎明来到了。

这天天色柔和，阳光温暖宜人，能见度良好。年轻的皇家空军战斗机飞行员早已在整个英格兰东南部和伦敦周围的机场值班室内集结待命。可是后来在肯特和萨塞克斯的上空逐渐聚集了云朵，到了下午，这两个郡的大部分天空已经覆盖了一片高度为1,200米　1,800米的浓云。

德国空军的作战计划是以第2航空队的大约220架轰炸机对伦敦实施一系列的突击，以第3航空队的大约30架轰炸机突击波特兰和南安普敦郊区的秀泼马林飞机工厂。负责支援的德国战斗机大约出动了700架次。第3航空队对波特兰的突击还有意选择在一个使英国第10大队穷于应付的时间，因为当时米德耳瓦洛普防空分区正忙于增援第11大队。然而德军的主攻却因为分为两个明显阶段，致使其效果受到削弱，因为英国空军的战斗机中队正好利用两个阶段之间的间隙时间加油装弹，做好再次出动的准备。

指挥皇家空军英格兰南部空战的，是第11航空大队的帕克少将。9月14日，他在指挥部彻夜未眠。根据所掌握的情报，他知道第二天德军将出动大批次飞机进攻，他与他指挥部的其他人员共同制定了一个周密的应对方案。

这一天，德国空军继14日的2次猛烈空袭后，集中最大力量对伦敦再次进行了白天空袭。这是这场战争中的决定性战斗之一，而且和滑铁卢之战一样，也是在星期天。一早，德军的最大轰炸机编队出动了，200多架德国轰炸机在600多架战斗机的层层掩护下，遮天蔽日地向伦敦压来。德国飞行员感到胜利几乎是唾手可得了。皇家战斗机司令道丁上将几乎把所有的部队全都派上了天。第11和第12战斗机大队共有24个中队，近300架飞机，一批一批地腾空。道丁还命令英国中部的第12战斗机大队派出几个中队支援受到德军巨大压力的第11大队。所有这些"喷火"式和"飓风"式战斗机在伦敦以南、以西的空中筑起了一道钢铁防线。此刻，这些皇家战斗机没等占据有利攻击位置，就迫不及待地与德机同一高度上，从前方像一把把匕首直插德国轰炸机编队，顿时把德国机群搅成了"一锅粥"。几十架"喷火"式战斗机随即解散队形，各自为战。飞行员猛按射击按钮，枪口狂喷火舌，德国轰炸机顿时阵脚大乱，几分钟内就接二连三地冒着黑乎乎的浓烟坠毁了。今天双方都竭尽全力，展开了大规模的混乱厮杀。午后刚过2时，当德国飞机像无边无际的潮水似的再次越过海岸时，英国又有2组结队成双的飞行中队和3个半单独行动的中队迅速飞向敌机。德国飞行员碰上了比以前更为众多的"喷火"式和"飓风"式飞机。空战异常激烈，天空布满了横七竖八的道道白烟。在地面上可以清楚地看到高射炮群向空中敌机发射出愤怒的炮火，听到炮弹在空中的爆炸声。空中还不时传来飞机扫射声，飞机被击中后发生的爆炸声，引擎加速时的尖叫声和飞机急剧俯冲的尖厉声。这是血的拼杀！这是火的较量！德机狼狈逃窜！在这个具有特殊意义的日子之后，德国空军再也不想找机会和英国空军展开大规模的战斗机交锋了。在这一天，英国皇家空军大获全胜。第二天伦敦报纸大字刊出"全歼德机185架"。人们欢欣鼓舞，奔走相告。整个伦敦家家户户自发地挂起了英国的米字旗，庆贺皇家空军的大胜。

9月15日上午，英国首相丘吉尔也来到了位于地下15米的帕克的作战指挥室。

在首相的左边一个类似玻璃座厢的小屋子里，有四五名空军军官负责分析、判断从对空监视哨收到的情报。右边是另外一个玻璃座厢，里面是陆军军官，负责报告英国高射炮队的作战情况。

首相在特别座厢里坐了一会儿，向楼下走去。看到首相走来，帕克迎上前去说："我不知道今天会不会发生什么情况，目前还平静无事。"

丘吉尔看到，帕克满面倦容，一副心事重重的样子。是啊，保卫伦敦的重担，压得他喘不过气来。

一刻钟以后，作战指挥室的气氛紧张起来了。丘吉尔看到，空袭坐标员开始来回走动，

↓战争后方的英国防空指挥部，办公室中气氛十分紧张。

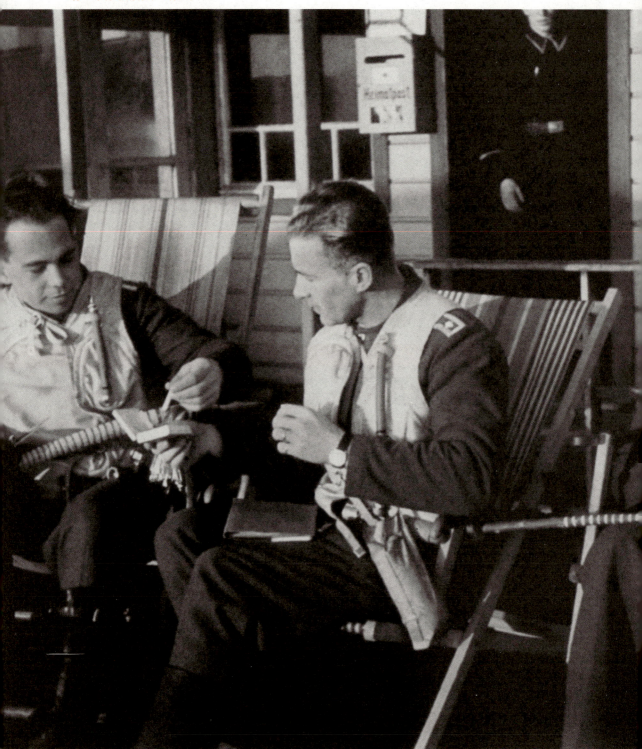

把接到的敌机入侵的情况摆在大型地图台上。

据报告，40多架敌机正从迪埃普地区的德国机场飞来。当各个中队完成"立即起飞"的准备时，墙上的指示牌底层的那一排灯泡也随着亮了。紧接着传来了"20多架""40多架"的信号，很显然，10多分钟后就要进行一场激烈的战斗了。天空中开始布满了英德双方的飞机。

信号接连传来，"40多架""60多架"，甚至有一次是"80多架"。在首相下边的那张桌子上，标图员们每分钟都在沿着不同的飞来的路线推动队标，标明所有分批入侵的敌机的行动；首相对面的黑板上，一个接一个地亮起来的灯光表示皇家空军的战斗机中队已经飞入上空，直到最后只留下四五个中队处于"准备完毕"的状态。

不久，红灯表明第11航空大队大部分的战斗机中队都已投入战斗。忙碌的坐标仍在根据迅速变化的情况来回地推动队标。帕克空军少将不时地发布如何部署他的战斗机队的指示，坐在楼上"特别座位"中心的一位青年军官根据他的指示，做成详细的命令，传达给各战斗机队的机场。丘吉尔就坐在那位青年军官的旁边，看着他发布命令。

转眼之间，第11航空大队所有的战斗机中队都已投入战斗。此时，有些飞机已经开始飞回来加油了。所有的战斗机都在天空中，下面一排灯光熄灭了，这表明留作后备的中队，一个也没有了。

这时，帕克打电话给驻在斯坦莫尔的道丁上将，要求从第12战斗机大队抽调3个中队归他指挥，以防万一当他自己的战斗机中队正在补充弹药或加油时，敌人再来一次大袭击。

道丁满足了他的要求。3个增援的中队很快就加入了战斗。

这时，战场形势依然十分严峻。丘吉尔觉察到，帕克显得有点焦躁不安。从战斗打响到这时为止，丘吉尔一直是默默地察着，没有说过一句话。

现在，丘吉尔走到帕克身旁，轻声问道："我们还有什么其他的后备队吗？"

"一个也没有了。"帕克空军少将在回答首相的问话时，心情"显得很沉重"。

丘吉尔心里很清楚，此时皇家空军的飞机大多数需要返回基地加油了，如果加油的飞机在地上又受到"40多架"或"50多架"敌机袭击的话，那损失将会有多么惨重啊！首相不由得担心起来。

事实上，当时的情况的确很危急，如果这时真的有几十架德国飞机进攻，帕克没有任何对付的办法。

又过了5分钟，黑板上的灯泡显示，大部分的中队都已降落，它们需要加油。

此时，指挥部的气氛好像凝固了，人人都瞪大眼睛盯着地图台，看着上面标示的德国飞机运动的方向。

真是万幸，桌子上移动着的坐标表明德国轰炸机和战斗机不断地向东移动，它们飞回去了。几乎所有的人都长长地出了一口气。

最高兴的就数帕克少将了，他喜形于色地对丘吉尔说："首相，我们感到高兴的是，你亲自看到了这次空战。在最后20分钟，情况太复杂了，我感到几乎无法应付了。你由此可以看出我们目前力量的极限。今天使用的力量远远超过了我们力量的限度。"

丘吉尔的心情也很好，他微笑着问帕克："战果报上来了吗？"

"还没有。"帕克回答。

"报上来后赶快告诉我，"丘吉尔接着说，"这次打退敌人进攻的空战打得很好，我向你们表示祝贺！"

帕克回答说："我感到不满意的是，我们截击到的敌机不如原来所希望的那样多。显然，敌机到处突破了我们的防线。据报告说有好几十架德国轰炸机及其护航战斗机进入了伦敦上空。"

"关键是我们取得了胜利！"丘吉尔安慰他说。

随后，首相就离开了作战指挥室。

No.2 决定胜利的9月15日

午后刚过两点，雷达再次发出警报，德军又发动了第二次攻击。德机在丹季讷斯和多佛尔之间进入海岸，分成3个编队向伦敦飞来。

帕克命令6个中队成双起飞，去迎击尚在海面上空的敌方机队。

当德国飞机像无边无际的潮水似地再次越过海岸时，又有两组结队成双的飞行中队和三个半单独行动的飞行中队迅速飞向敌机。它们是巴德的联队和布兰德的若干战斗机中队。

这次飞来的德军轰炸机群，可没有层层战斗机为其护航了。在上午的激战中，德军有大量的"梅－109"机被击落或遭重创，使德军的护航机更显不足了。

此时，云层开始从英格兰东南部上空向伦敦上空压来。向伦敦隆隆飞来的德国轰炸机群编成两支单独的机队，各由一支小小的"梅－109"机队紧密护航着。与此同时，一支奉命廓清伦敦上空英国战斗机的高空飞行的德国战斗机庞大机队也向伦敦涌来。

皇家空军的战机与敌人交火了。从霍恩彻奇起飞的战斗机在肯特上空与德机展开激战，

由坦格米勒起飞的两个飞行中队扑向德军轰炸机队的左翼，迫使多架德机仓促投弹，匆匆逃窜。

当德国战斗机队的前锋机群到达特福以及肯特周围的乡村上空时，遭到皇家空军大约15个战斗机中队的阻击。

虽然德国飞行员因碰上比以前更为众多的"喷火"式和"飓风"式飞机而大为震惊，但他们还是相当勇敢地迎战。战斗机旋转滚翻，在深邃蔚蓝的9月晴空里，到处飘散着一条条纵横交错的白色雾化尾迹。

在德国战斗机的顽强护卫下，一部分德国轰炸机得以对其目标施以轰炸。泰晤士两岸地区广泛遭到破坏。

那天下午，德机对波特兰的牵制性攻击虽然避了英国战斗机的截击，设法到达了目的地，但是并没有造成多大破坏。在此同时，飞去轰炸南安普敦附近"喷火"式飞机工厂的密集机队，虽然也躲过了战斗机的截击，并在离地面仅600多米的低空投弹，但并没有命中目标。

9月15日结束时，德国空军轰炸机飞行员的士气空前低落。尽管这一天德机在对伦敦的两次袭击中，被击落的实际数目不超过60架（皇家空军损失26架），但是有好几十架轰炸机摇摇摆摆地返回基地时，已是千疮百孔、弹痕累累，许多飞机上都有一名或一名以上的空勤人员被打死或受重伤。至于德国战斗机飞行员，尽管表现不错，但当他们看到那些据说早在几天前就被撵出了天空的"喷火"式和"飓风"式飞机反而明显地不断增强时，也越来越感到气馁。

这一天，皇家空军战斗机司令部两次都出动了300架以上的战斗机在英格兰南部上空飞行作战。

在这个具有特殊意义的日子之后，德国空军再也不想找机会同皇家空军展开大规模的战斗机交锋了。

9月16日，德国空军的战斗机和轰炸机几乎全部躲在老窝里舔着肉体上和精神上的创伤。

"不用说，我们的轰炸机和战斗机部队在物质、人员和士气等方面，都蒙受了惨重的损失。每一个飞行员都对是否能继续展开空中攻势表示怀疑。"德国战斗机飞行员加兰这样写道。他说："事物不可能总是一成不变的，你可以扳扳手指算一算，什么时候该轮到你了。概率论的逻辑无可争辩地向我们显示：'一个人经过这么多次的飞行，死期也不远了，有些人早一点，有些人晚一点。'……我们看到一个又一个同伴，久经战斗考验的老战友，相继从我们的行列中消失了……"

9月17日，希特勒本人也承认，皇家空军"仍然丝毫未被击败"。他决定，入侵暂不实施，"以待后命"。

第二天，由于英国轰炸机司令部的空勤人员倾全力猛烈轰炸供入侵使用的驳船，元首又命令所有的驳船立即疏散。就这样，德国谋划已久的全面入侵英国的"海狮"行动，实际上已经泡汤了。

9月15日以后，德机空袭骤然转入低潮。不过情况还是相当可怕，令人怵目惊心。一夜又一夜，德机对伦敦和其他大城市，如伯明翰、利物浦、考文垂、布里斯托尔、南安普敦和加的夫等地进行狂轰滥炸。但是，这些轰炸再也没有达到9月15日那样的规模和强度。交战双方都竭尽全力，去赢得此次空战的胜利。

这是决定前途命运的殊死搏斗。

德军终于狼狈逃窜了！在这个具有特殊意义的日子之后，德国空军再也不敢与英国空军进行大规模的拼杀了，它再也损失不起了。丘吉尔激动地说：这一天是世界空战史上前所未有的、最为激烈的一天。

9月15日，是皇家空军取得决定性胜利的日子，也是奠定不列颠战役胜局的日子。为了纪念这一天，皇家空军决定，每年的9月15日为"不列颠战役日"。

在德军还沉浸在失利的沮丧之中时，英国皇家空军借胜利的余威发起了反击。9月16日和17日，英军持续猛烈地轰炸了准备发动入侵的德军舰停泊港，使德国海军遭到严重打击。海军将领纷纷向元首报告：在安特卫普，运输船队遭受重大损失，港内的5艘运输轮受到重伤，一艘驳船沉没，一列军火列车被炸毁，仓库多处着火；在敦刻尔克，共有84艘德国大小驳船被击沉或受损；从瑟堡传来的消息更令希特勒沮丧：一座大型军火库被炸毁，一所大型军粮仓库被焚烧，多艘轮船和鱼雷艇被炸沉，人员伤亡惨重。有人甚至这样斗胆直截了当地对希特勒说："如果再下令继续集结登陆部队，还不如直接把我的士兵送到搅肉机里。"

英国空军如此地复苏使德国惊恐不已。戈林看到，他的自负以及无能已使他在希特勒面前失宠，其他各军种也对他怨气冲天。为了尽可能减小损失，戈林下令：从10月1日开始，对伦敦的空袭改为夜间进行。

10月2日傍晚，由1,000多架飞机组成的德国庞大机群又起飞了，它要再次把死神带进伦敦。尽管英国空军全力起飞拦截，但效果不甚理想。英军对夜间城市防空还缺乏足够的经验，大批德国轰炸机成功地飞抵伦敦上空。顿时，整个城市响彻了空袭警报，灯火管制使街区陷入一片黑暗。探照灯光束像一把把锋利的宝剑在空中扫来扫去，为地面防空部队和战斗机搜寻目标。只见各种飞机时而俯冲，时而拉升，一股股冲天烟火随之而起，一架架飞机拖着浓浓的黑烟栽向大地，整个伦敦街区看上去好像正承受一场空前的大劫难。

德国空军的夜袭使英国防空陷入了很大的被动，至1941年2月，德军共出动飞机24,000

余架次，被击落156架，而伦敦则遭受了惨重损失。附近其他城市也受到了不同程度的破坏，其中最为严重的是航空工业中心考文垂，德军向那里投了16,000余吨炸弹，整个城市几乎被毁，12家飞机零件工厂也遭到严重毁坏。

英国空军面对这种被动局面想出了各种办法：一方面，他们用飞机装载探照灯配合地面探照灯部队为战斗机照明，并在德机来袭方向大量施放阻拦气球；另一方面，以无线电干扰德国空军的夜间导航设备，破坏德机投弹命中率。他们还及时研制出了炮瞄雷达、战斗机夜航设备和机载雷达系统等一批全新武器装备。所有这些措施有效地遏制了纳粹空军的猖獗进犯，从而减小了伦敦的损失。

黑沉沉的夜幕成为德军轰炸机大发淫威的帮凶。一到夜晚，德国轰炸机就飞抵伦敦和英国其他城市上空。德军飞机在夜空中大摇大摆、肆意横行。前面的轰炸机将燃烧弹投向目标区，后面的轰炸机便寻着烈焰投下各种杀伤弹。在伦敦码头上，在拥挤的贫民窟，在首都的食品店，在这个世界上最大的城市之一，到处都是猛烈的炸弹爆炸声。燃烧弹使伦敦大街小巷变成了一片残垣断壁，玻璃碎片比比皆是。德国法西斯不久前在华沙和鹿特丹制造的恐怖，正展现在伦敦百姓的面前，人类正义又一次遭到摧残和蹂躏。

为了灭火，一个规模巨大、遍布整个伦敦的防火瞭望哨和消防队很快成立起来了。最初，防火瞭望哨是自愿人员，可是需要的人数太多了，而且每一个伦敦人都有强烈愿望轮流担当这一工作。不久，防火瞭望哨就成为义务性的了。这种工作对各个阶层都起着鼓舞激励作用。妇女们也争先恐后地要求参加。大家踊跃参加训练班，以便学会如何处理敌人的各种燃烧弹。人们虽然夜复一夜地冒着敌人的轰炸呆在瞭望的房顶上，除了一顶钢盔几乎什么也没有，可是他们仍坚守岗位。如果附近有燃烧弹落下，在瞭望哨的呐喊下，火势很快就会被扑灭。与此同时，在内政大臣莫里森先生倡导下，1,400个地方消防队合并成为全国1个消防总队。各地还建立了庞大的由居民组成的民间防空队，进行战时的消防救护工作。勇敢的伦敦妇女还成立了"妇女防空志愿队"。"未爆炸弹清除队"更是可歌可泣。德军空军为了加强轰炸效果，从9月开始使用了一种新的炸弹——延时炸弹。这种炸弹长2.4米，重约1吨，落地后并不马上爆炸，何时爆炸由弹上延时控制，长短不等。英国民防部门称它为ＵＸＢ，意为未爆炸弹。这种炸弹给城市生活制造了很多麻烦。人们当时还不能区分那些埋在土里的半截炸弹究竟是延时炸弹，还是不再能爆炸的普通臭弹。重要的交通枢纽，大段大段的铁路线，一条条的主要街道，常因此不得不一次次被迫中断；大片大片居民区、工厂不得不陷于瘫痪。为了对付这种延时炸弹，在丘吉尔的推动下，由金将军领导的英国皇家工程部队清除队诞生了。它的成员个个具有非凡的勇气，沉着冷静和坚忍不拔的品格。他们唯一的排弹工具就是一把卸下炸弹雷管的螺丝刀，一团从安全距离拉掉雷管的线和自己那双细心沉着的双手。"未爆炸弹清除队"的英勇事迹鼓舞着每一个伦敦市民。每当清除队涂有ＢＤＳ的军车在大街上行驶时，居民们都情不自禁地向他们招手。消防警铃发出的尖叫声与队员们蔑视死神的果敢融为一体，令人肃然起敬。不久，每一个城市、每一个乡镇都成立了由民众志愿参加的清弹专业队或小组。他们有的经过了20、30甚

至40次危险后就献出了生命，有的受伤致残。但是，其他的人们仍然一直活跃在清除炸弹的战场，从未畏惧。在德国空军狂轰滥炸英国各地时，英国皇家空军的轰炸机部队也奉命对德军实施空袭。

9月5日，英国轻型轰炸机攻击了德国在法国的2个基地。9月7日夜里，英国皇家空军的重型轰炸机首次对德准备发动入侵的港口发起了猛烈的攻击。对柏林最猛烈的攻击是9月23日至24日，英国皇家空军轰炸机指挥部派出119架"惠特尼""威林斯顿"和"汉普登斯"式轰炸机袭击柏林。其中84架飞机抵达目标区域，唯一最成功的轰炸是在夏洛腾堡，燃烧弹炸燃了一个煤气储存罐。可是也有许多炸弹没有爆炸，包括一枚投到希特勒官邸花园里的炸弹，它把希特勒的卫队吓得魂飞魄散，可最终却是有惊无险。这次轰炸死亡22个德国人。

9月16日，皇家空军的轰炸机空袭了正在进行大规模入侵演习的德国部队，使人员和登陆舰只遭受到惨重损失。运回柏林的被打死和烧伤的士兵整整装了2长列救护火车。结果，在德国以及欧洲大陆许多地方都流传开这样的消息：德国人确已试图登陆，但是被英国人打退了……在德军还沉浸在失利的沉闷之中时，英国皇家空军借胜利的余威发起了攻击。

9月15日晚上，以及16日、17日，皇家空军轰炸机队大规模持续轰炸了准备发动入侵的德军停泊港，使德国海军遭到严重打击。从布洛涅到安特卫普的各港口内的船舶，遭到了猛烈轰炸。安特卫普遭受的损失尤其严重。海军将领纷纷向元首报告所受损失。

9月17日，希特勒不得不同意海军参谋部的意见，认为英国皇家空军仍然没有被打垮，德国空军并没掌握英伦三岛的制空权。纳粹统帅不情愿但只能再次推迟登陆行动。

戈林对这样的空袭行动也逐渐失去了兴趣，他将自己的指挥权暂时交给了加兰将军，自己则在法国游山玩水，收集名人字画和艺术品。戈林对艺术品的酷爱，到了近于疯狂的地步；到第二次世界大战结束时，沦入戈林之手的艺术品的价值已高达数亿美元。德军占领区的艺术品商人们称戈林为"那个来自柏林的强盗"。而戈林本人却厚颜无耻地宣称："我收藏的艺术品，都是用最合法的手段，最公平的价格获得的。"纳粹德国军备和战时生产部部长阿·施佩尔在自己的回忆录中写道："对戈林这位国家第二号人物掠夺艺术品的行为，希特勒常常怀有愤恨之情，但从来不敢当面责问他。"

← 执行轰炸德国任务的英国轰炸机。

No.3 "超级机密"

1940年11月14日，英国军需工业基地考文垂的居民结束了一天紧张的劳动，大部分在吃晚饭。天高云淡，月色如洗，是一个静谧的夜晚。但愿敌机不要来，睡一个平安觉。7时，空袭警报长鸣。还来不及躲避，法西斯德国飞机已经进入城市上空。

第一个目标——自来水厂。断了水，使你无法救火。继之袭击电厂、煤气厂、电话局、下水道和交通系统，使城市"血凝气绝"，一切陷于瘫痪。轰炸机一批又一批，如梭子织网，不放过城市任何一个角落。

凛冽的冬风将燃烧弹的火球刮向四面八方，全城陷入火海之中，消防车开到街上，橡皮轮胎马上给地面余烬烧熔了，空着铁轱辘爬行。市中心14世纪所建的圣马可教堂，这个英格兰引以自豪的艺术瑰宝，被燃烧弹击中了，持续烧到午夜，教堂圆顶轰然坍陷，拱门倒塌，只剩下了四壁残墙和一个钟塔。

从晚7时轮番轰炸到翌晨2时，共投下炸弹5万枚，其中燃烧弹3万枚，还有180枚由降落伞投下。德国飞行员在目击记中说，飞机飞离英国海岸（考文垂距岸180公里）时，还能看到考文垂的冲天火光，"这个城市肯定完蛋了"。

考文垂确实接近"死亡"，市中心夷为平地，工厂破坏1/3，军工生产瘫痪，市民被炸死584人，炸伤865人。

由于考文垂还有生产能力，德国飞机又光顾了几次，到1941年4月的一次大轰炸为止，地面设施基本摧毁，5万所房屋化为灰烬，市中心原有3,000所房屋仅存30所，25万人的繁荣城市成了"死城"。考文垂是英国遭受轰炸最惨重的城市，考文垂在英文中成了"极度毁灭"的同义词。

英国首脑机关早已截获"月光奏鸣曲"的高度机密；后来还是让德国放手毁了考文垂。这是怎么一回事呢？

大战初期，德国研制出名为"超级机密"的无线电编码译码机，作为德国统帅部同团以上指挥所直接联系的绝密通信工具。因其可靠，希特勒总是用它直接下达重大作战计划。英国情报机关千方百计弄到了一部"超级机密"，通过它截获了许多机密。例如1940年9月6日，希特勒将对英国本土大轰炸，英国获知后采取最佳防空方案，以少数飞机分路拦截，打乱其阵势，使其空袭目标大部流产。同年7月2日德国要实施入侵英伦三岛的"海狮"计划，也因英国的事先防范而未得逞。

英国通过"超级机密"截获了德国这一情报。但是，如何应付这次空袭，英国人却面临着两难的选择。一种方案是采取主动措施保卫考文垂，当时曾制订了一项代号为"冷冲"的行动计划，即动用一切可以调动的飞机，在一开始就挫败敌人的袭击。因为当时有足够的时间集中高射炮火、探照灯和烟幕防御设施，加强全城的救火和救护工作。用炮火和探照灯配合作战，至少可以迫使德国人在高空飞行或把他们驱离目标。然而，这样一来，就有可能使德国人怀疑自己的密码已被破译，英国人已经事先得到了空袭的警告。接着，德国人就会

↑ 已经被德军轰炸得近乎废墟的考文垂市。

↑圣马可教堂被轰炸后，化作一片废墟。

更换一种新的密码系统，而已被英国人掌握的"超级机密"也必将失去作用。因此，另一种方案就是让考文垂的防务措施保持原封不动，对空袭作出合乎常情的反应，也就是要忍痛割爱，用牺牲考文垂城来保住"超级机密"。

面对这种困难的抉择，只有丘吉尔首相有权作出决定。他经过反复权衡，认识到"超级机密"的安全比一个重要工业城市的安全更为重要，因为"超级机密"在未来的战役中肯定是有决定性意义的重要武器。为了全局利益，为了保证整个战争的胜利，只有牺牲考文垂来保住"超级机密"了，真是"弃卒保车"啊！

希特勒见"月光奏鸣曲"成功，更加宠信"超级机密"，一直使用到大战结束为止。此后，英军在北非战场的对德作战，盟军总反攻在诺曼底的登陆，都靠"超级机密"取得了尖端情报。

第8章
CHAPTER EIGHT

科技含量最高
的战争

★在伦敦郊外的一片绿树丛中，有一个神奇的庄园——布雷奇利庄园。它是一幢维多利亚式建筑，优美的造型令人叹为观止。十分奇怪的是，在这座拔地而起、装饰华丽的大厦周围，还有不少小窝棚，看上去有些不协调。这究竟是一个什么地方呢？

★丘吉尔也是一位爱在炸弹开始落下来时走出白厅的地下防空洞到大街上来的人。为了首相的安全，身边的人试图阻止他这样做。丘吉尔的侍从把丘吉尔的鞋子藏了起来，想以此阻止他外出。但是每次丘吉尔总是十分生气地命令他把鞋交出来。

No.1 谜与解谜

在描写二次世界大战欧洲战事的文章里，往往可以看到"超级机密"的词语，有关它的话题常常是躲躲闪闪，隐约其词，甚至自相矛盾。例如，有人讲，英国当时拥有一种名叫"巨象"的秘密武器，专门用来对付德军的一种"谜"。还有人说，这头"巨象"的真名叫"巨人"，德军的"谜"名曰《爱尼格玛》，是一种军用密码机。连严肃的史学家们也得不到多少真实的资料，英国学者温德博瑟写了本《超级机密》，法国专家贝特兰德出版的专著名曰《爱尼格玛——1939年到1945年这场战争里最大的谜》，当美国军事史学家多伊奇觉得这些书尚不足以披露真情时，曾于1970年只身闯进英国外交部，也只拿到了一纸空文，明明白白地写着："文件到了2015年才能解密"。

人们猜测，"巨人"或许就是一台最早的电子计算机。然而，它是英国的超级机密，英国情报部门甚至规定，在机密使命结束后30年内，任何人不得走漏丝毫消息，否则将以危害国家安全罪论处。于是，史学家们只得写下许多可能涉及到"巨人"的战争故事，这里不妨选取其中的一例。

公元1940年，当德军铁流突破法国马奇诺防线，英国远征军敦刻尔克大撤退后，希特勒下令着手实施入侵英伦三岛的"海狮"行动，要求德国空军首先全歼英国皇家空军。在德国空军司令戈林看来，英军的飞机只剩下不到700架，而他仅轰炸机就有1,200架，加上攻击机强击机，德军飞机数量至少3倍于英军，而且飞行员大多是训练有素的"秃鹰军团"成员，英国佬肯定不是他们的对手。

"鹰日"战斗打响了。德国轰炸机轰轰升空，气势汹汹扑向英吉利海峡，攻击机偷偷跟进，准备袭击英军飞机。然而，狡猾的英国佬似乎总是事先就知道德军的行动，躲在半道上出其不意地发起攻击，德军损失惨重。9月15日，总攻打响，戈林让前线的飞机倾巢而出袭击伦敦，1,100架"蝗虫"遮天蔽日，还未飞出海峡，又遇英军截击，残酷的空战进行了整整一天，戈林的"秃鹰"遭到毁灭性的打击。两天后，希特勒只得决定无限期推迟"海狮"行动，处于劣势的英国军队一举扭转了败局。

在这次"海狮"行动中，对战局了如指掌的，不是戈林而是英国空军司令道丁。道丁上将手里真的拽着一张"王牌"，那就是布雷奇利庄园的"超级机密"。

1940年8月18日，天气转晴，是个有利于空袭的日子。

一大早，皇家空军战斗机指挥部的中心监测室就做好了对付德军来袭的准备。

果然不出所料。不一会儿，监测室就开始忙碌起来，"皇家空军妇女后援队"的成员根据海岸雷达站的报告，在大地图上及时移动飞机的标记。接着，在山顶、教堂塔楼等高地对空监视哨和皇家空军发现德机的报告也都频频传来。

德国机群从法国升空并开始爬坡。道丁上将和他的指挥人员注视着那张大地图，暗暗思忖着皇家空军的战斗部署。

其实，德国空军的飞机还没起飞，道丁上将就从德国人的密码电报中知道他们参战飞机

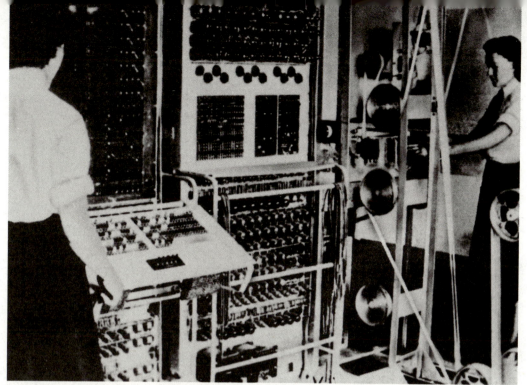
↑ 正在布雷奇利庄园内破译密码的英国妇女。

的数量及其攻击目标了。道丁的情报从哪里来的呢？这是英国的"超级机密"。

在伦敦郊外的一片绿树丛中，有一个神奇的庄园——布雷奇利庄园。它是一幢维多利亚式建筑，优美的造型令人叹为观止。十分奇怪的是，在这座拔地而起、装饰华丽的大厦周围，还有不少小窝棚，看上去有些不协调。这究竟是一个什么地方呢？

原来，这是英国密码破译机构的所在地。那些小窝棚是因为破译工作量增大，庄园的房间容纳不下那么多人员和设备而仓促盖起来的。

在这片不起眼的居住区中，聚集了众多的杰出人才。他们之中有的是数学家和语言学家，有的是国际象棋大师和方格字迹填写专家，也有的是电气工程师和无线电专家，更有银行职员和博物馆馆长。

这里是一个充满神秘色彩的地方，除了在这里工作的人员以外，只有英国国家首脑人物和最上层的情报官员才能到这里来。至于其他的人，无论职务多高，一律"谢绝入内"。

这里的工作人员任务只有一个，就是利用一种先进的机器，破译德军发出的密码电报。后来，从这里发出的情报全部使用一个代号——"超级机密"。"超级机密"便是来自布雷奇利的情报。

正是这个布雷奇利庄园的"超级机密"，使皇家空军在不列颠战役中大大受益，以致有人把"超级机密"视为英国看不见的"王牌战机"。

"超级机密"究竟是怎么回事呢？这要从大战开始的数年前纳粹使用的一种特殊密码说起。

纳粹在获取德国政权后，使用了一种不同于当时所有国家使用的新的军事密码，这种密码不是由数学家设计的、可以被其他数学家破译的密码，而是由一台机器编制的。这台机器被恰如其分地称作"谜"（译音为"埃尼格马"）。

1938年6月，英国情报6处的副处长孟席斯上校接到了他在东欧的一名特工人员吉布森少校的报告：一名拒绝说出自己真实姓名的波兰犹太人通过英国驻华沙使馆同吉布森接触，声称他曾在德国首都柏林制造"埃尼格马"机器的秘密工厂当过技术员和理论工程师。后来因为他是犹太人，被驱逐出德国。现在，他提出可以凭记忆为英国制造一部最新式的军用"埃尼格马"密码机，他要求的报酬是：1万英镑，给他及其亲属发英国护照，并允许他们在法国居住。

孟席斯上校接到这个情报后，向英国情报当局做了报告。后来经过1个月的调查和甄别，认为这个犹太人的话是可信的，因此决定答应他的条件。

这个犹太人被秘密转送到法国。英国情报人员为其安排了一个十分秘密的居住地点，并为他的复制密码机的工作提供了必要的条件。那人根据记忆，不久就复制出一台"埃尼格马"密码机。用英国密码分析雇员的话来说："那是一部完美的密码机，是仿制工程的一个奇迹"。

仿制出来的"埃尼格马"密码机看上去很像一台老式办公用打字机。它的前部有一个普通的键盘，但在上端真正打字机的字键敲打的地方，则是闪现微光的另一个字母的扁平面。当操纵者触动键盘上的某个键时，譬如字母"A"，另一个不同的字母，譬如"P"便闪现在机器上端。操作时，密码员按动字母"A"键，电路沿弯曲的复杂线路一连穿过4个转子，然后撞击反射器，再沿不同的线路返回穿过转子线路，机器上便闪现出"P"字母。转子线路异常复杂，当时有相当水平的技术人员也无法对之进行分析。此外，一个、几个或所有的转子可随时变换，电子线路也随之完全改变。机器前部还有一组插头，也可随意变换，以此再次改变各条线路。而改变转子或线路，就意味着产生一组组新的编码。

按照这种方法译成密码的电文，发给拥有同样一台机器的电报员后，对方把机器的转子和插头调到像"发送"机器一样的位置，他只要打出密码，上述发报过程即可颠倒过来，即按下键盘上的字母"P"，机器上部就可闪出原来的字母"A"，从而准确地还原电文。

"埃尼格马"密码机是德军情报人员的骄傲。德军最高统帅部通信总长费尔吉贝尔上校说："这种密码机是绝对可靠的。由于使用时只需调节一下转子和插头，机器瞬间就可产生无数不同的密码，即使被敌方缴获，也无关紧要。"

对于破译人员来说，因为机器编码复杂，如果没有"埃尼格马"密码机，即使最出色的数学家也需进行很长时间研究才能破译。对于瞬息万变的战场来说，这种过时的情报价值已大打折扣了。

同时，"埃尼格马"密码机的调节程序十分复杂，并且经常变化。如果不了解变化无穷的调节程序，就是拿到机器也毫无用处。

犹太人仿制的密码机，帮了英国人的大忙。然而好景不长，仅仅一年以后，即到了1939年夏季，德国人又制造了更加先进和复杂的密码机。这样，英国的情报人员又不得不想尽一切办法破解新的谜团。

正当英国情报人员受到德国新密码机的困扰时，波兰军事情报部门出于战略上的考虑，将他们数年工作的破译成果，以及仿制的样机转让给了英军情报部门。为了对付来自德国的威胁，波兰情报部门很早就开始对纳粹密码机的研究工作了，他们所取得的成果超过了英国。波兰人转让给英国的除了有"埃尼格马"样机外，还有可以确定密钥设置、解开其密码的"博姆"机。

波兰的"埃尼格马"样机和"博姆"机的图纸抵达英国不到一星期，德国军队便开过了波兰边界。消息传到布雷奇利庄园，专家们默默无言。英国的情报专家诺克斯缓步走到窗前向外凝视着，他的双眼湿润，喃喃自语道："波兰，就像一名武士倒下之前，将自己的利剑递给盟友，了不起啊！"

英国情报人员在富于创造性的波兰人奠定的基础之上，向德国情报机构的机密发起了最后冲刺。由于两个关键人物的出色表现，加快了解开纳粹谜团的步伐。这两个人一个是诺克斯，另一个是图林。

诺克斯是一个又高又瘦的中年人，戴着一副高度近视眼镜。他父亲是曼彻斯特的主教，两个哥哥一个是罗马天主教高级教士，另一个是《笨拙》周刊的编辑。诺克斯本人是个数学家。第一次世界大战中，他进入英国海军部密码分析局，同其他学者一道，成功地破译了几乎所有的德国当时的外交和军事密码。其中，德国的三个字母的海军旗语密码，也是他在一次洗澡时灵感偶发而破译的。第一次世界大战后，他留在了由英国外交部政府密码学校控制的密码分析局。几乎所有的英国密码破译人员都认为，诺克斯是世界上第一流的密码专家，是少见的密码破译奇才。

图林是诺克斯的助手，是一位身材矮胖结实的年轻人。图林毕业于英国剑桥大学，他在上学时所表现出来的数学天才，令校长和数学系的师生们十分惊叹。这个奇怪的年轻人经常有许多奇妙的设想和构思。他进入英国政府的密码学校后，专门从事这方面机械的研制工作。在这里，他的天才得到了充分发挥。

经过诺克斯和图林的共同努力，一部"万能机器"研制成功了。这部两米多高，外形像一个老式钥匙孔的机器，实际上是一部最早的机械式数据处理机，使用它可以把"埃尼格马"密码解密。随着越来越多的数据的输入和使用人员经验的积累，使用这

↑ "埃尼格马"密码机从某种意义上改变了战争进程。

种机器解密的效率越来越高。

1940年5月的一天，天空澄净，阳光明媚。在大选中刚刚获胜不久的丘吉尔正在他的办公室忙碌着。这时，已经提升为情报6处处长的孟席斯走到首相的办公桌前，向他递交了一个纸条。

丘吉尔接过纸条扫了一眼，只见上边写着有关德国空军人员的调动和驻丹麦德军的补给分配等详情。这份情报价值不大，丘吉尔看后随手将它放到桌上。

但是，当首相抬起头来看到站在他面前的孟席斯时，突然意识到了什么。他重新拿起情报仔细看着，抬头问道：

"是它？'超级机密'？"

孟席斯微笑着站在那里，他什么话也没说。其实已无需回答什么了，他那一脸掩饰不住的喜悦早已说明了一切！

这小小几张纸片的意义非同寻常，它们正是布雷奇利经过几年努力破译的第一批"埃尼格马"密码情报。

从这一天起，"超级机密"成为丘吉尔及盟国在整个第二次世界大战中的一张王牌。战争期间，丘吉尔无论在什么地方，都要求随时将最新的"超级机密"传送给他。

"超级机密"问世之时，也正是不列颠之战激烈进行之时。这次战役为它提供了施展威力的大舞台。

当时，正在英格兰上空与德军奋战的皇家空军并不知道，"超级机密"就像一只无形的巨大手臂支撑着他们。常常是戈林刚刚下达命令，布雷奇利便立刻截获并将其解密，传到道丁的战斗机指挥部。这样，在德国战机从法国基地起飞之前，英国空军指挥官就可以知道起飞飞机的数量和要轰炸的目标，从而有针对性地采取相应的防御措施。

1940年9月15日，布雷奇利再次破获德军企图在当日白天大规模轰炸伦敦的情报。丘吉尔正是看到这份情报后，对伦敦的防御放心不下，才亲自到第11航空大队指挥部观战的。也正是根据这份情报，皇家空军调集优势力量，进行充分准备，才获得了"不列颠战役日"的大胜。战后有人说，英国是在"超级机密"的帮助下，实现了不列颠之战的这一重大转折，导致希特勒放弃了"海狮"计划。

在整个第二次世界大战期间，"超级机密"是英国一个最机密、最重要、最可靠的情报来源。为了保住这一情报渠道的安全，英国情报部门从一开始就采取了一系列极其严格的保密措施。布雷奇利庄园是绝对机密的地方，除了战时内阁和军方少数几个决策人物外，无人了解其中的内幕。战时内阁明确规定，"超级机密"情报只能口头向英军作战的指挥员传达，不得以任何文字方式出现在战场上，以防止德军缴获"超级机密"文件。除少数几个高级将领外，其他指挥官都不知道战争情报的来源，他们只是知道这是绝对可靠的情报。

为了防止德军可能从英国对抗措施的有效程度上推断其密码已被破译，所有"超级机密"情报都伪装成来自其他渠道，如间谍、德国的叛徒、缴获的德军文件、纳粹人员的疏忽失密等。

在布雷奇利庄园的数百名专家，是当之无愧的无名英雄。他们当中几乎没有职业军人，对军衔、职称和权力也很陌生。但是，他们凭着满腔的爱国热情，凭着对纳粹暴行的痛恨和对事业的献身精神，不仅在战时，甚至在战后30年中也未曾泄露一丝一毫有关"超级机密"的内幕。正如首相丘吉尔称赞的，他们是"下金蛋的鹅，从不咯咯地叫"。直到英国政府宣布"超级机密"保密期结束，他们才和人们讲起自己当年的事情。

No.2 坚 强

从9月7日德军开始轰炸伦敦以来，伦敦城每天夜里都要受到德军轰炸机大编队的空袭，每天出动的飞机架数多在百架以上。

连日的轰炸给伦敦带来了巨大灾难，有时，一夜之间就有一两万人因房屋被炸或烧毁，变成无家可归的人。有时，住着许多肢残臂断的伤员的医院突然遭到德军的轰炸，无力逃生的伤员只得置身烈火之中。供水、供电、交通系统经常被炸得瘫痪，给居民的生活带来了极大困难。

在遭到轰炸最严重的东区，状况最为恶劣。

伦敦西区是轰炸较轻的地区。在那里，人们照样工作、娱乐、吃饭和睡觉；剧场里经常客满，熄灭了灯光的街道到处是三三两两的人群。同巴黎的失败主义分子在他们5月间一遭到严重的空袭就怕得要死，喊叫连天的情况相比，西区伦敦人的表现显得勇敢、坚强。

在空袭最激烈的第一周的夜里，由于英国防空火力很弱，无法对付敌人的狂轰滥炸，居民们只得呆在家里或简陋的防空洞里。但一到白天，他们仍然用各种巧妙的办法去工作单位。伦敦都能看到这种招牌："照常营业"。谁都知道，为了更有力地抗击纳粹德国，工厂是无论如何不能停工的。

经过多日轰炸，伦敦变成了一个满目疮痍的城市，到处都弥漫着一种刺鼻的焦糊味。不同的社会实践能够培养出不同的人才，战争也是如此，对伦敦的轰炸也造就了一类新的人才，即"嗅人者"。这些"嗅人者"能够通过气味判断某座建筑下面是否埋着受害者以及此人是死还是活。一旦德国空军炸毁了人口稠密的地区，救援队就马上开始挖废墟里被埋的幸存者。他们不时地停下来听听下面有什么动静。如果什么动静也没有，就请"嗅人者"来帮忙。这些"嗅人者"像经过专门训练的警犬一样，在瓦砾中闻着气味，全然不顾煤气、废水和烟雾的呛人味道。"嗅人者"能够闻到哪里有人血，而且能闻出这些血是凝固的还是流动的。有时他们会说："别费劲了，血不流了，是死的。"有时则说："下面的血是新鲜的，还在流。"这时救援人员就会接着挖下去，结果总能挖出还活着的受害者。

德国空军在轰炸中使用了一种降落伞雷，它脱胎于德国海军在战争初期用来对付盟军船只的磁性雷，它有2米多长，直径为0.7米，内部装满了烈性炸药，重达两吨半，由一个降落伞从高空静悄悄地慢慢送下来。当它爆炸时，方圆1公里之内的整个地区都能感到它的威力。

↑ 无家可归的伦敦人民只能暂居在地铁、商场中。

在伦敦西区的波特兰，一只降落伞雷炸掉了英国广播公司大厦的整个一边侧翼，摧毁了一家旅店，并使周围的地区受到了破坏。这种雷还炸毁了英国首都其他的广大地区。其中有一些雷没有爆炸，这样英国人就要面对将它们的雷管拆除的这种技术上的可怕挑战。

起初，只有少数海军方面的人进行这项工作，他们都是在海上对付磁性雷的专家。后来，随着德军使用这种武器的增多，一个迅速受过训练的小型专家团组成了，由他们负责排雷这项令人毛骨悚然的任务。

这些技术专家两个人一组工作，当一个人拆雷时，另一个人则把耳朵贴在雷上精心地听着。据排雷专家说："对付这种雷最重要的一点是要一直听仔细了，如果听到'嗤嗤'的声音，就要拼命跑开，此时顶多只有15秒钟的时间，磁性雷就会爆炸。"

使这项工作雪上加霜的是，未爆炸的磁性雷并不是全部落到地上或废墟里。有一颗雷的降落伞被可怕地挂在了伦敦东区最大的煤气储存罐上，在拆除这只雷时它还在风中晃来晃去；还有一颗落在了横跨泰晤士河的亨格福德大桥的电气火车线路上，虽然电气火车铁路把它吸到了铁轨上，但它仍未爆炸。更为严重的是，德国人还在这些雷里装上了饵雷，即在主雷管下面放上了一只连锁雷管，如果排主雷管的人不是最熟练最懂行的人，那根连锁雷管就会引爆。

但是，无论困难有多大，排雷专家们都以他们的智慧和勇气将大多数雷一一排除。当然，伤亡的事情也经常发生。

一夜连一夜的如雨般轰炸，再加上那些新式的致命武器，使绝大多数市民的生活增添了很多感情色彩。一个叫做"大众研究"的研究机构专门调查公众舆论，它让它的成员每周交一份有关他们自己以及邻居的感受、对话和活动的报告。绝大多数人说他们害怕那些噪音，害怕被炸弹炸死。但令人吃惊的是，大多数人又说他们不怕死，如果是一下子直接被打死。还有一些喜欢在空袭时逛大街的人，飞机的隆隆声、炸弹的爆炸声、高射炮的轰击声能使他们感到刺激。伦敦人莫尔说："这是一个美妙的时刻。你可以看到大火和炸弹在建筑物上炸出裂口，还有变形的电车轨道和头顶上乱作一团的电线。我觉得这些让人兴奋不已，而我则在不知疲倦地画草图。"

丘吉尔也是一位爱在炸弹开始落下来时走出白厅的地下防空洞到大街上来的人。为了首相的安全，身边的人试图阻止他这样做。丘吉尔的侍从把丘吉尔的鞋子藏了起来，想以此阻止他外出，但是每次丘吉尔总是十分生气地命令他把鞋交出来。

"我要让你知道，"丘吉尔喊声如雷，"从我小时候起，当我想去格林公园散步时，我的保姆就从来没能阻止过我。而现在我是大人，希特勒也别想阻止我。"

伦敦的夜晚，灯光还是光明的；

繁忙的街道上，公共汽车和地铁仍在穿梭行驶；

秋日的公园里，仍然是草青树绿、百花怒放；

特拉法加广场上，军乐队仍在举行音乐会。

一个风和日丽的下午，丘吉尔正在他的办公室阅读战斗机指挥部刚刚送来的战报，忽然

一 伦敦遭袭后，丘吉尔前往现场视察。

听见泰晤士河对岸的伦敦南区发出了巨大的爆炸声，他立即驱车前往察看。自从德军空袭伦敦以来，丘吉尔常常到被炸的地方察看情况，安抚市民。

来到现场后，丘吉尔看到，一颗重型炸弹炸毁了一大片住宅，在瓦砾堆中，已经插起了许多小小的英国国旗，每面国旗都代表着一个不屈的伦敦人的生命。这国旗是民族精神的象征，是战争胜利的希望。

看到首相来了，居民们从四面八方跑来，团聚在丘吉尔身边，用各种方式表示对战时政府的拥护和奋斗到底的决心。

丘吉尔流泪了，他很少流泪！这不是悲哀的眼泪，而是赞叹和钦佩的眼泪！有了这样的人民，没有克服不了的困难！

丘吉尔在群众簇拥下，进入被炸毁的居民区巡视。他来到一个巨大弹坑边缘翘立着的简陋家庭防空掩体前，住在这里的主人迎了出来。一个年轻男子，他的妻子和3个孩子站在被炸歪的防空掩体的入口处。丘吉尔看到，他们虽然没有受伤，但受到了惊吓。丘吉尔还看到，不远处的一家小饭店被炸成了一堆瓦砾，饭店的主人和他的妻子满面泪痕。

看到这番情景，丘吉尔心里很不好受。这些居民的家在哪里呢？他们以后怎么生活呢？

一回到办公室，丘吉尔便紧急召见财政大臣，与他商量后，拿出了一项提交议会讨论的方案：凡因敌人轰炸而造成的一切损失应由国家负担，由政府立即全部赔偿。

一周之后，政府制定了一个战争保险方案。这个方案对动员全民抗击德军的空袭起了重要作用。

↑丘吉尔来到伦敦街头，伦敦市民被他的精神所鼓舞。

就是在德军轰炸最猛烈的时刻，英国政府与议会仍然留在伦敦。市政厅被毁于大火和炸弹，英国政府所在地白厅屡遭敌机轰炸，白厅周围的政府建筑物一再被击中，有的燃起了大火，有的倒塌。政府各部门就在防空洞、地下掩蔽部、附近的建筑物里办公。

有一颗炸弹击中了白金汉宫，国王乔治六世、王后以及他们的两个小公主当时正住在那里，炸弹在场院爆炸，皇家成员死里逃生。当丘吉尔知道这个消息后指示说："立刻把这条消息传出去！让伦敦的穷人知道他们并不孤单，国王和王后正在和他们一起共患难！"

所有的这一切都有力地鼓舞了伦敦人民的斗志！

当然，并不是人人都是勇敢的。有些人真的被空袭吓住了，但即使这样他们依然不愿逃离这座城市，不愿放弃自己的责任。他们留在那里工作着、忍受着。物理学家兼作家Ｃ·Ｐ·斯诺后来承认："当炸弹开始落在伦敦时，我发现自己没有一般人那么勇敢。这个发现使我感到羞愧。我只能表面上装装样子，但我害怕夜晚的到来。我很羡慕那么多勇敢的市民，例如我的房东太太，她是一个没有什么美德的邋遢女人，但她却勇如雄狮。办公室的同事们也是如此，还有我在小酒馆里遇到的那些人以及我的绝大部分朋友。这使我更难受了。"

12月29日，德国空军似乎要强调一下他们在新年里也不会放松对英国的压力。于是，他们对伦敦发动了一次最猛烈最成功的袭击。

德军轰炸机这次集中进攻的目标是伦敦市中心。在这个首都古老的心脏地区，有许多古代教堂，还有英国银行这种著名景点。

这是一个安静的周日夜晚，又是在圣诞节期间。德军的进攻正好选择在英军防守空虚的时候。

总共有244架德国轰炸机扔下了雨点般的燃烧弹。木质结构的屋顶顿时着了火，熊熊燃烧的残梁断柱东倒西歪地垮在了那些狭窄弯曲的街道上。

救火车很快就开过来了，但是火势蔓延的速度太快了，要扑灭它需要大量的水。而那年秋季本来就干旱少雨，泰晤士河的水位太低，救火车很快就抽干了岸边的河水，流出来的只是一些稀稀拉拉的泥汤。

成百幢易遭破坏的建筑和教堂被化为灰烬。

在市中心所有的礼拜堂中，只有圣保罗教堂较为完整地保存了下来。

这是古老的伦敦市中心在历史上第二次被一场大火烧毁。第一次是在200多年前的1666年。

对于由于疏忽大意而带来的损失，丘吉尔十分生气。12月30日，丘吉尔召集内阁紧急会议，他在会议上气冲冲地喊道："这种事情决不能重演！"

对于首都最受人喜欢的地区被毁，同样也使英国人民怒火满腔。一位妇女在日记中写道："这太可怕了，只是由于人们对明摆在眼前的危险疏忽大意，就造成了上千万英镑的重大损失，使成百上千名勇敢的人们去冒险，直至牺牲……难道我们是一个白痴的国度吗？"

英国人是待在伦敦市中心仍在燃烧着的废墟迎接新年的。

但是，现在他们更多的是感到愤怒，而不是惊恐和怨恨。在战争结束之前，还会有更多的炸弹，还会有更多的对勇气和韧性的考验。然而，英国人民已经万众一心了。就像丘吉尔所讲的那样：

　　"那是英国人，尤其是地灵人杰的伦敦人最为光彩的时候。无论是不苟言笑还是快活开朗的人，也无论是固执呆板还是善于变通的人，他们都以一种不屈的民族骨气，适应了那种陌生的充满恐怖、充满动荡的新生活。"

No.3　伦敦在燃烧

　　进入1941年后，老天爷似乎有意在帮助英国人。在1月份的绝大部分时间里，伦敦的上空布满着乌云，轰炸无法进行，因此德军不得不大大减少轰炸的次数。

　　2月9日，丘吉尔向全国发表广播讲话，他警告说，希特勒终于又在计划入侵英国了，他将在很短的时间内发动入侵。丘吉尔危言耸听地说，与去年秋季的进攻相比，"目前的这次入侵将有更精良的登陆装备和其他设施作后盾。我们必须做好一切准备，常备不懈地用我们熟练的本领对付毒气进攻、伞兵进攻和滑翔机进攻……为了赢得这场战争，希特勒必然会运用一切手段摧毁英国，每一个英国人都要充分认识到这一点，万万不可松懈斗志。"

　　实际上，丘吉尔自己也知道，他对他的人民所说的完全是一派胡言。他通过"超级机密"和其他情报渠道，清楚地知道希特勒已放弃了从海上入侵英国的念头。他所以要重提入侵的威胁，只是想以此给正在垮掉的英国人打打气。

　　事实上，丘吉尔的担心是不必要的。因为在海峡的另一边，戈林和他的将领们正在计划着新的空中进攻行动。

　　1941年2月，帝国元帅戈林带了一大批随行人员抵达巴黎，目的是与凯塞林和斯比埃尔这两位陆军元帅讨论今后对英国空战的方案。

　　在一种既招摇过市，又警戒森严的气氛中，会议在法国外交部所在地具有历史意义的钟表大厅内举行。

　　戈林像往常一样，认为德国空军没有取得完全成功，对这一点表示不满，并且用极为激烈的言词训斥了空军两个军团的指挥官和士兵。

　　两位陆军元帅怀着对戈林的应有尊敬，试图反驳这些指责，并力图使空军总司令相信战斗之激烈，以及交给他们军团的任务之艰巨。而戈林对他们的申辩却丝毫听不进去。

　　在火气平息之后，他们共同制订了新的轰炸计划。

　　猛烈的空袭又开始了。这次德国轰炸机的重点是要切断英国生死攸关的海上供给线。在3月中旬连续两个晚上的空袭中，位于克莱德河岸格拉斯哥下游的造船城市克莱德班克被炸弹夷为平地。这个市的1.2万幢房屋除了7幢之外全部被毁，居民不得不逃往附近的沼泽地。布里斯托尔、加的夫、朴次茅斯和南安普敦都遭到反复袭击。而另一个港口城市普利茅斯所遭受的袭击次数之多、程度之猛烈大大超过以往，结果许多房屋都不止被炸过一次。

3月19日，伦敦遭到了损失极为严重的一次袭击，一共有750名市民丧生。炸弹像雨点一样落在赫尔、纽卡斯尔、贝尔法斯特、利物浦和诺丁汉，使这些地区受到了严重的破坏。

4月份的后半个月里，德国对英国的空袭达到一个新的高潮，考文垂、布里斯托尔、贝尔法斯特、朴次茅斯和普利茅斯都受到了猛烈的袭击。伦敦两次被袭，每次扔下的炸弹重量都比以前多，在这两次夜间的空袭中，有2,000多人丧生，14.8万幢房屋被破坏或摧毁。

连续进行的大规模空袭，引起了英国民众的担心，他们普遍认为德国从海上全面入侵英国迫在眉睫。

英国人没有猜错，这些大规模空袭的确是入侵的前奏曲，但入侵的目标不是英伦之岛，而是从陆地和空中对苏联的全面入侵。

5月初，戈林的总部发出了秘密命令，指示一直在进攻英国的德国轰炸机和战斗机主力部队准备转移到捷克斯洛伐克和波兰去，为"巴巴罗萨"行动做准备。"巴巴罗萨"是全面进攻苏联的行动代号。

然而，就在德国空军的飞行员打点行装、离开法国和北欧国家之前，他们接到了对英国发动最后一次大规模空袭的命令。

希特勒和戈林作出这一决定，一方面是为了声东击西，更好地隐蔽对苏联的全面入侵行动，另一方面，也是为了给英国人以最有力的警告。

在过去的一年时间里，皇家空军一直在袭击德国的城市，而且还轰炸过几次柏林。1941年5月初，皇家空军对柏林进行了猛烈的攻击，而且还袭击了汉堡、不来梅和埃姆登。纳粹的最高统帅部担心德国空军的主力在俄国作战时，英国人会加强对德国的袭击，因此想通过这次空前的轰炸让英国人知道，如果敢对德国胆大妄为，他们必将招致无情的报复。

对这次进攻最为热心的一个支持者是希特勒的外交部长里宾特洛甫。他是一名狂热的纳粹党徒，在大战爆发之前的几年里，曾任德国驻伦敦的大使。他在每年向国王乔治六世递交国书时，坚持行纳粹军礼并高呼"希特勒万岁"，因此受到了英国人民的痛恨。他在与英国政府和人民的所有交往中，都表现得像一个不可一世的恶霸，而英国人反过来则从不放过指责奚落他的机会。所以，里宾特洛甫比任何德国人都憎恨英国政府和人民，他把这场战争看成是报私仇的行动。

5月10日上午，里宾特洛甫在他的办公室以阴险的口气对他的助手说，元首已同意德国空军在撤回东部之前再对英国进行一次最后的打击，他说："这是最后一次轰炸，将是这次战争中最猛烈的一次。飞行员只有一个目标，"里宾特洛甫容光焕发，暗淡的眼睛露出凶光，歇斯底里地喊道，"伦敦！伦敦！伦敦！"

德国人把伦敦划分成三个轰炸区。在约翰内斯，芬克上校领导的轰炸机第2师将从法国北部康布雷附近的机场起飞，飞往伦敦东部。施塔尔上校的轰炸机第53师将从里尔区出发进攻伦敦的中部，而约希姆手下的轰炸机第4师将在荷兰的乌得勒支附近的索伊斯特堡集合，然后飞往伦敦南部和西部。

除了进攻某些战术战略目标之外，他们还奉命摧毁英国首都历史悠久的中心地区。参加这次进攻的有一个飞行员是25岁的奥地利中尉冯·西伯，他给自己选了一个目标——白金汉宫。后来他得到通知，这座宫殿已不在轰炸范围之外了，他完全可以尽全力对它实施攻击，第一个击中它的人将荣获骑士十字勋章，而且戈林将亲自为他佩戴。

5月10日下午，英国皇家空军指挥部、各高射炮兵部队、城市救援和消防系统等都接到了德军将进行大规模空袭的预报。这是"超级机密"的功劳。

在伦敦的消防局总部里，副局长杰克逊接到这个消息后预感到会有不同寻常的情况发生。他知道，今晚将是满月，而德国人喜欢在有月光的夜晚进攻，因为月光更便于他们的炮手看清向他们进攻的英国战斗机。杰克逊按下对讲机的一个按钮说道："所有的水泵今晚全部进入伦敦。我还要再加1,000部。全体人员都要守候在旁边，不许请假。有紧急情况。"

与此同时，在皇家空军的各战斗机基地，飞机已加满油、装满弹，地勤人员做好了各项技术检查，飞行员高度警惕地在休息室等候着。

在伦敦城的所有高炮阵地上，数量充足的炮弹被擦得锃亮，黑洞洞的炮口直指天空。

当晚10时15分，在本特利修道院皇家空军战斗机指挥部里，道丁的助手怀特告诉这位空军司令已发出了预备警报，敌机正向这边飞来。

道丁果断地命令：夜航战斗机全部起飞。

11时，空袭警报响彻伦敦上空。

11时30分，第二次世界大战中最后一次对英国首都的大规模轰炸开始了。一共有507架德国飞机参加了这次轰炸，它们在伦敦扔下了总重量为708吨的炸弹，而且全是致命的燃烧弹、烈性炸药弹和降落伞雷。

所有的高炮一齐开火，伦敦防空部队以大面积火力阻击网迎头痛击来犯之敌。一位亲临其境的德国飞行员说："现在你在伦敦上面飞时都用不着戴手套，他们的高射炮就能让你的手感到暖和。"

转眼之间，皇家空军的夜航战斗机就击落了7架德国飞机。这7架飞机中的一架，正是25岁的奥地利中尉冯·西伯驾驶的，他永远也无法实现他炸毁白金汉宫的美梦了。他本人也在跳伞着陆后做了英国人的俘虏。

密集的防空炮火使德国轰炸机飞得很高，这样它们就无法瞄准预定的攻击目标。但这也无妨，它们可以把炸弹随便扔在这个首都的什么地方。而对于人口稠密的英国政治文化中心城市伦敦来说，无论炸弹掉到市区的什么地方，都有可能造成严重的破坏。

这一次德国人轰炸的不仅是伦敦东区和市中心区，他们几乎在这个城市的每个区域都扔下了燃烧炸弹，冲天大火到处熊熊燃烧起来。杰克逊的猜测是正确的，他召来的所有救火车和消防人员加起来都对付不了这场大火。而且，即使有更多的人和消防车，也没有足够的水。

伦敦的许多建筑物在燃烧，整个夜空被大火照得如同白昼一般。据报告，当天晚上发生了2,200次火灾。有7处最大的火灾每处都烧掉了方圆4,000平方米的许多建筑。火势最大时，伦敦大约有280万平方米的地方在同时燃烧。

国会大厦、威斯敏斯特修道院、英国博物馆都遭到了轰炸。

一共有7颗烈性炸弹炸开了国会下院，楼上的走廊被炸塌，评论员们坐的绿色皮面长凳和发言人坐的椅子全部被烧毁。

一颗炸弹击中了议院塔上的钟楼，大本钟被烧黑，上面有许多斑痕。但是这座古老的大钟主体结构没有被破坏，那著名的钟声一响也没有漏掉。

在威斯敏斯特修道院里，位于这个建筑中心的天空上的屋顶被燃烧弹烧着了，屋顶砸在唱诗台和礼拜堂上。威斯敏斯特大厅著名的橡木屋顶也被炸弹炸穿，曾经培养出琼森、德赖登、雷恩、本瑟姆和索锡的威斯敏斯特公学院也受到了严重的破坏。英国中世纪杰出的建筑样板——威斯敏斯特的主教宅邸也被摧毁。

英国博物馆的绝大多数珍藏已被转移，但是燃烧弹烧坏了图书收藏室，博物馆的埃及展厅也几乎全部被毁。

伦敦市中心区的所有教堂不是受到严重破坏就是被彻底摧毁。在河滨马路，伦敦最古老、最受人喜欢的一个教堂，圣克莱门特·戴恩斯教堂只剩下一片冒着细烟的废墟。那些多少年来一直响着一支古老儿歌的旋律的大铃铛——"桔子和柠檬说着圣克门特的铃铛"——在教堂垮掉时被摔碎了。

一共有5家医院被破坏，被破坏最严重的一所已经完全成了一片废墟。

有一个地铁站被火包围了，有人决定撤离那个地铁站，于是下面的人，绝大多数是妇女和儿童，都跑到起火的地区来了。他们踉踉跄跄地跑过来，母亲或祖母们或抱着孩子，或拖着跟在身后尖叫着的儿童。大火的灼热使他们发出惊恐的喊叫。

根据最后的统计，在这次空袭中，有1,436名伦敦人丧生，大约有1,800人受重伤。在幸存者看来，这几乎已超过了他们的承受能力。

在后来的许多天里，很多伦敦人走路时仍是一副半梦半醒的茫然样子，他们害怕还会有新的磨难。一位驻伦敦的美国记者，《芝加哥论坛报》的拉里·鲁说："我第一次开始感到担心，我开始认识到5月10日的空袭给伦敦人的生活造成了多么深刻的震动和撞击。"

在5月10日以后的几周内，伦敦人没有受到新的轰炸。虽然丘吉尔和他的精英们通过"超级机密"已经知道德军不再向英国进行大规模空袭，但他们没有告诉英国人民。所以，伦敦市民们仍然整日生活在惶惶不安之中。

1941年6月22日，德军突然大规模入侵苏联。消息传来，许多英国人为苏联人感到难过，但也有许多人听到这个消息后兴高采烈。伦敦《晚报新闻》的通栏大标题写道："现在轮到莫斯科了。"伦敦人评论说："现在我们要看看他们怎么办。"

对于多数英国人来说，并不是一种幸灾乐祸的心态，他们所以兴高采烈是因为他们认为对英国的大规模轰炸结束了，德国从海上全面入侵英国几乎不可能了。

↑ 在议会上，丘吉尔慷慨陈词。

"我们胜利了！"英国人民奔走相告，语调里充满了骄傲，也有几分惊奇。

这胜利来之不易，他是用英国人民的勇气、智慧、毅力、苦难和鲜血凝成的！

在这胜利中起决定性作用的，是英国皇家空军艰苦卓绝的战斗！

"在人类战争的领域里，从来没有过这么少的人（飞行员）对这么多的人（英国民众）作过这么大的贡献！"

这是丘吉尔在下院的一次演讲中对皇家空军作出的高度评价。

第二次世界大战中规模最大的空战结束了。德国发动战役的目的是彻底征服英国，为征服整个欧洲扫除障碍，但它的目的没能实现，英国从此则成为欧洲抵抗运动和盟国反攻欧洲的基地。不列颠战役，是德国在第二次世界大战中首次失败的战役。

04
BATTLE

第四篇 > 空降·克里特岛

第1章
CHAPTER ONE

"水星作战"
计划出台

★尽管希特勒打心底里瞧不起这位盟友，但为了挽救深陷在希腊部队之中的意大利军队，希特勒还是在1940年12月13日发布了第二十号命令"玛莉塔"计划，准备发起巴尔干战役。

★在德国国内，法国投降之后空降部队顿时成为年青人心目中的偶像。希特勒青少年团的新兵纷纷加入空降兵的行列，就连德国宣传部长戈培尔的儿子也加入了伞兵，戈培尔还鼓励自己部内的人员在奉召入伍时选择加入空降兵部队。

No.1 战火中的巴尔干

1940年秋天，被希特勒"闪击战"战果刺激得再也坐不住的墨索里尼开始行动了。这位意大利法西斯头子的想法非常简单，就是幻想打一场能够和德军半年前西欧战役相当的战事，在耀武扬威显示其军事实力的同时，不断地扩张其帝国版图，将地中海收为意大利的内海。于是，墨索里尼拒绝了希特勒派遣德军陆军与空军至北非与巴尔干协助意军的建议，于10月7日自阿尔巴尼亚发起了对希腊的入侵。

然而，由于遭遇了恶劣气候，加上战略本身也有缺陷，更重要的是意军遭到重新部署的希腊部队的顽强抵抗，墨索里尼的如意算盘显然是落空了。本来，希特勒乐观地认为意大利部队可以顺利夺下希腊最重要的据点——南部边界及其克里特岛上的据点，但没想到的是意大利部队不仅没有达成目的，甚至还被希腊部队赶回了边境，并陷入包围之中。结果，墨索里尼的"战略错误"致使英国得以在1940年11月1日抢先占领了克里特岛，从而危及意大利与北非之间的交通线，并让希腊的补给品得以源源不断地运往埃及。

到这时候，墨索里尼已经顾不上面子了，在撤了陆军参谋长、海军总司令的职之后，他开始向希特勒摇尾乞怜了。

尽管希特勒打心底里瞧不起这位盟友，但为了挽救深陷在希腊部队之中的意大利军队，希特勒还是在1940年12月13日发布了第二十号命令"玛莉塔"计划，准备发起巴尔干战役。

虽然"玛莉塔"作战计划比著名的第二十二号命令——入侵苏联的"巴巴罗萨"计划发布得早，但是这并不表示希特勒重视地中海方面的作战。在计划的第六条，希特勒明确指示"进攻部队在'玛莉塔'作战结束后将撤回以作下一阶段战事之用"。而事实上，这个"下一阶段战事"就是指的尚未宣布的入侵苏联计划。希特勒并没有把巴尔干战役视为德军将入侵埃及甚或中东的前哨战，"玛莉塔"作战的目的除了出于解救盟友之外，还有就是要占有希腊以保护罗马尼亚的油田。同时，考虑到即将到来的苏联战役，希特勒特别强调时间的掌握与速度的重要性。

1941年春，德军部队开始开抵地中海战区：为了援助北非意军，"沙漠之狐"隆美尔中将率领北非军两个装甲师于1941年2月陆续抵达；而为了补充损失过半的意大利海军，原来驻防挪威专门负责反舰作战的德第10航空军也开抵西西里岛；支援"玛莉塔"作战的空军部队由第4航空舰队提供，指挥官是原奥地利空军总司令罗尔航空兵上将。他手底下的精锐部队则为冯·厉秋芬航空兵上将的第8航空军。

期间，南斯拉夫政变一度打乱了德军的部署。3月26日刚刚同意加入轴心国的保罗王子被前空军总司令推翻，并央求苏联的援助与保护，气炸了的希特勒马上将巴尔干战役的范围扩大。

这样，在空军方面，希特勒加强了第4航空舰队的兵力，以便能够同时占领南斯拉夫与希腊两国。陆军方面，希特勒令李斯特元帅的第12军团以及魏克斯上将的第2军团分别进攻希腊与南斯拉夫。

↑ 希特勒与南斯拉夫保罗王子。

← 斯图登特，素有"德国空降部队之父"之称。

在德军强大的攻势下，南斯拉夫很快就投降了。

希腊军队的命运也好不到哪里去。

早在意大利入侵希腊后，英国首相丘吉尔就一直对在巴尔干半岛开辟第二战场抱有相当大的兴趣。从一开始，丘吉尔就向希腊政府提出了派遣英军协防的建议。尽管希腊政府清楚此举会直接导致德国介入战事因此屡次婉拒，但丘吉尔还是成功地向希腊派遣了部队。为此，英军还专门抽调了在北非沙漠地带与意大利军队作战的部队。而当时，英军在与意军的对决上已经取得优势，并俘获了超过10万人的战俘。如果一鼓作气继续进军，将很有可能在隆美尔尚未抵达北非前结束北非战事。丘吉尔的巴尔干情结使得北非的战事多拖了两年半。

然而，丘吉尔的协防没有扭转巴尔干战役的局势。战役开始不久，希腊军队全线溃败，英国皇家空军也几乎全军覆灭，希军和驻希腊的英联邦军被迫撤向与巴尔干半岛隔海相望的克里特岛。

至此，"玛莉塔"作战即将以德军的胜利而结束。

这个时候，丘吉尔首相再次显示了他的强硬作风，为了确保英国在地中海、北非和中东的利益，他命令撤到岛上的英联邦军停止撤退，坚守克里特岛。在命令中，他要求"尽一切可能对进攻的德军队实施打击，守住克里特岛"。

希特勒能允许英国人在他背后留下一颗钉子吗？

从地理位置上看，克里特岛位于伯罗奔尼撒萨半岛的西北，西临西西里岛，东南接塞浦路斯岛，北临爱琴海众多岛屿，是爱琴海的天然门户。

然而，更重要的是由克利特岛向南320公里便是托布鲁克与索伦之间的昔兰尼加海岸，同时，它距埃及尼罗河三角洲也只有约350海里的距离，其战略位置非常重要。如果英国控制了该岛，盟军便可以在地中海东面拥有海空优势，并将其作为向巴尔干半岛海岸发动攻击的踏板；而德军如果夺取该岛，则可以钳制巴尔干半岛南部，对于日后稳固非洲军的海上补给线，以及轴心国在地中海战场的作战具有重要的战略意义。

此时，与希特勒的想法一样，纳粹德国的许多将领都想尽快结束巴尔干战役，然后抽出身来全力对付苏联。于是，克里特岛就吸引了为数众多将领的目光。

No.2 斯图登特的献礼

在纳粹空军第11航空军的指挥官斯图登特上将的眼睛里，克里特岛是理想的攻击目标之一。

时年51岁的斯图登特上将被誉为德国"空降部队之父"。在第一次世界大战期间，斯图登特曾经作为飞行员击落过5架敌机，并担任第9战斗机中队中队长、第3战斗机大队大队长等职务。之后，他又担任过德国空军著名的瑞希林测试中心负责人，后来因为对工程方面的了解而被戈林网罗到新成立的空降部队中。尽管加入空降部队并非斯图登特的本意，因为按道理讲，他应当担任真正的航空师或航空军（下辖各式战机的那种）指挥官。但斯图登特还是兢兢业业地为德国空降部队贡献了他的全力，为德国空降部队的发展奠定了艰实基础。

德国空军空降部队分为跳伞的伞兵以及以滑翔机空降的滑翔步兵，伞兵自容克-52运输机以降落伞空降，而滑翔步兵搭乘DFS-230滑翔机空降。与其他国家不同，德军的空降部队归空军管理。但对于空降部队的使用与调动，一手创办空降部队的斯图登特上将有着绝对的发言权。

斯图登特的空降部队第一次实战是在1940年4月进攻挪威、丹麦等北欧国家的作战中展开的，这同时也是全球第一次空降部队实战，之后，他们又在5月份西线战役中扮演了极为重要的角色。特别是在对荷兰与比利时的大规模空降作战中，滑翔步兵突击了比利时坚强的艾本·埃马尔要塞，以70人的兵力攻下了这座由1,200名比利时军守卫的坚强堡垒。此外，斯图登特以12架老旧的He59水上飞机搭载150名伞兵从大桥的两边滑进，夺取重要桥梁的构想也是令人赞赏的作战。

在1940年5月的西线战役中，斯图登特的空降部队成功地攻下了许多传统地面部队不易突破的要地，德国陆军机械化部队得以快速挺进。这一点，让法英两国误判德军将其主力放在了右翼，从而使从阿登森林冲出的古德里安的装甲部队能够切断英法两军。

斯图登特的空降部队对英国军方造成了强烈的震撼，英方曾经紧张地要求人民留意一切可能的空降攻击，并对穿英军制服却不会说英语的人特别留意。

在德国国内，法国投降之后空降部队顿时成为年青人心目中的偶像。希特勒青少年团的新兵纷纷加入空降兵的行列，就连德国宣传部长戈培尔的儿子也加入了伞兵，戈培尔还鼓励自己部内的人员在奉召入伍时选择加入空降兵部队。

然而，斯图登特的荣耀没有持续多长时间，这些空降兵在法国投降后却无事可做。在希特勒颁布的"玛莉塔"作战计划中，没有空降部队的参与，甚至连入侵苏联也没有他们的份，这一点让斯图登特忧心不已。特别是在巴尔干战役展开后，空降兵们在德国本土的营区

↑西班牙独裁者佛朗哥（左）与墨索里尼。

内看到陆军战友立下一个又一个的战功，而自己却不知何时才能回到战场时，营区内的士气便变得十分低落。斯图登特非常担心，如果再不为自己的空降部队找到出路，恐怕就会出现有人提出将空降兵转换为其他单位的要求了。斯图登特一直在寻找参战的机会。

墨索里尼出兵阿尔巴尼亚时，斯图登特曾认为机会来了，与德国空军讨论了将第7航空师运用到地中海战区的可行性。斯图登特认为，他的空降兵部队可以协助墨索里尼快速朝苏伊士运河挺进。但是，一意孤行的墨索里尼拒绝了德军的协助，德国航空兵失去了参战机会。之后，斯图登特试图参与"菲力克斯作战"，但这个构想也在西班牙独裁者佛朗哥将军与法国维希政府总理贝当元帅拒绝参战后告吹，至此，第7航空师还是找不到它的战场。

于是，在"玛莉塔"作战计划确定后，斯图登特便又一次开始为自己的部队找寻可以施展身手的地方。

斯图登特开始考虑对地中海地区的英军重要战略地点开展空降，当初的候选目标从西而东依次为：直布罗陀、马耳他岛、克里特岛与赛浦路斯。直布罗陀由于西班牙坚守中立而无法攻下，且窄小的岛上遍布石块，这对伞兵及滑翔机的降落有很大困难；马耳它岛也因为太小且布满石墙不易找到适合的空投区而放弃。最后，斯图登特认定克里特岛与赛浦路斯的大小适于大规模空降，是较恰当的目标。

而这两个目标之中，克里特岛又是最佳的选择。斯图登特认为，克里特岛的重要战略地位为其实施空降作战构想提供了一个绝佳的机会。他又通过克里特岛证明以伞兵及滑翔机突击，并以空运着陆部队实施后继攻击，其性质并非仅属于一支突击部队而已，而是一个强大的新兴兵种。

为此，斯图登特费时多日，制定了详细的计划，并与德军高级将领展开了激烈的辩论。

德军高层的研究结果认为，克里特岛与马耳他岛都是对德军未来作战有利的目标，夺取克里特岛可以确保英军远离巴尔干半岛，以免威胁到随后将进行的入侵苏联作战的侧翼；而攻下马耳他岛则可以一劳永逸地解决对北非隆美尔部队的补给状况，对北非作战有直接的影响。

4月15日，斯图登特向戈林元帅提出了一份只使用空降部队攻击克里特岛的计划。

接到该计划的戈林非常兴奋。当然，戈林的兴奋是有原因的，他曾经在希特勒面前夸下海口，说他的空军所向无敌，但在数月前却被英国皇家空军迎头痛击，损失惨重。这时，戈林比谁都想赢得一场新的胜利，以掩饰这一挫折。

空军上将罗尔赞同这一计划，则是出于英国飞机从克里特岛起飞能够轰炸位于罗马尼亚布加勒斯特北方附近普洛斯特油田的担心。陆军参谋长哈尔德也认为，德军需要克里特岛以控制地中海东部。

但是，德国陆军高级司令部却对进攻克里特岛的胜算表示怀疑，也并不热衷。他们认为英国将不惜一切死守克里特岛，以保护英国在北非与苏伊士运河的侧翼。此外，部分军方高级将领也担忧克里特岛作战需要动用过量的精锐部队投入次要战区，而影响到即将实施的"巴巴罗萨"作战计划。

对这一计划的裁决权交给了希特勒。

4月20日，是希特勒的生日。这一天，斯图登特与空军参谋长颜雄尼克中将造访了希特勒的专用火车，并与最高统帅部参谋长凯特尔元帅以及作战厅厅长约德尔少将一齐讨论如何运用第7航空师的问题。

也许是由于天气转暖的原因，在"玛莉塔"作战指挥中心，希特勒的脸上露出了难以觉察的笑容，他一言不发地听着手下的争论。

斯图登特的发言中显示了他参战的急迫性："占领克里特岛，这是我们直接迈向苏伊士运河的第一步。之后，空降塞浦路斯的作战也可以对土耳其的参战与叙利亚、伊拉克等中东地区产生决定性影响。"斯图登特一边说一边注意着希特勒的反应。显然，希特勒对斯图登特这个庞大的战略构想没有太大兴趣，他一言不发。

斯图登特汇报完他的作战计划之后，很知趣地闭上了嘴巴，但他把求援的目光投向了罗尔空军上将。

"我觉得夺取克里特岛，可以保护洛斯特油田免遭英军飞机的轰炸。"罗尔空军上将小心翼翼地补充了一句。

希特勒心动了，他的眼角不经意地颤动了一下，但他依然没有说话。

沉默，令人难以捉摸的沉默。房间里的空气几乎窒息了。

"最好使用空降部队攻占马耳他！"德军最高统帅部参谋长凯特尔元帅开始揣摩希特勒的心理。

"不！"希特勒突然从椅子上跳了起来，冷眼斜视了一下凯特尔，然后把目光转向了斯图登特。

斯图登特紧缩的心舒展开了，尽管他摸不清希特勒的想法，但他知道他的机会终于降临了。

占领克里特岛，杜绝英国空军对普洛斯特油田威胁的这个想法是打动了希特勒。因为，在希特勒心中，整个"玛莉塔"作战是为了入侵苏联提供一个安全的侧翼，占领克里特岛作为巴尔干战役完美的句点是一个不错的构想。至于马耳他岛，与希特勒心中的大目标——入侵苏联毫无关系则坚决不予考虑。

显然，希特勒这个战争狂人已经有了新的打算。尽管马耳他这个英国基地比克里特岛更重要，但希特勒想以辉煌的胜利来尽快结束巴尔干战争，以便全力对付苏联。因此，他要把赌注下在克里特岛上。

斯图登特的计划不啻为送给希特勒最好的生日礼物。

4天之后，1941年4月25日，希特勒颁布了第二十八号作战命令——"水星作战"计划，5月17日由空降部队展开对克里特岛的攻占。但为了避免干扰对苏联作战，希特勒要求所有的准备工作将以不影响对入侵苏联的准备为前提，而速度也为该战役的第一要务。"水星作战"计划中负责支援任务的历秋芬第8航空军必须在5月底撤往波兰为入侵苏联作准备，而其他如防炮等空军单位也只有10天左右的作战期限。

No.3 成败在此一举

"水星计划"出台后，斯图登特便开始为攻打克里特岛进行周密筹备了。为了证明空降部队的实力，斯图登特决定像忒修斯凭借智慧和勇气打败了克里特岛迷宫中的牛怪，拯救雅典人民一样拿下克里特岛。

克里特岛是爱琴海最南面的皇冠，是诸多希腊神话的发源地，也是希腊文化、西洋文明的摇篮。在历史和未来发展间，它一直倍受关注，永远是爱琴海上最璀璨的主角。特别是1900年英国考古学家阿瑟·伊文思和他率领的考古队经过3年艰苦发掘，在克里特岛的克诺萨斯发现了弥诺斯王宫的遗址和大量文物，克里特岛更被世人所瞩目。而如今，克里特岛又成为纳粹德国眼中的一颗棋子。

克里特岛像一艘狭长的小舟，东西极长而南北极短。东西长约260公里，而南北最宽处只有60公里，最窄处只有12公里，大部分地区甚至窄到30公里。岛上丘陵密布，有4条东西走向的山脉。因此，南北向交通极端困难，且没有可供车辆通行的公路越过东西向的中央山脉。

岛上的重要都市都在岛的北面，自西而东依次为卡斯特里、首府卡尼亚、苏达港、雷斯蒙与赫拉克棱，连接这些都市的只有一条沿着海岸的窄小公路，同时这也是岛上唯一拥有硬质铺面的通路。其中，苏达湾是重要的港口。其北面有爱克罗提里半岛的屏障，港湾内可以容纳大型军舰，也适宜水上飞机的起降。

↑ 德军部队开进希腊。

↑ 从空中俯瞰克里特岛。

　　1941年，希腊人和英国人在这些北岸港口附近建筑了3处机场，这些机场设施很简陋，实际上只不过是前进的机场而已。最大的一座赫拉克棱机场位于岛东的北岸，是较好的一处，可供各种不同类型的飞机起降。在卡尼亚以西约40公里的马里门机场，跑道只是一片平地而已，未铺设水泥，最差的机场是雷斯蒙机场，几乎是毫无设施可言。

　　正如希腊神话中所传说的一样，克里特人十分剽悍。早在二战初期，由克里特人组成的希腊第5师在阿尔巴尼亚与意大利军队作战时就创下许多战果，该师在1940～1941年的冬季战争中更是有极佳的表现。但是，克里特人却长期对希腊政府不满，因此，许多克里特籍的军官在希腊军中被归类为政治上不可靠的一群，就连第5师师长与师中的高级军官也都由希腊本土军官出任。也正是这个原因，克里特师才会被派遣到远离家乡的前线作战而不是在克里特岛保卫自己的家园。毕竟，让上万克里特人人手一把步枪是很不智的，而希腊政府也在这个小小的岛上派驻了多达3,000人的警力，也是为了看好这些居民。

克里特人的剽悍可以从几件事情看出来。第5师在德国入侵希腊后与其他希腊部队困在阿尔巴尼亚而投降，但是该师师长却侥幸逃了出来并随希腊政府撤至克里特岛，这位把整师克里特人遗弃在阿尔巴尼亚的中将于1941年4月29日在首府卡尼亚的大街上当街被人刺杀身亡。"水星计划"开始后，德军也便很快领略到克里特人的凶悍了。

对斯图加特而言，空袭克里特岛不是一件容易的事。

首先，准备时间太紧张。根据希特勒的指示，所有有关克里特岛作战的集结行动都不得影响入侵苏联作战的准备工作，而自伞兵部队4月21日接到作战消息到作战发起的5月17日只剩下不到27天。

其次，奇袭效果没有达到。身为空降部队总管，斯图登特明白奇袭对空降部队的重要性。因此，当空降部队匆忙从本土的驻地沿铁路向希腊前进时，斯图登特下令在移防过程中所有伞兵不得随意离开车厢，更不准在路上哼唱伞兵军歌。

然而，斯图登特的努力却被希特勒粉碎。为了打击撤退中的英军部队，希特勒在没有通知斯图登特的情况下派遣空降突击团对哥林多铁桥实施了突袭。但这项空降行动由于执行太晚只截断了数百名英军的退路，而且使空降部队已出现在希腊的消息不胫而走。

令斯图登特不安的还有伞兵移防的速度实在不能令人恭维。在通过巴尔干半岛时，空降部队遇上了刚刚打完巴尔干战役正返回罗马尼亚的陆军第2装甲师，由于巴尔干地区的道路狭窄而且多处被德国空军炸毁，因此交通运输十分缓慢，加上希特勒不准影响入侵苏联作战的命令，伞兵只得让路给第2装甲师。这样，移防工作严重落后，最后一批伞兵在5月14日才抵达机场驻扎。

航空燃料也是一个大问题。要知道，仅第一天500架运输机就需要6,50,000加仑的燃料。这些燃料中有60%必须由海路经由的港、亚德里亚海、哥林多运河运抵雅典。但是，哥林多铁桥的残骸仍正躺在运河中间，运河无法通行。如果绕路往南走，就将面临英军潜艇与鱼雷攻击机的威胁。运河的疏通需要时日，直到5月17日才勉强疏通一条通道供船只通过。

这样一来，"水星计划"被迫延后，由5月17日推迟至5月20日。

然而，斯图登特很快又发现，需要解决的问题不仅仅是上面这一部分。

支援这次空降作战需要500多架容克－52运输机，然而当它们返回希腊时却发现没有什么好的机场可用。条件较好的机场已经被厉秋芬的第8航空军所占用，运输机大队只得寻找任何可以起降飞机的平地。所找到几个机场大多是沙地，飞机起飞后就会产生大量的沙尘并掩盖后面起飞飞机的视野。

另外，希腊境内也没有可靠的通讯系统，第4航空舰队的通讯部队也都不在希腊，斯图登特不得不依赖极不可靠并已被德军轰炸受损的希腊有线电话。

对于斯图登特来说，当时在罗马尼亚境内第11航空军的第22空运登陆师尤其适合此次空袭作战，只要简单的步骤即可将其调至希腊。但令斯图登特失望的是，他的请求却被三军统帅部无情地驳回，因为此举将会严重干扰入侵苏联部队的运输工作。

斯图登特在5月5日才获悉这一消息的。三军统帅部下令直接抽调第12军团的第5山地师代替第22空运登陆师。尽管第5山地师在希腊战役中有优异的表现，但并不适合空降作战。同时，该师师长林格尔中将是奥地利人并为奥地利的老纳粹，与第4航空舰队指挥官罗尔上将为老相识，在指挥上为斯图登特增添了难度。

更让斯图登特难以容忍的是，5月7日他自柏林飞抵雅典后才发现自己并不是整个行动的最高指挥官。整个"水星作战"由第4航空舰队罗尔上将统一指挥。

据称这是戈林的安排，其用意在确保第4航空舰队的作战单位（主要是第8航空军）能够在规定时间内撤回以准备入侵苏联。同时，由于担心罗尔压不住斯图登特，戈林还把空军参谋长颜雄尼克中将也派到雅典以监督整个行动的进程。斯图登特对此心知肚明，德军中仍有很多将领对于空降作战的能力表示怀疑。有许多人甚至认为斯图登特之所以能在元首面前获得重视，不是因为他真正的能力而是因为他的政治手腕。

确实，斯图登特的个性与"沙漠之狐"隆美尔元帅相似，他会与任何意见和他不一致的人吵翻，并将自己的想法强加在对方身上。早在1940年西线战役中，就有许多陆军将领对于斯图登特所提出的大胆突击计划表示怀疑，尽管事后证明他的判断是正确的，但仍然无法获得那些人来自内心的支持。

斯图登特很明白，他需要这一次机会来加强他在西线战役中所建立起来的名声，以使空降部队在德军中占有一席之地。倘若这一次好不容易当面向希特勒争取来的作战机会取消或者失败的话，下一次再有机会就不知道是什么时候了。

是不是最高指挥官对斯图登特来讲已经不重要了，关键是如何保证能赢得这场战役。对他而言，"水星计划"更是为空降兵的荣誉而战，成败在此一役了。

No.4 争　论

"水星作战"计划是由罗尔、厉秋芬以及三位空军将领讨论而定的。

第4航空队指挥官亚历山大·罗尔将军是"水星作战"的总指挥。在当时的德军编制中，航空舰队是最大的指挥单位，通常拥有1,000架以上的各式战机。第4航空舰队是在奥地利与德国合并之后组建的，奥地利空军整合到德国空军中之后，原奥地利空军总司令亚历山大·罗尔航空兵上将出任第4航空舰队的指挥官。

冯·厉秋芬航空兵上将指挥的第8航空军是第4航空舰队的精锐部队，拥有大约750架中型轰炸机和俯冲轰炸机，以及两个侦察机联队。尽管在1940年8月间的不列颠之战中他们表现不佳，打了3天就在8月18日撤出战场，但是经过半年的整补之后，该军恢复了波兰战役与西线战役的水准，其战斗力正处于巅峰状态。

斯图登特的第11航空军也隶属第4航空队，辖有10个空军联队，共约600架运输机与100架滑翔机，1个侦察机中队，1个第7空降加强师、第5山地师、第6山地师的1个团，以及若干个空降的防空营、工兵营以及卫生营。

一开始，斯图登特计划一场纯伞兵与空降、空运部队的作战，他表示伞兵将投遍全岛以同时夺取岛上首府与三座机场。这样一来可避免敌军预备队的集中，并可在最短时间内拿下全岛。

罗尔则希望将伞兵集中投到距希腊本土最近的马里门机场，这样就可以集中伞兵最大的力量夺下目标，并可以得到第8航空军的充分支援。

"你的想法完全是过时的，"对于罗尔的想法，斯图登特提出了尖锐的批评，"你完全不了解垂直作战的精义，既然元首对'水星作战'的最大要求是时间与速度，只有按照我的方法才能在最短时间完成战事。"

"第11航空军可以对岛上的7个要地，包括马里门、卡尼亚、雷斯蒙、赫拉克棱在内，同时发动攻击。只有这样，才能够发挥奇袭效果，迅速占领岛上所有要点。一旦成功，则其余部分便能很容易的克服。"斯图登特坚持自己的主张。

罗尔没有直接与斯图登特交锋。

"是的，我也承诺，将军阁下的想法一旦实现将大大缩短战事时间。但是，将军，不知您考虑到没有，目前我们的兵力有限，不足以同时攻击这样多的据点。而且，运输机的容量也不能向我们提供足够的的支援。"罗尔顿了顿，接着说道，"尤其是在攻击部队不能获得第8军充分支援的情况下，如果遇到守军的顽强抵抗，我们将面临'装备多而人员少'以至于被各个歼灭的严重后果。"

这个时候，一直沉默的厉秋芬也表示，虽然他们已经控有将近全德空军一半的运输机，但以第8航空军的兵力仍难以同时对这些目标提供足够的支援，而要在入侵苏联的前夕调到更多的运输机是不可能的事。

两个人争执不下。

到底是要照罗尔所说的集中兵力，还是斯图登特的同时打击所有目标执行"水星"计划，在两方僵持不下的情况下只好交由空军总司令戈林来解决。最后，戈林下令斯图登特在上午空降西边的两个目标，东边的另外两个目标则在下午派第二波伞兵夺取，如此第8航空军便可充分对两波不同攻击提供足够的支援兵力。然而，这个尊重两方的折衷办法既没有斯图登特同时奇袭敌军的优点，也没有罗尔集中兵力于单一目标的优点。

戈林的计划是这样的：

德军空降部队首先迅速占领4个最重要的据点，然后分别进攻其余地区。第11军使用强大的先头部队（伞兵和滑翔机部队）迅速从空中攻占机场和岛上最重要的城镇。为了获得第8军的充分支援（尤其是战斗支援），攻击行动分为几个阶段：

第一批部队于7时15分空降克里特岛西部，主要夺取目标为马里门机场和卡尼亚市镇。

第二批部队于15时15分空降克里特岛东部，以雷斯蒙和赫拉克棱为主要目标。

第一、第二批部队夺取目标后，德军增援部队即由空中和海上陆续登陆，直到全部攻击部队登上克里特岛。

→ 戈林亲赴前线视察部队。

此一计划若能成功，则从第一天起，由于3个机场和卡尼亚、包括苏达湾都已经被占领，已足以使守军无法获得经由空中增援的部队，以及在各个要点进行任何相当规模的兵力调动。届时，斯图登特的第11航空军将分为3批，分别担任不同的使命：

西部战斗群由曼德少将指挥，受命在第一波攻击中迅速占领马里门机场，然后据守机场以便后续部队可以源源不断空降着陆。

中央战斗群由苏斯曼中将指挥，其任务是第一波攻占首府卡尼亚及苏达港，第二波攻占雷斯蒙机场。

东部战斗群由林格尔中将指挥，也属于第一波攻占赫拉克棱机场，保持机场的开放。

而空运登陆的第5山地师将视情投放到需要的机场。

第8航空军则在攻击发起日的清晨，将执行摧毁克里特岛地面防空部队的任务，同时也负责掩护和支援空军部队作战。

当希特勒了解到斯图登特的计划中只有空降或空运部队时，他由柏林直接发电报到雅典下令斯图登特必须安排海运部队以确保"即使三座机场被英军炸毁了，德军仍有足够兵力可用"，这是希特勒在二战中第一次干涉作战的具体计划，但是他这项动作日后却变成克里特岛战役中德军反败为胜的关键。

于是，第8航空军还需要保护参加作战的舰艇，并击毁在克里特岛附近的盟军海上兵力。

以上的攻击计划可以说非常周详，同时也没有重大障碍因素。作战计划成功的关键在于3个机场，如能顺利占领三处，甚至其中两处，则攻占克里特岛便如囊中之物。

当然，从以上的作战安排中，我们可以看出斯图登特把岛上西边最重要的几个目标完全交在他所熟识且信任的伞兵手中了，最不重要的东边目标才交给山地师师长林格尔中将，而且林格尔的东战斗群也是唯一一个指挥官不随第一波攻击上场的，第1伞兵团团长布劳尔上校将在林格尔抵达前实际指挥赫拉克棱的作战。在斯图登特眼中这位奥地利籍的师长最厉害的作战技巧不过是古老的侧翼回旋战术罢了，而他的伞兵将领们则是三度空间垂直空降作战的专家。

斯图登特的计划中，所有的重要目标都将由伞兵夺下，他本人将在当天飞抵克里特岛成立作战指挥部直接指挥作战，一切若照计划进行，林格尔与他的山地部队将"只来得及参加岛上的胜利分列式"，一切的荣耀将归与伞兵部队，而斯图登特自己在第三帝国的军事地位也将更稳固。

战云已经笼罩克里特岛。

第2章
CHAPTER TWO

科罗拉多的博弈

★丘吉尔在4月28日致韦维尔将军的信中称，德国即将以空降部队和轰炸机大举进攻克里特岛，而这是消灭德军伞兵部队的大好机会。于是，丘吉尔勒令务必做好充分的准备，坚守克里特岛。

★但为了增强费雷柏的信心，韦维尔告诉了费雷柏有关"超级机密"的详情。但韦维尔也要求他不得在没有其他情报来源的状况下使用来自"超级机密"的情报，以免使德国人怀疑是否自己的密码被破解，而"超级机密"这个秘密也不得告诉岛上的任何人。

No.1 谜，不再是谜

在执行"水星"作战计划之时，德国军方已经对入侵苏联的作战做好了充分的思想准备，但对外仍粉饰一切真正的意图。"玛莉塔"作战被宣传为粉碎大英帝国在地中海势力的第一步，而空降克里特的"水星作战"则变成夏季入侵英国本土的演练。

如此统统都是为了掩饰德军的真正意图，即为入侵苏联争取时间。

然而，当斯图登特紧锣密鼓地为"水星"作战计划做准备的同时，英国方面已经对德军的意图和行动了然于胸。

首先，克里特岛也是英国方面关注的重点。

英国丘吉尔首相认为，德国征服希腊后，克里特岛便成为希腊国王和政府最后的立足之地，以及各兵种部队的重要收容场所。对于盟军而言，它是埃及和马耳他岛的一个重要前哨据点。而德国也正在虎视眈眈地盯着这个岛屿，这种情况下据守克里特岛问题上不会存在任何意见分歧。

其次，这一切也得益于英国出色的情报工作。

二战中，德国人对于他们的加密机是非常自信的，从"谜机器"这一命名上我们就可以看出德军相信其是无法破解的。

但是，让德国人无法相信的是，英国人在波兰人与法国人的协助下破解了这个理论上无法渗透的系统。位于白金汉郡布雷奇利公园的"政府解码学校"破解了这台"谜机器"，他们以"超级机密"为代号来保护这个来源。

由于德国空军的保密程序相对松懈，因此第一个被破解的便是德国空军的记号。早在1940年10月，英国便侦测到厉秋芬上将第8航空军移防罗马尼亚的消息，而德军为准备"玛莉塔"作战而集结到东边的部队更是让英国一览无余。

"水星"作战由德国空军第4航空舰队指挥，加上南斯拉夫、希腊的有线通讯早被德军破坏殆尽，因此斯图登特只得以无线电传递消息，这一切自然被英军尽收眼内，甚至连希特勒亲自下令增加海运登陆部队的讯息也被截获。突袭作战之前，"超级机密"几乎截收所有的相关情报：

4月25日——第11航空军获油料优先补给权；

4月26日——第11航空军自德国本土移防希腊雅典；

4月26日——斯图登特将第22空运师移至希腊的请求；

4月26日——厉秋芬的第8航空军挑选机场且申请克里特岛地图与照片；

5月1日——第8航空军受命不得轰炸克里特岛上的跑道，也不得在苏达港布雷以避免危害整个作战；

5月6日——德军预估作战日期最早将在5月17日。

↑英国情报部门正在窃取德军信息。

　　据此，英国联合情报小组在4月27日发布了德军将在短期内以空降夺取克里特岛的警告，在警告中也对德军伞兵的兵力大小与空中支援单位的数量作了准确的估计。

　　就在5月6日这天，"超级机密"拿到了德军最终完整版的作战命令，这足足给了英军两个礼拜的时间作准备。这是"超级机密"在第二次大战中第一次发挥战略性的作用。

　　丘吉尔在4月28日致韦维尔将军的信中称，德国即将以空降部队和轰炸机大举进攻克里特岛，而这是消灭德军伞兵部队的大好机会。于是，丘吉尔勒令务必做好充分的准备，坚守克里特岛。

　　与英军相比，德军的准备倒显得颇为仓促。

　　首先，德军的情报工作十分差劲。自德军占领雅典以后，德国参谋人员欣喜若狂，忘乎所以，不再像平时那样慎于保密，从而大大方便了英国驻希腊的谍报人员。而以海军上将卡纳里斯为首的军事情报局的判断也严重失误，他们认为克里特岛上的盟国部队装备不足、战力低落，而克里特人对德军的到来将十分友善。因此，在攻击发起前，他们甚至还公布与岛上第5纵队的辨识暗语"波克少校"。斯图登特手下的情报官也大大低估了岛上盟国部队的数量，认为首府卡尼亚与苏达港有5,000人，最东边的赫拉克棱只有400人，中间的雷斯蒙机场则完全没有部队驻守。

其次，德军空降有生力量没有得到完全补充。早在1940年5月的西线战役中，德军空降部队就蒙受过重大伤亡。当时，虽然空降部队轻易地夺取了艾本·埃马尔要塞与荷兰要塞，但在攻占政府所在地海牙的行动中却是以悲剧收场的。在参与进攻的2,000名第22空运师官兵中，40%的军官与28%的兵员阵亡，参与的运输机部队也损失惨重。其主要原因是抵抗的荷兰部队展现了坚定的战斗意志与决心，还有空降部队在降落后即失去机动能力且重装备不足。希特勒正是知道空降部队的这个弱点，才坚持斯图登特必须安排海运登陆部队的。

再次，运输机及燃料的严重不足制约了德军的行动部署。按照计划，德军在完成上午两波的攻击后，运输机必须飞返机场载运第二批下午攻击的伞兵，这就要求所有的飞行与装载得在规定时间内完成，而运输机也不能在上午的攻击中损失太多。否则，将会对下午的行动产生威胁。这一切，在战前都是无法预估的。而此外，由于航空油料直到5月19日深夜才完成运送，期间许多伞兵都熬夜为运输机加油，以确保自己第二天有飞机可搭。

最后，更为重要的是，与前几次德军空降作战相比，克里特岛的作战准备时间相当短促，从希特勒4月20日初步决定到5月20日发起进攻只有短短的30天。而1940年5月负责执行艾本·埃马尔要塞空降的突击团整整准备了4个月。特别是斯图登特5月17日的简报到基层部队只有不到60小时的时间研读地图与拟定作战细节。

斯图登特也担心一再的延期会使岛上的部队有更多的准备时间，但是他的担心是多余的——英军比斯图登特的团级、营级指挥官还早拿到德军的作战计划与命令。

与德军伞兵认为攻打克里特岛将是场容易的胜仗相比，英国方面显然是做好了最坏的打算。在盟军的准备计划中，丘吉尔以"科罗拉多"这个暗号来表示克里特岛，并按照对即将来临的惨烈战争的想象，用"灼热"来表示德军的进击。

No.2 费雷柏登场

丘吉尔的担心是有原因的。

早在1940年不列颠空战之后，英国高层人士就明确了克里特岛的重要战略地位，但是知道是一回事，真正去加强却又是一回事，克里特岛的防务几乎空白了半年之久。

1940年意大利入侵希腊后，丘吉尔就曾要求英军中东地区总指挥韦维尔勋爵加强克里特岛的防务，但是，当时韦维尔正忙着和北非西沙漠地区的意军交战，而阿尔巴尼亚前线又频频告急。这样，虽然丘吉尔一再声称"埃及的沦陷将是仅次于英伦三岛沦陷的灾难"，但仍不顾反对下令韦维尔抽调西沙地区的两个师支援阿尔巴尼亚前线。再加上"多送一把步枪到克里特岛就是少送一把步枪到阿尔巴尼亚、西沙地区，但是后两者正有战事发生"的想法，克里特岛的防务在德军入侵希腊前都是一张白纸。

英军第一波进驻岛上的正式兵力是皇家海军陆战队魏斯顿少将率领的"海军机动基地防

卫组织"，在苏达港驻扎并为其提供防御。尽管丘吉尔一再强调克里特岛应该成为"地中海的斯卡巴湾"，并要求将苏达港从前线加油基地升级为舰队基地，但苦于中东战区的资源实在不足迟迟没有实现。

之后，随着英军在希腊的溃败以及英军希腊远征军纷纷撤回埃及，克里特岛就成了这些部队的集散地了。

在克里特作战之前，岛上的守军兵力为英国军队2,750多名，希腊部队1,400多名，这些从战场上撤离下来的人员大多都已经疲惫不堪，没有组织，仅配备有随身的轻武器，缺乏重型装备、运输车辆以及补给。

谁是指挥这一战役的最佳人选呢？丘吉尔把目光投在了新西兰第2步兵师师长费雷柏少将的身上。

费雷柏少将出生在伦敦，两岁时移民到新西兰。在第一次世界大战中，他参与了1915年的加里波里战役，因勇敢地点燃达达尼尔海峡上的浮标而获颁维多利亚勋章。一战中，他多次负伤，但又不断重返战场，甚至在大战结束前数小时，他率领一支骑兵队夺下了一处重要桥梁，同时俘虏了3名德军军官、100名士兵。

费雷柏与丘吉尔是老相识。一战中，丘吉尔在创立皇家海军师之际，费雷柏曾以新西兰青年志愿兵的身份来到海军部要求委派职务，丘吉尔对他进行了必要的推荐。一战结束后，丘吉尔与费雷柏曾在一所乡村的房间里畅谈，费雷柏向丘吉尔展示了身上的27道伤痕。早在1940年9月，丘吉尔就曾想给费雷柏一个权限更大的职务，现在，他认为这一机会到了。

在给韦维尔将军的推荐信中，丘吉尔首相写道："费雷柏有这样的长处：无论被派往什么地方，无论上级拨给他什么军队，都愿意以一颗不可战胜的心去为英王和英国作战，而且他个人不屈不挠的坚定精神也在感染着他周围所有的人。没有人比他更适合于担任这一具有决定意义的司令官。"

费雷柏少将是1941年4月29日随部队来到克里特岛的，当时岛上还没有正式统一的指挥官。

费雷柏与他的属下都认为，他们将很快前往西沙地区，与现在已经发动攻势的隆美尔非洲军交火。于是，他们都利用这段短暂的时光在沙滩游泳或作日光浴。

也就是在这个时候，远在伦敦的丘吉尔发了一封电报到开罗，指派费雷柏少将为即将到来的克里特岛战役总指挥。

对此，费雷柏少将十分吃惊。因为和他坐同一条船来的第2和第6旅以及他的师部在几个小时以前刚刚坐船离开，他自己是为了视察随后即将到来的第4、第5旅才留在岛上的。而且，他的师部参谋以及重要的通讯器材全都在开罗，这对他的指挥有很大的困难。

更为重要的是，先前在巴尔干半岛的作战经验让他十分怀疑是否有能力抵挡德军的入侵。同时，他也担心一旦战役失败，新西兰第2步兵师将面临投降的命运，新西兰这个小国能否承受损失近一个师的战斗兵力。要知道，当时的新西兰只有第1步兵师和第2步兵师两个师。

正如丘吉尔的评价，尽管心存疑虑，费雷柏少将还是接受了任务。

↑ 新西兰、澳大利亚的士兵共同担负起守卫克里特岛的任务。

4月30日当天，韦维尔亲自飞抵克里特岛召集高层指挥官进行作战会议。会中，大部分人士都不认为他们有能力守住克里特岛，尤其是在皇家空军没有实力保护他们的状况下。

会议结束后，韦维尔单独留住了费雷柏。

在战前特有的宁静中，两个人在海滩边漫步。

"费雷柏少将，你是不是也对能否守住克里特岛心存疑虑？"韦维尔问道。

对于韦维尔的提问，费雷柏停住脚步，回答道："是的，勋爵先生。"

"为什么？"

"很简单，"费雷柏解释说，"我已经收到陆军部关于敌军进攻规模的估计。据我看来，只有在海、空军充分支持之下才能据守该岛。然而，目前盟军方面目前尚没有派海军的迹象，而岛上的空军则只有6架'旋风'式战斗机和17架旧式飞机。"

"而且，由于希腊战役的结果，目前岛内部队已失去所有的大炮，掘壕工具不足，车辆很少，装备与弹药的战时储备也不够。没有充足的人力、物力又如何保卫克里特岛呢？"费雷柏反问道。

"我们希望您能够提供一些迫切需要的无线电机、火炮、弹药、车辆等。"费雷柏最后提出了要求。

韦维尔回复称自己对克里特岛军品短缺的情况非常了解，但他实在是无能为力，因为中东的战事更加紧张，准备运往克里特岛的许多装备都被相继地移用到北非。

但为了增强费雷柏的信心，韦维尔告诉了费雷柏有关"超级机密"的详情。但韦维尔也要求他不得在没有其他情报来源的状况下使用来自"超级机密"的情报，以免使德国人怀疑是否自己的密码被破解，而"超级机密"这个秘密也不得告诉岛上任何人。

尽管岛上局势不容乐观，但费雷柏还是决心尽全力防守克里特岛，开始组织岛上防务。由于费雷柏的师部已经随第6旅离开克里特，他的参谋长只得从其他两个旅借调官兵来组成新的师部。

岛上的官兵，除了新西兰第2步兵师的2个旅（第4、5旅，第6旅已经到埃及）外，还有澳大利亚第6步兵师的第19旅、英军第14步兵旅、陆战队以及若干从希腊本土撤来的希腊步兵。此外，为了增加部队员额，一些散兵游勇与非第一线作战单位被费雷柏集中编成新西兰第20步兵旅。

费雷柏将防御的重点置于反空降，适当地将其部队分成4个能独立作战的战斗分队，依据地形要点部署。3个用以防御机场，1个用以防御苏达湾，预防可能遭遇的海上攻击。其中，马里门机场和首府卡尼亚主要由新西兰第2步兵师第4、5旅防守，雷斯蒙机场主要澳大利亚第19步兵旅防守，赫拉克棱机场主要由英军第14步兵旅防守，苏达湾由英国海军陆战队防守。由于缺乏运输车辆，因此费雷柏没有机动预备队。

费雷柏命令各区指挥官将1/3兵力部署在机场附近，另外2/3则部署在机场外围稍远以避开德军空降前对机场周边的猛烈轰炸。这2/3的部队将在德军空降开始后展开逆袭并争取在伞兵最脆弱的时候击败他们。

之后，英国方面还是在开战前尽量运送了一些火炮到克里特岛上。据不完全统计，在5月18日之前，有大约100门各式火炮运抵岛上，其中85门是可用的，这也在后来的战事中发挥了重大作用。

No.3 出动，地中海舰队

经过两个多星期的准备工作，费雷柏认为已经有能力应付德国的空降部队了。5月16日，他向丘吉尔首相发了一份电报：

"已完成克里特岛的防御计划，刚从视察防务的最后一站归来。我在这次视察中受到莫大鼓舞。各处官兵均已准备就绪，士气昂扬。所有防御工事都已扩充，阵地尽可能布置铁丝网。我们安置了45门野战炮，储藏了足够的弹药。每一飞机场均配备两辆步兵坦克。运输车辆正在起岸并拨交各部队。第二批'莱斯特'式坦克已经运到，将可加强伊腊克林的防卫。我不愿过分自信，但觉得我们至少能够一显身手。我相信，在皇家海军协助下，我们能够守住克里特岛。"

费雷柏的自信是建立在英国皇家海军协助的基础上的。

虽然斯图登特希望在克里特岛打一场纯空降部队的作战，但是希特勒在认清空降部队的弱点后坚持必须派海运登陆部队，英军在收到"超级机密"的情报后就开始编组相关舰队以拦截由海路增援的德军。

1941年5月的英国皇家海军地中海舰队可以说是地中海的霸主。在舰队司令康宁汉上将的领导下，舰队于1940年11月12日夜袭大兰多军港，之后又在1941年3月28日马塔班岬海战中表现出色。两场战役下来使得地中海海军强权——意大利海军的实力被掏空不少，新锐的战斗舰与重巡洋舰、驱逐舰也都无法对英军舰队产生太大的威胁。

当时，英国皇家海军地中海舰队东区的作战舰只包括1艘航空母舰、4艘战斗舰、11艘巡洋舰和30艘驱逐舰。在克里特岛战役前夕，康宁汉上将把地中海舰队分成4支兵力，分别执行阻绝意大利海军对克里特战役的支援、拦截德军登陆船队的任务。

除部分舰只在亚历山大港加油补给外，4支分遣队的兵力组成如下：A1分遣队由洛林少将指挥，率2艘战斗舰和5艘驱逐舰，在克里特岛与意大利之间巡逻，预防意大利海军的干预；B分遣队由罗雷上校指挥，率2艘巡洋舰和2艘驱逐舰在克里特岛西方外海巡逻；C分遣队由金恩少将指挥，率2艘战斗舰和5艘驱逐舰在克里特岛北边海域的卡索海峡巡逻，准备夜间拦截德军登陆船队；D分遣队由葛列尼少将指挥，率3艘战斗舰和5艘驱逐舰在克里特岛北边海域西的安提凯瑟拉海峡，夜间拦截德军登陆船队。

地中海舰队尽管非常强大，但有一致命弱点，就是缺乏空中掩护，对于来自空中的打击只能坐以待毙。

这一点，从之前巴尔干战役15分钟内被炸沉2艘驱逐舰的经验中，康宁汉很清楚，如果他的舰队在大白天巡行于德国空军打击半径内的克里特岛北边海城时，大概会落得全军覆没

↑ 面对英国皇家海军地中海舰队，意大利海军毫无抵抗能力。

的命运。因此他下令今处克里特岛东、西海峡的C、D分遣队只能在入夜后冲入克里特岛北方海域扫荡敌军，在天明之前一定要再撤回安全海域。

意大利舰队本来应当承担掩护德军登陆船队的任务，但是由于战役开始前，德国空军第8航空军的人员"警告"意军，德军俯冲轰炸机飞行员并没有受过太多的在海面上辨识船舰的训练，要是不小心在海上炸了意大利舰只可不要怪罪德军飞行员。于是，墨索里尼对于德国空军独霸胜利果实而不愿与意军分享的打算心知肚明，也便并没有派遣更多的舰只参战。只是派出了一艘Partenope级679吨旧型驱逐舰。然而，这只老旧的驱逐舰，却在后来保护德军登陆船队方面起了至关重要的作用。

丘吉尔首相对海军的准备工作非常满意，他鼓励费雷柏一定能够取得胜利。

对于今后的形势发展，丘吉尔充满了信心。5月3日晚，丘吉尔向全世界发表了广播演说。在演说中，他没有掩饰局面的严重性，但更多地是充满了必胜的信心。他说：

"当我们以冷静沉着的目光注视着摆在我们面前的种种困难时，如果回忆我们已经克服了的那些困难的话，新的信心便会油然而生。"

最后，他还引用了英国诗人阿瑟·休·克拉夫的诗句"用以说明我们的命运"：

当那疲乏无力的浪花向岸边空自冲击，
仿佛是寸步难进的时候，
远远地，通过小河小湾的流灌，
已静静地汇成一片汪洋。
当晨光初照人间，
那光芒岂止透过东窗；
太阳在前面缓缓地上升，多么缓慢啊！
但是请看西边，大地已是一片辉煌。

丘吉尔太需要一场胜利了，一场打破德军不败神话的胜利。在他看来，德国将采取海空两路并进的方式作战。没有海上运输重型装备、增援部队及补给品，德军空降作战是不可能成功的。强大的英国皇家海军地中海舰队就是取得这一胜利的保证。

然而，证明英国错误的一场战役即将登场。

第3章
第3章
CHAPTER THREE

截杀在半空中

★中央战斗群分为两波，分别于上午、下午空降。上午这一波与马里门机场的西战斗群同时展开战斗，同样，也是由第1空降突击营2个连的滑翔步兵作前卫。然而中央战斗群的灾难在还没抵达克里特岛以前就开始了。

★安德鲁沮丧至极，连忙在下午17时向哈吉斯特准将申请支援。哈吉斯特允诺在必要时将派出第21营增援，不过此时的艾化中校正率领他的21营忙于招架德军伞兵的进攻，又哪里会有剩余部队支援107高地呢？

No.1 随时准备自尽的斯图登特

5月20日晨，"水星作战"计划正式拉开序幕。

在战役正式开始之前，为了破坏岛内的防空设施，厉秋芬的第8航空军已经进行了10多天的例行轰炸。

上午7时，第8航空军的俯冲轰炸机、轰炸机与战斗机开始进行空降前最后1小时的轰炸。

正在用早餐的费雷柏少将看了看表，对旁边的侍卫官说："这些德国人真准时！"。

岛上官兵对过去十几天的轰炸已经见惯不怪了，轰炸也已经成为他们早餐的前奏。一般情况下，等德军飞机离开后他们会从掩蔽处起身吃早饭。

然而，这一次却有了明显的变化。德军进行轰炸和机枪扫射的猛烈程度前所未见，并大量使用了220公斤重甚至重达450公斤的炸弹。

"德国佬开始进攻了，"费雷柏一把拉掉身上的餐巾跳了起来，大吼道，"命令部队做好准备！"

果然，此时远方的天空传来另一种飞机的引擎声，第一波德军伞兵已经到达。

在这次进攻中，德国空军表现了希特勒青年运动的热情，并强烈地体现了他们要为1918年的战败而复仇的条顿精神。然而，令这些德国空降兵的精英没有想到的是，他们会如此之快地把自己年青的生命奉献给了希特勒的称霸野心。

上午的第一波空降发生在马里门机场和克里特首府卡尼亚，打头阵的是第1空降突击团第1营。该营是滑翔机空降部队，在营长柯赫少校的率领下曾于1940年5月10日攻占了比利时艾本·埃马尔要塞与周边重要运河桥梁，可以说是斯图登特空降部队精锐中的精锐。

按照预订计划，参与马里门空降的滑翔机分为三组，分降在机场四周。机场南部是由营长柯赫少校率领的15架滑翔机共120人、东边是布劳恩少校率领的第1营第4连，辖9架滑翔机共72人、西北方是冯·普莱森中尉的第1营第3连，辖14架滑翔机共108人。他们的任务是肃清机场周边的防空炮以保护随后而来的伞兵。

8时15分，柯赫少校率先落地。然而，平安着陆并没有让他感到惊喜，柯赫少校发现岛上的地形比预想的要陡峭得多，而这对后来伞兵的落地安全将有很大影响。

紧接着，在滑翔机落地后不久，空降突击团第2营、第4营的伞兵随后降落，目标是占领机场。8时30分，突击团在团长曼德尔少将带领下开始跳伞，第2营与第4营也几乎毫无伤亡地降在机场的西方。

一切看起来都非常顺利，曼德尔少将感到顺利在望。突然，周围枪炮声大作，早已严阵以待新西兰第5旅第22营对德军发起了猛烈的进攻。

在新西兰步兵猛烈的火力打击下，3支滑翔步兵都蒙受到重大的伤亡——营长柯赫少校颈部中弹、第3连连长冯·普莱森中尉阵亡、第4连连长布劳恩少校阵亡。第1营的高级指挥官几乎全部毙命。

← 德军伞兵从天而降，落地之后立刻集结起来。

西部战斗群指挥官曼德尔少将也难逃噩运，在向机场周边推进时，他就被新西兰狙击手击中了手掌，在痛苦中曼德尔跳了起来，随即被这位狙击手命中了胸部。

第2营由穆贝少尉率领的72人分遣队空降在机场最西边，他们遭遇到驻守该地的希腊第1步兵团。对他们来说，希腊兵的打击算不上什么威胁，但勇敢的克里特居民却让其吃尽了苦头。

许多克里特居民虽然没有枪械，但是他们拿着所有可以找得到的武器赶赴战场，在追逐战中许多德军伞兵被居民用刀砍死或被乱棒打死。随即赶到的希腊第1步兵团也没有控制住居民的情绪，德军伞兵就这么被占数量绝对优势的克里特人给淹没，穆贝少尉72人特遣队只剩下17人还活着。

此时，第3营还在雅典的机场。由于运输机部队占不到条件良好的机场，等到载运第3营的运输机起飞时机场早已漫天飞沙，运输机因此延后40分钟起飞。等第3营到达马里门时已是上午10时30分，按照计划，他们将在机场东部着陆。等待他们的是蓄势待发的新西兰第5旅第21和23营，跳入已经预警2小时的优势兵力中，其结果可想而知。

许多伞兵在空中就被击毙，营长史尔伯少校当场阵亡。艾本·埃马尔要塞之役中，率领工兵降在要塞屋顶上的骑士铁十字勋章得主魏齐格上尉也肺部中枪，躺在血泊中三天。

第3营的伤亡惨重，600名空降的伞兵中近400人当场阵亡，几乎全军覆没。

与西部战斗群相比，中央战斗群的命运更加悲惨。

中央战斗群分为两波，分别于上午、下午空降。上午这一波与马里门机场的西战斗群同时展开战斗，同样，也是由第1空降突击营2个连的滑翔步兵作前卫。然而中央战斗群的灾难在还没抵达克里特岛以前就开始了。

中央战斗群指挥官第7航空师师长苏斯曼中将及师部所搭乘的滑翔机，在刚离开雅典不久就因拖曳机的失误至使拖曳缆断裂，整架滑翔机在空中解体坠毁，机上人员全部阵亡。中央战斗群还没有抵达卡尼亚就没有了指挥官。在原定计划中，滑翔步兵由空降突击团第1营第1连、第2连组成。第1连由连长甘次中尉率领9架滑翔机共90人降落在卡尼亚南方，第2连由连长奥图曼上尉率领15架滑翔机共150人降落在卡尼亚东北方，其任务都是消灭卡尼亚周边的防空炮阵地。

经过激战，甘次中尉的第1连如愿占领了防炮阵地，但90人仅剩34人。奥图曼上尉的第2连比较幸运，没有损失太多兵员就占领了部分防炮阵地。之后，第3伞兵团3个营以及工兵营大部分都降落无误。而第2营600名伞兵中却只有350名成功抵达地面，其中第7连连长纽霍夫中尉阵亡。

更有意思的是，第3营第10连则投到了英军野战医院的帐篷堆中。在混乱中，德军击毙了医院的负责人，并俘获了500名英军伤员。但10连也没有成功撤离，在半路上遭到伏击，大部分的伞兵阵亡或被俘，连长纳格勒中尉则在地面作战中阵亡。

剩余的德军很快集结，对卡尼亚发动进攻。然而，在新西兰第10步兵旅的顽强抵抗下，德军伞兵屡攻不下，在卡尼亚的战斗便成了的对峙局面，占领卡尼亚的目标也落空了。

然而，斯图登特没有亲眼目睹这一惨烈的场面。尽管参与第一波攻击的德军伞兵损失惨重，但其运输机却只有7架未能返回，加上无法与两个战斗群达成无线电联络，斯图登特误认为攻击应该相当顺利。空军参谋长颜雄尼克对此也表示欣慰，认为顺利的攻击表示战事将很快结束，而第8航空军也就可以按照希特勒的计划及时调到波兰准备入侵苏联的作战。

这样，为了让第5山地师顺利地空运至克里特岛，斯图登特当天中午即派遣机场控制组飞往马里门准备执行机场管理工作。当史诺瓦斯基上尉率领的机场控制组搭乘2架容克－52/2运输机抵达马里门机场时，迎接他们的是来自四面八方的步枪与机枪弹，枪弹乒乒乓乓地击碎飞机的机舱玻璃。史诺瓦斯基上尉只得赶快加足油门飞走。至此，斯图登特才明白马里门机场还在对方手中。

也就是在这个时候，斯图登特收到了一连串不好的消息：第7航空师师长苏斯曼中将坠机身亡、曼德尔少将身负重伤、卡尼亚的战斗失败。而接替苏斯曼中将指挥中央战斗群的海德里希上校也向斯图登特提出了建议，要求将下午第二波的空降改在马里门。

斯图登特的脸上开始冒汗了，考虑再三，他认为在最后时刻改变作战计划将导致大乱，故仍然下令下午的第二波空降按照原定计划进行。

中央战斗群的第二波空降由第2伞兵团2个营再加2个连担任。由于德军的情报研判雷斯蒙周遭并无敌军，所以司徒猛上校的第2伞兵团下辖的兵力最少。计划中由克洛少校的第1营在机场东侧跳伞并占领机场，魏得曼上尉的第2营则在雷斯蒙镇东郊跳伞以占领该城，团长司徒猛则率领团部在机场西侧跳伞以作为团预备队使用。

然而事实上却是第2伞兵团降落区周围有2个澳大利亚步兵营与2个希腊步兵营。同时，由于机场的原因使得原本应当在下午16时15分开始空降的伞兵延迟到16时50分才开始进入着陆区。而这个时候，第8航空军的空中支援早就结束了。这样，低空慢速的运输机就成为了澳大利亚军步兵的活靶子，瞬间就有7架容克－52被击落。

混乱中，第1营的部分伞兵被投入海中，甚至有一些伞兵的降落伞没有打开便落到了地上。一名澳军士兵后来回忆称"3名伞兵从运输机上跳出后伞未开便笔直落下，如同小刀一样砸到地上发出巨响"，而最骇人的场面是"约10名伞兵坠入高耸的竹林中"。

相对而言，第2营的跳伞较为顺利，但也无法击败优势的敌军。在夜幕降临时，克洛少校的第1营600人中已经有400人阵亡或受伤，剩下的也相当疲惫，雷斯蒙机场仍牢牢地握在澳大利亚军手中。

同样，司徒猛的团部也遭受类似的命运，对于战局发展他也无能为力。特别是第2伞兵团团部的通讯装备在跳伞时损坏，因而无法将作战状况传回雅典总部。斯图登特在当晚19时曾派了1架联络机前往雷斯蒙机场，但未能返航，所以第2伞兵团的状况没有人知道。

东部战斗群被斯图登特寄予厚望。

东部战斗群的总兵力虽较中央战斗群少，但是其一次集中跳伞的兵力却是三个战斗群里最多的。指挥官第1伞兵团团长布劳尔上校除了辖下的3个营外还外带第2伞兵团第2营，他本人又是1935年就加入空军伞兵的元老，因此斯图登特相信下午东部战斗群的战斗能够挽回颓势。

计划中，第1伞兵团第2营将同时在赫拉克棱机场的东西两侧跳伞，之后团部以及第1营在更东边8公里的塔台跳伞并占领之；第3营在赫拉克棱西南方跳伞以占领此镇；第2伞兵团第2营则在稍稍西边跳伞并支援第3营一同占领赫拉克棱。

德军情报单位的错误研判更是造成了东部战斗群的重大伤亡。

赫拉克棱的守军包括英军第14步兵旅下辖的3个正规英军步兵营、1个澳大利亚步兵营、3个希腊步兵营以及8辆战车，总兵力超过8,000人，是德军情报单位研判人数的20倍。更重要的是，赫拉克棱机场是克里特岛上3个机场防务最为完善的机场。

英军指挥官查本尔准将将所有的防空炮都掩蔽得很好，并下令在德军运输机出现前都不得开火。这样，德军运输机遭到了英军防空炮与步兵猛烈射击，某些驻守在丘陵上的澳大利亚步兵甚至是水平击中了运输机。有的伞兵在飞机拖着火焰时跳出，然而着火的降落伞却无法打开；有的伞兵因伞被飞机尾翼拖到海上；有的伞兵缓缓降入一片看来安全的地方，然而即将着陆时8名掩蔽在正下方的英军步兵站起来撑起刺刀网，这些伞兵便在尖叫中丧命。负责夺取机场的第2营600名伞兵中，300人以上阵亡、100人受伤。

计划降在城西近郊的第3营还没跳伞便蒙受损失，以营长舒尔兹少校为例，在他跳出容克－52后运输机便中弹爆炸，他是全机唯一的幸存者。所剩不多的伞兵落地后便遭受持刀与棍棒的克里特岛民众的攻击，根据一位英军目击者描述整场战斗"简直就是中世纪战斗的重演，只差没有泼热油而已"。

只有最西边少了2个连的第2营空降相对顺利。

第1伞兵团团长布劳尔上校和第1营到晚上20时才落地，幸运的是，他们在这一区域没有遇到太多的抵抗。但开始作战后布劳尔才发现其他营的下场，在集中有限的兵力向机场推进而屡屡失败后，布劳尔只得采守势以等候天亮后对地攻击机的到来。

雅典作战总部的斯图登特等人是在入夜后才得知，经过一整天的激战，"水星作战"计划未获得任何成功，马里门、雷斯蒙与赫拉克棱3个机场仍在敌军手中，而且他一手创建的空降部队几乎全军覆灭。克里特岛成了德军空降部队的坟场。

"撤退还是继续打下去？"第4航空舰队总指挥罗尔上将敦促斯图登特作出下一步决定。

斯图登特心里很矛盾，继续打下去目前看不到任何胜利的可能，而这项未获德军高层大多数赞同的空降作战要是就此收手，其结果不仅是为空降部队这支新兴兵种划上句号，他个人的军事前途也将就此完结。

打下去是斯图登特的唯一选择。

在目前的情况下，只有尽全力先占领一座机场以便将山地部队运进去。

于是，在连夜的参谋作业后斯图登特的作战计划出炉。

斯图登特要把仅剩的伞兵兵力投到最有突破希望的马里门机场，这些隶属东部战斗群将改为部署到马里门，分别降在马里门机场的东西两侧以攻占机场。

这支临时拼凑的伞兵营由雷马克上校带领加入突击团，同时，由于西部战斗群空降突击团团长曼德尔少将中弹受重伤，雷马克也将代替曼德尔少将担负指挥西部战斗群的任务，而厉秋芬上将第8航空军则奉命以所有力量集中支援马里门的作战。

由于伞兵作战失败，原本计划在第二天进行的海运登陆就显得十分重要。斯图登特要求负责的海军将领确保登陆作战照原定计划进行，并且将原本派署到东部战斗群的登陆船队也拉到西边马里门地区来。

以上这些计划也许可以扭转德军的劣势，但是前提是5月21日天亮之前，西部战斗群空降突击团仍然能守住马里门机场的一个角落。如果新西兰军队在德国空军无法出动的夜间发动强力逆袭，并消灭了空降突击团的据点的话，那么一切都将成为泡影。

斯图登特后来坦承，当时日出前的短短几小时是他军事生涯中最漫长的几个小时，他说："当时我准备好我的手枪，准备在听到最坏的消息时举枪自尽。"

→ 战斗中，德国战斗机被击中坠落。

No.2 高地之争

至20日午夜，德军的预定目标仍然没有一个得以实现。

计划夺取的3个机场中，只有马里门机场还算稍稍有些进展。因为马里门机场相对较小，而离希腊的基地最近，于是招致德军容克－87轰炸机白天最猛烈的轰炸。

负责守卫机场附近107高地的是新西兰第5旅第22营，营长安德鲁在高地的指挥所受到彻底地破坏，并与守卫马里门机场的2个连失去了联系。

更为雪上加霜的是，德军空降部队尽管受到了灭顶之灾，但训练有素的德军空降兵仍然表现出高昂的斗志，踏着同伴的尸体对马里门机场及107高地发动了一次又一次顽强的进攻。经过激战，德军不失时机地夺取了塔威拉尼蒂斯河上最重要的公路桥，安德鲁投入反击的预备队和仅有的2辆坦克，最后也是有去无回。

安德鲁沮丧至极，连忙在下午17时向哈吉斯特准将申请支援。哈吉斯特允诺在必要时将派出第21营增援，不过此时的艾化中校正率领他的21营忙于招架德军伞兵的进攻，又哪里会有剩余部队支援107高地呢？

安德鲁不知道的是，德军的实际情况并不比新西兰22营好多少。由于马里门并不是德军计划的重点，只有柯赫少校的1个滑翔机加强连部署在107高地附近。柯赫少校最初的努力也没有奏效，数次进攻均被击退。然而，曼德尔少将很快意识到107高地对马里门机场的重要性，当即派出4个连实施正面进攻，另外派2个连从西、南两面迂回。经过一天苦战，截至黄昏时分，曼德尔1,900人的突击队只剩下600人能够作战，而且曼德尔也在塔威拉尼蒂斯桥附近的作战中身负重伤。

失去通讯联系的安德鲁中校无法了解局势发展情况，由于担心被德军包围，他终于失去了坚守的信心，在下午18时请求撤退。

得到允许后不久，安德鲁就在双方相持不下的情况下，草率地趁夜色将部队撤离阵地。然而，守卫机场的另外2个连由于一直没有恢复联系，无法传达撤退命令，他们仍然顽强地坚守阵地直到21日机场全线失守。这2个连的新西兰士兵的坚强无畏，足以让那位曾经在一战获得过维多利亚十字勋章的安德鲁中校汗颜。

21日凌晨，进攻107高地的伞兵决定趁夜色再做一次尝试。

他们小心翼翼地接近英军阵地，准备应付遭到预想中的射击。但是，英军阵地一片寂静，以至让伞兵们担心陷入了新西兰军队的埋伏圈。

伞兵们爬到了阵地上，这时，他们才发现摆在面前的竟是空空如也的堑壕，英军早在数小时前撤退了。

就这样，在白天被认为几乎是无法攻克的107高地被轻而易举地拿下了，这种结局大大出乎了德军的意料。

由于德国空军的空袭严重破坏了岛上的指挥系统和通讯系统，费雷柏对22营在马利姆所发生的一切完全是一无所知，更不要说及时派出增援部队了，从而失去了取胜的大好机会。

↑德军部队集结起来，准备增援马里门机场。

　　但对于曼德尔和他的伞兵来说，这不只是一个意外惊喜。而实际上，在这一夜之间，107高地的易手，使得克里特岛的局势开始向对德军有利的方向转变。安德鲁中校的撤退，无意中却成为了克里特岛之战的转折点。

有人曾将克里特岛局势的转变归咎于费雷柏没有及时发动逆袭。因为，德军第一天在四处的空降都未成功，岛上的港口与3座机场一直牢牢握在英军手中，只要在夜间加一把劲实施逆袭，就可以打出丘吉尔期望中大英帝国的第一场胜仗。

这一指责不是没有道理的。

当然，尽管岛上守军大量杀伤了德国空降兵，但由于德军不顾一切夺取克里特岛的决心，岛内守军同样损失惨重，也是导致战局逆转的一个原因。

20日晚上10时，费雷柏向韦维尔将军汇报了战况，在报告中他指出：

今天竟日苦战。我军受到极大压力。我相信，我们至今还据守着雷西姆农、伊腊克林与马利姆的飞机场和两座港口。

守住这些地方的希望甚微，如果我把情况说得很乐观，那就错了。战斗激烈，我们击毙了大批德军。交通极端困难。对卡尼亚的空袭非常厉害。此间每一人都认识到这是生死存亡的一仗，我们将战斗到底。

对费雷柏来说，他确实再三叮咛各区作战指挥官必须在德军伞兵降落后马上展开逆袭，但是某些指挥官却不明白马上发动逆袭的重要性。新西兰第2步兵师底下的旅长级指挥官都是打过第一次大战的老兵，某些将领仍然抱着第一次大战西线的那种壕沟静态战的观念，殊不知在这场空降作战中"只守住自己防线"是不够的，新西兰步兵们必须从己方防线冲出来，尽一切努力在德军伞兵未聚集足够实力前击退他们，而不是呆守在己方防线等着德伞兵来攻击。

很不幸，暂代费雷柏少将第2师师长之职的普提克准将就是位作战思想保守的军人，更不幸的是他所负责的马里门机场防区最后便成了整场战役的转折点。

新西兰第2师在夜间发动了逆袭，但是使用的兵力不到1个营，而在误判局势后更放弃了部分暴露的重要阵地，打算在更多兵力到达后再夺回。新西兰第2师高阶指挥官"控制预备队以面对未来德军攻击"的想法把完全击败德军伞兵的宝贵机会拱手让出。

事后，德军马里门方面的指挥官表示，要是当夜新西兰军发动营级以上兵力的逆袭，他们将被逐出在马里门仅有的立足之地。

No.3 援军来了

5月21日凌晨，从马里门方面传来一封令斯图登特十分高兴的电讯——"西战斗群已经占领机场西南角与机场南方1公里处的107高地"，这则电讯代表德军的反攻计划终于有了实施的机会，而斯图登特自杀的手枪暂时用不上了。

形势使斯图登特更坚定地把赌注押在马里门的西战斗群上，其他两个战斗群就只能靠仅

↑德军伞兵着陆后，立刻进入战斗状态。

有的力量支撑下去了。

中央战斗群卡尼亚方面的指挥官海德尔上校，在21日夜间发动的失败攻势使第3营营长德帕少校阵亡，之后第3伞兵团只能掘壕守住防线，与当地的新西兰军队展开了拉锯战。

中央战斗群雷斯蒙方面的情况则相当危急，德军2个营的兵力在近万名澳大利亚和希腊士兵面前不堪一击，指挥官第2伞兵团团长司徒猛上校在澳军围攻下投降被俘。由于通讯和无线电装备被破坏，雅典方面已经24小时未接获来自司徒猛上校的任何讯息。

东战斗群指挥官布劳尔上校，21日清晨在德军战机支援下对赫拉克棱发动攻势，但在损失巨大后仍不能夺下任何目标，虽然德军高层一直要求布劳尔上校至少要占领能威胁到机场的据点以防止英军战机使用跑道，但第1伞兵团实在没有能力办到。

这一切，斯图登特已经顾不上了，迅速增援马里门是他的第一要务。

21日清晨7时，两架容克-52出现在马里门机场上空。一架由克莱伊上尉驾驶，负责测试在马里门机场降落的可能性，以评估是否可以将山地部队载入；另一架由柯涅兹少尉自行驾驶的容克-52则降在机场附近的沙滩上，把已经意识不清的曼德尔少将及其他7位伤重人员运走。

然而，由于运输机的问题，增援的雷马克上校的伞兵营一直到下午18时才开始跳伞，虽然空降突击团再三警告雅典千万别在机场东边实行空降，但是斯图登特的情报人员仍认为那里的抵抗不大，因此2个连的伞兵在纳格列中尉率领下在原来突击团第3营的空降区域跳伞。结果，悲剧再度重演，新西兰毛利人组成的第28营在底下拿着刺刀迎接这些伞兵，史尔伯少校第3营的命运再度发生在这批伞兵上，在降落后，纳格列中尉只能集中80人展开作战，其他200名伞兵大部分阵亡。

好在雷马克上校率领的另外2个连，是1个小时之后在机场西方德军占领区内跳的伞，这

↑ 在前线检阅伞兵的斯图登特。

样雷马克上校一落地便接手了西战斗群的指挥权。然而，令他惊讶的是，他发现空运的山地步兵也已经开始在机场降落了，这是斯图登特再三考虑过后的结果——冒险将山地部队运入马里门机场。他下令在必要时运输机以毁机落地方法，将生力军与武器装备投入作战。虽然第8航空军的容克－87机群尽力压制马里门四周的新西兰迫击炮火，但仍无法100%压制敌火，因此运输机便在新西兰步兵、炮兵的射击下冒险降落。这个方法的确为马里门机场带进了许多生力军，但是平均每3架容克－52中就有1架被击中，德军为此付出了十分高昂的代价。

随着第5山地师第100山地步兵团在团长伍兹上校率领下乘坐运输机陆续抵达，至夜幕低垂时，雷马克上校已经有650名生力军，加上原来第1空降突击团幸存者，他的总兵力达到1,800人。

对守军费雷柏少将而言，5月21日至22日的夜间是他发动逆袭击败德军的最后机会。

在107高地失守后，费雷柏确实打算借着夜幕在德军无法发挥空中优势时，用第4旅第20营与第5旅第28营以及手头上的战车发动反击。预定的攻击时间为5月22日凌晨1时。

然而，执行反击计划的2个营中只有第28营在马里门附近，第20营还远在东边20公里外的卡尼亚西侧，这预示着必须要等到第20营赶到马里门后攻击才能正式开始。同时，在凌晨1时发起攻击，表明新西兰军队最多只有5个小时可以借助夜幕活动。

其实，当时整个马里门地区与卡尼亚周边有7个新西兰步兵营，而除了在马里门西边的德军战斗力较强之外，其他地区的德军伞兵完全没有反击的余力。照理来说，调动更多的部队参与反击应当是可行的。为什么只派2个营去呢？

原因只有一条，早在德军计划"水星作战"计划出台之时，"超级机密"就截获过一则希特勒自柏林亲自下令斯图登特增加海上登陆船队的命令。这道命令后来被英军相当重视，费雷柏少将也通令各地区指挥官必须看好所属区域的可登陆海滩，每时每刻都要有部队盯守德军可能上岸的地点。

就是在这样的担忧之下，费雷柏以及他的旅级指挥官时刻都在担心着来自海上的德军登陆船队，也就因为这样，在5月21至22日的夜间，新西兰军最后的反击在时程延后与兵力不足下展开。

由于第20步兵营移防的时程受到耽搁，进攻发起自1点拖延到3点半，足足慢了2个半小时。而且，其攻击强度也远远不足以把德军伞兵与山地部队驱逐出马里门机场。

两个晚上过去之后，马里门的德军已经强大到费雷柏少将无法消灭的地步了。

英军因"超级机密"得以第一次拥有击败德军的绝佳机会，而也因为"超级机密"的缘故将这个机会拱手失去；而希特勒亲自干涉作战的习惯却在这时反而成为德军免遭覆灭的关键。

No.4 克里特岛的转折

克里特岛的伞兵正在为自己的生存挣扎的同时，斯图登特也在进行一场指挥权的争夺战。

5月20日伞兵的惨败，使得巴尔干半岛的陆军指挥官第12军团军团长李斯特元帅十分不安，他在第二天向德军高层提出了警告，声称克里特岛可能会拖一段时日，这将严重影响到对苏作战。

21日上午，德国三军统帅部就克里特岛作战召开了紧急会议。

在会议上，希特勒铁青着脸听完戈林的汇报，对下一步的具体部署没有作出指示。会议结束后，希特勒拉下脸来请求墨索里尼出兵帮忙，希望他派出海军支援并在岛的最东端登陆。

此时，斯图登特这位在1940年西线战役中屡创奇迹的"伞兵之父"被冷落在一旁。

↑ 德军驻巴尔干半岛的第12军指挥官李斯特元帅（右）。　　　↑ 时任德第5山地师师长的林格尔。

斯图登特也明白，战役打到这个份上，他没有再多说什么的权利，更何况周围还有很多落井下石看笑话的人。他心里所想的是，无论如何他也要亲自打完这场战役。

果然，开始有人对他的健康关心了。

"斯图登特将军在西线战役所受的头伤还没有完全恢复，在这种情况下应当好好休息，而不要冒险继续指挥整个战事。"

看来，撤换斯图登特是势在必行了。但是考虑到此举会对影响民心以及伞兵部队的士气，不利于下一阶段战事的发展，德军上层讨论的最后结果是剥除斯图登特的实际指挥权。

5月21日晚，在雅典的空军参谋长颜雄尼克中将下令斯图登特留守雅典，克里特岛上的总指挥权将交由即将飞赴马里门的第5山地师师长林格尔中将担任。

对此，斯图登特在后来表示"罗尔上将之所以会把指挥权交给林格尔，完全是因为他们两人都是奥地利人，林格尔甚至还是罗尔在奥地利战争学院的门下子弟！"但是事实上，这完全是来自柏林戈林的直接命令。

但是，斯图登特还不打算放弃，第二天一早他下令他的参谋长飞往马里门机场，打算重新掌控克里特岛的指挥权，但在颜雄尼克中将与李斯特元帅的强力介入下，斯图登特的参谋长于当天傍晚被召回雅典，克里特岛战役正式由山地部队出身的林格尔中将指挥。

林格尔中将事后回忆到达马里门机场第一眼的印象是"简直就是飞机的坟场，随处都可见容克－52的残骸"，光在马里门机场坠毁的容克－52就超过80架，也就是平均每3架落地的运输机就有1架被击毁。负责机场管制的史诺瓦斯基上尉必须用缴获的英军运输车辆将这些运输机推到机场两旁才有办法维持机场开放。然而，不管怎么样，林格尔中将明白，随着马里门守军的不断增加，克里特岛战役开始走向转折点了。

第4章
CHAPTER FOUR

大海与天空
的对决

★德国空军方面，厉秋芬上将的第8航空军虽然从来没有攻击水面舰只的经验与训练，但飞行员们士气高昂，其可以俯冲的容克－88型机的命中机会也比较大，而最大的威胁更是来自容克－87俯冲轰炸机，它们几乎可以进行直角的轰炸。

★5月22日天亮以后，马里门机场德军的危机已经完全排除。5月23日，第5山地师2个山地步兵团（第85团、第100团）也已经空运到克里特岛，第12军团指挥官李斯特元帅为了加速战役的进行，还把第6山地师第141山地步兵团增派到岛上去。

No.1 初战告捷

素有"纳尔逊以来最伟大的海军将领"之誉的皇家海军地中海舰队指挥官坎宁安上将的首要任务，是阻止"超级机密"所预测的德军登陆船队。英军高层相信岛上的费雷柏少将应该可以压制德军夺取机场，若是再阻绝德军的海路增援，则克里特岛之役的胜利必然属于英军。

在斯图登特的施压下，支援马里门与赫拉克棱的船队都临时修改了方向，向马里门集中。

第一支船队5月21日凌晨出发，由25艘各载约100名德、意部队的小型船只组成。载运的部队除了2,331名德军山地部队官兵以及防炮营和其他炮兵外，还有意大利圣马可海军陆战队步兵团的部分士兵。担任护航任务的是小型旧驱逐舰"Lupo"号，船队的最高速度只有6节。

到上午10时，船队已经距克里特岛不到40公里。然而，这时一则误判皇家地中海舰队军舰出现的消息使得整个船队被紧急召回。这样一来，使得原本在下午就可抵达的船队，在晚上22时还距克里特岛有24公里。

当第5山地师师长林格尔中将听到要派他的部队搭船到克里特岛时，直呼出这主意的人疯了，而他的士兵们也表示宁愿搭飞机也不要坐船去克里特岛。但这个命令是直接来自希特勒，因此林格尔能做的只是确保每一位士兵都分配到一件救生衣。

林格尔的预感是正确的。

英国皇家海军地中海舰队很早就由"超级机密"知道德军会在何时派遣登陆船队，但为了保护"超级机密"的来源，还是假装派出一架侦察机去德军船队附近晃晃，在虚晃一招后派出D分遣队前去终结这支船队。

22时30分，英国舰队开火，德军在完全被奇袭的状况下大乱。

但是意军护航的驱逐舰"Lupo"号却英勇地迎击英军舰队，不但施放烟幕保护无抵抗力的船队，而且还上前对英军巡洋舰发射鱼雷与100毫米火炮。在与3艘轻巡洋舰交火后，"Lupo"号中了16枚152毫米炮弹。幸运的是，这艘意军驱逐舰不但没有沉没，稍后还加入了海上救援的行列。

在一阵痛快的屠杀之后，英国海军D分遣队胜利而归。在丘吉尔的战后回忆录当中估计至少有4,000名德军淹死。但是事实上，与英军交火的只是领先的船队，其他殿后的船只由于"Lupo"号勇敢的抵抗而能顺利逃逸，德军真正的损失人数其实只有314人。

在丘吉尔看来，经过48小时海战，德军开始认输了，没有再试图用海运部队登陆。丘吉尔甚至还因此乐观地认为"克里特岛的命运已成为定局"。

很显然，在这场一等海军与一等空军的对抗中，丘吉尔首相错误地估计了形势。

尽管英国皇家海军地中海舰队是一支具有丰富作战经验的舰队，但是一旦进入克里特岛北方的海域就将暴露在德军来自东、北、西三方向的进袭，康宁汉上将自己也承认在没有空军的支援下断无守住克里特岛的可能。

至于德国空军方面，厉秋芬上将的第8航空军虽然从来没有攻击水面舰只的经验与训练，但飞行员们士气高昂，其可以俯冲的容克-88型机的命中机会也比较大，而最大的威胁更是来自容克-87俯冲轰炸机，它们几乎可以进行直角的轰炸。

英国皇家海军地中海舰队初战告捷的原因很多，其中最重要的一条是，在战事开始前2天，德军第8航空军专注于对伞兵的地面支援，而无法抽调兵力出来对付皇家海军的威胁。

真正的对抗还在后面。

No.2 海空生死战

5月21日深夜，雷马克上校的伞兵营空降以及山地步兵团冒险在马里门机场强行降落之后，整个克里特战役的危机已经过去了。5月22日天一亮时，德军第8航空军就可以将大部分的力量抽出来对付英国皇家海军了。

5月21日德军马里门登陆船队的悲剧，使得第2支含38艘各式小船的船队放弃登陆克里特岛，这支船队奉命返航以避免重蹈前一支船队的命运。

5月22日上午10时10分，从东边来的金恩少将的C分遣队在雷达屏幕上捕捉到这支撤退中的船队，英舰开始用炮火攻击并逼近德船队。

眼看船队就要面临覆灭的命运，紧急时刻德空军第1教导联队第1大队的容克-88A轰炸机在大队长霍夫曼上尉带领下赶来了，并开始对英军舰队进行俯冲轰炸。

C分遣队指挥官金恩少将在考虑到他的舰队离德军基地太近，且各舰的防空炮弹药存量已渐不足的情况下，下令舰队往西撤退以便与A1、B、D分遣队的主力群会合。

金恩少将这项举动在日后受到质疑，地中海舰队司令康宁汉上将表示C分遣队最安全的地方就是"冲入德军船队中和他们混在一起"，并对于金恩的决定表示怀疑。首相丘吉尔更是在战后的回忆录当中叹道"至少有5,000名德军官兵免遭覆灭的命运"。

然而，倘若C分遣队真的冲到德军船队中，那几乎可以肯定的是，这些军舰将无一逃脱被击沉的命运。况且金恩所获派的命令是阻止德军自海路登陆，这一点是已经做到了，因此他这项撤出舰队的决定可以说是正确的。

就在C分遣队与A1、B、D分遣队会合的过程中，B分遣队也于6时30分开始受到空中攻击。到8时30分，A1、B、D分遣队终于在克里特岛西方50公里处会合。

汇合后的舰队总共有2艘战列舰、5艘巡洋舰、12艘驱逐舰共19艘舰只的实力，但是，此时各舰的防空弹药存量已经低到危险的地步。B分遣队轻巡洋舰"斐济"号剩下30%、轻巡"格洛斯特"号剩18%，D分遣队轻巡"迪多"号剩25%、轻巡"猎户座"号剩38%、轻巡"艾杰克斯号"剩40%，而他们还要前往接应正在撤向西边来的C分遣队。

金恩少将C分遣队在与其他分遣队会合前一共被炸了3.5小时，德军第2俯冲轰炸机联

↑海面上，英国军舰不幸被炸沉，幸存者只能驾小船逃离险境。

队"英麦曼"的容克－87B与轰炸机联队的Do17Z、He111H、容克－88A不断地轰炸这支舰队。金恩少将的旗舰轻巡"水神"号遭到181枚炸弹的攻击，多枚炸弹使两座炮塔失去战力，航速也降低至18节，防空巡洋舰"卡尔里斯"号舰桥中弹一枚，舰长阵亡。

　　2支舰队于12时过后，进入目视接触范围内，就在此时A1分遣队旗舰战列舰"战恨"号遭袭燃烧，造成38人阵亡、31人受伤，航速也降至18节，"战恨"号半数的防空炮遭摧毁。C分遣队在与A1、B、D分遣队会合后，因金恩少将为诸分遣队中最资深的将领，便接掌了整个舰队的指挥权。他下令驱逐舰"灰狗"号前往击沉据报出现的可疑船只，虽然"灰狗"号成功达成任务，但在返回舰队时遭德军攻击，于15分钟内沉没。金恩少将只得再派遣驱逐舰"坎达哈"号、"京士顿"号前往搭救"灰狗"号的幸存船员，并派遣轻巡"格洛斯特"号、"斐济"号担任防空支援。

　　由于刚从东边过来，所以金恩少将并不知道2艘巡洋舰的防空弹药已经严重不足，之后急忙召回这些舰只。

大部分"灰狗"号的乘员被救起后，4艘英舰开始返回主力舰队。途中，轻巡"格洛斯特"号挨了容克－87与容克－88两枚炸弹，导致锅炉与高炮指挥塔失效，随后又有数枚炸弹分别命中左舷、甲板，这艘1939年刚服役的9,400吨轻型巡洋舰很快翻覆沉没，B分遣队指挥官罗雷上校的遗体在一个月后才被冲刷上岸。

剩下的3艘巡洋舰与驱逐舰无法停下救援"格洛斯特"号的乘员，他们在抛下救生筏后就必须高速驶离以免步"格洛斯特"号的后尘。

轻巡洋舰"斐济"号总共躲过了186次炸弹攻击，但终于还是被一枚250公斤的炸弹命中了，最后在一架容克－87再次攻击之下沉没，780名舰员有523人生还，而先前被救起的"灰狗"号驱逐舰舰长则不幸阵亡。

在更西边的30,000吨战列舰"勇敢号"也被德轰炸机击中，之后又中了2枚较小的炸弹。

就这样，德军的攻击一直持续到日落。

入夜之后，英军又派出5艘驱逐舰进入克里特岛北方海域巡逻，意图封锁德军的海路运输并炮轰马里门机场。

姐妹舰"凯莉"号、"克什米尔"号完成对马里门机场进行炮轰任务返航途中，在5月23日天明之时中弹沉没。"基普林"号冒着被击沉的危险抢救两艘舰上的船员，顺利地救起281名生还者。

5月22日一整天的战斗使地中海舰队损失惨重。

第二天，康宁汉在电报中对这场海空大战的结果进行了描述：

过去四天的战斗，完全是地中海舰队和德国空军的较量。

……我恐怕，我们必须承认在克里特岛沿海海域的失败，必须正视这样的事实：损失过大，因此阻止敌人海运部队进攻克里特岛是得不偿失的。这是我们必须接受的一个惨痛的结局。正如我一向担心的那样，由于敌人享有非我空军所能抗衡的制空权，战斗又是在一个有限的海域进行，加上地中海的不良气候，因此敌我力量悬殊，我们唯有伺机奇袭并极端慎重地用兵才能获胜。……

然而，康宁汉的建议并没有被海军部采纳，海军部回电指出："如果只是地中海舰队和德国空军进行较量，我们也许只得接受你所建议的关于舰队行动的种种限制。但是，除此而外，还有保卫克里特岛的战争。如果在我驻在克里特岛的陆军得以顺利应付所有敌空降部队以前，舰队能够阻止敌人经由海路向该岛运送援军和给养，那么我驻在该岛的陆军就或许能够击败敌人海运部队的袭击。因此，在这一两天内极为重要的任务是阻止敌海运部队抵达该岛，即使舰队受到更多的损失也在所不惜。"

康宁汉上将还是放弃了进一步由海路运送部队增援岛上战斗的意图。

但首相丘吉尔再次展现了他的远程干预能力，他直接从伦敦下令已经朝亚历山大港回航的增援部队返回岛上。

康宁汉上将觉得丘吉尔这种不要命的决定将使船队于大白天暴露在德国空军眼皮底下，为了避免步前一日后尘，康宁汉上将及时招回了舰队。

尽管康宁汉此举避免了地中海舰队全军覆灭的命运，但丘吉尔还是再三痛骂："我们建造舰队的目的就是要在战斗中使用它，而不是在关键时刻龟缩不前，就算牺牲整个地中海舰队都要保住克里特岛！"

好在康宁汉很清楚，若是真把整个地中海舰队押注在克里特岛上，那结局绝对会是整个地中海落入轴心军手中，单单保住克里特岛并不能阻止轴心军在地中海战区的行动，唯有地中海舰队才能够扼止轴心军的野心。他再次拒绝了丘吉尔的建议。

5月26日，康宁汉派遣A分遣队攻击德军的机场，攻击由地中海舰队现存唯一的一艘航舰"可畏"号上的攻击机进行。虽然这次攻击相当成功，但是由于航舰舰载航空兵力的不足，使得轴心军的损失非常少。而在A舰队好不容易拉开与第8航空军的距离时却不小心进入了德军第10航空军攻击半径内，在德机的攻击下，航舰"可畏"号与驱逐舰"努比亚"号完全丧失了作战能力。

至此，地中海舰队与德国空军的较量以失败而告终。

No.3 死守克里特岛

在英国海军与德国空军分出高下的同时，地面部队的形势也开始恶化了。

5月22日天亮以后，马里门机场德军的危机已经完全排除。5月23日，第5山地师2个山地步兵团（第85团、第100团）也已经空运到克里特岛，第12军团指挥官李斯特元帅为了加速战役的进行，还把第6山地师第141山地步兵团增派到岛上去。

由于现在马里门机场已经无后顾之忧，德军援兵以及支援的炮兵源源不绝经空运运到岛上，新西兰第2师已经无法取胜。

5月24日，林格尔已经与中央战斗群西侧的第3伞兵团团长海德里希上校取得联系，解救了独力作战4天无外援的伞兵。

5月25日上午，已被剥除实质指挥权的斯图登特航空兵上将率领幕僚人员飞抵马里门机场。这是在岛上的战局对德军有利之后，戈林才允许他前往该岛，以营造胜利属于德国空军以及伞兵的景象。

尽管早有心理准备，但斯图登特在前往林格尔中将指挥部时所见的景象仍令他十分震惊，机场周边众多的木头十字架说明了伞兵在此次空降作战中损失惨重。

而让斯图登特感到不舒服的是，他到达林格尔的指挥所时只能提供建议而无法给林格尔下达任何的命令，完全是个旁观者而非战役的参与者。

对林格尔中将而言，斯图登特的出现犹如一只挥不去的苍蝇，斯图登特跟着林格尔在战场巡视直到战役结束。

这个时候，最心急如焚的人莫过于英国首相丘吉尔了。

的确，1941年是英国二战中最艰难的一年，不列颠空战的巨大损失尚未恢复，却又在4月丢掉了巴尔干半岛，克里特岛之战稍前在北非战场上，韦维尔发动解救托布鲁克的攻势又一次被隆美尔挫败，运输船队、几个月积攒的物资连同数百辆坦克等装备在几天之间就损失殆尽，昔兰尼已经危在旦夕，在大西洋上，德国海军的"俾斯麦"号刚刚在丹麦海峡过五关斩六将，初次交手就让皇家海军的骄傲"胡德"号葬身海底、"威尔士亲王"号重创，皇家海军士气大挫。

面对危机四伏的英国，丘吉尔急需用一场胜利来挽救颓势，鼓舞国内士气。原本以为克里特岛上的战斗凭借情报和海上的优势，尚有希望放手一搏，而实际上德国空军和伞兵却要比想像中的还要难缠得多，克里特岛的失守似乎只是时间的问题了，如果就此罢休，这是绝对不符合丘吉尔的性格的，他仍主张继续坚持支援克里特岛，声称无论如何一定要战斗到底。22日，很少露面的英国皇家空军出现在克利特岛上空，甚至有些勇敢的飞行员还驾驶他们的"飓风"在赫拉克棱机场降落，但他们的勇敢行为最后还是扑了空，早在前天夜间德国人就将战斗机转场到马里门机场去了。

地面战斗进行到第四天，费雷柏在马里门到卡尼亚战区建立的阵线，面临德军兵力不断增长的压力，至5月26日，部队被压缩到卡尼亚附近。

费雷柏少将实在支撑不下去了！

5月26日凌晨，费雷柏少将电告英军中东总指挥韦维尔元帅：马里门一线已经失守，目前防线退至首府卡尼亚，但由于全线受德军持续空中攻击与迫击炮轰击，官兵士气低落。

上午9时30分，费雷柏再次去电韦维尔表示，他判断克里特岛若无援军则将无法守住，他希望能有秩序地自苏达港撤退。

当然，这一电文对内也极端保密，费雷柏深怕一旦"撤退"这两个字出现，全军士气就会急速崩溃。

对韦维尔来说，费雷柏的这两则电讯来得正不是时候。此时北非隆美尔的非洲军正在发动对托布鲁克的攻击，伊拉克方面有阿里革命，叙利亚方面维希法军也蠢蠢欲动。在丘吉尔不顾一切代价守住克里特岛的压力下，韦维尔没有答复费雷柏。当天上午，新西兰首相弗莱则与中东地区澳军指挥官布拉梅将军也联袂拜访了韦维尔，表达了他们对在克里特岛上战斗的子弟兵的关注。

晚上9点半，费雷柏再次致电韦维尔，坦率地陈述了自己对目前局势的看法：

我很痛心，不得不向您报告，我认为在我指挥下防守苏达湾的部队已经到了人力所能忍受的限度了。无论各位总司令根据军事观点作出什么样决定，我们在这里的阵地里守不下去了。像我们这样一支装备不良而又缺乏机动性的人数不多的部队，是抵挡不了我们在过去7日中所遇到的集中轰炸的。我觉得应该告诉你，从后勤观点来看，要全部撤出这支部队有

↑ 德军援兵源源不断，而英军却孤立无援，此消彼长，战局十分紧张。

→ 让德国海军引以为傲的「俾斯麦」号战列舰。

不可克服的困难。如果立刻作出决定，其中的一部分还可以登船。这一战区一旦被攻陷，敌人用同样的方法拿下雷西姆农和伊腊克林将不过是时间问题。除了威尔士团和突击队外，所有我们的军队都已经不能采取任何攻势。如果你从整个中东局势考虑，认为争取时间是有用的，那么，我们当继续坚持。我却不得不考虑怎样才能最有效地达到争取时间的目的。苏达湾可能在24小时之内处于敌军炮火之下。

韦维尔只好电告首相丘吉尔。
很快，第二天，费雷柏接到了丘吉尔的电文：

你所进行的光荣的保卫战受到各地人们的敬佩。我们知道敌人已处于困境。我们正力所能及给予你以各种援助。

同一时间英国首相丘吉尔再度电告韦维尔，强调取得胜利的重要性，并要韦维尔不计一切代价增援克里特岛，然而，但在无兵可派的情况下，援兵只不过是空话罢了。
面对恶化的局势，韦维尔也觉得再难以支撑下去，他终于鼓起勇气给丘吉尔发电要求尽快撤出部队：

我恐怕克里特岛的局势已经到了最严重的关头。卡尼亚前线已经崩溃，苏达湾看来最多不过能再保持24小时。已经无法投入援军……
我们在该岛的军队，多半是在希腊受过敌人压倒之势空袭的严重考验的，现在，他们在克里特岛又受到同样的磨难，而且空袭规模有增无减。这样继续不停而又无法抵抗的空袭，必将迫使最顽强的军队迟早都要放弃阵地，并使后勤支援实际上无法进行。
刚才接到费雷柏的来电，据称保全苏达湾地区军队唯一可行的办法，就是撤退到岛的南部海滩上，昼伏夜出。据称，雷蒙斯的军队已被切断，给养告罄。赫拉克棱的部队显然也快要被包围了。
我恐怕我们必须承认，克里特岛不能再守下去，部队必须尽量撤出。敌人空袭的规模空前强大，而且由于多种客观原因，这种空袭几乎没有遇到任何抵抗，要想抵御这样的空袭的威力是不可能的。

看来，尽管丘吉尔下令不惜一切代价死守克里特岛，但克里特岛落入德军之手是早晚的事了。
26日，第6山地师又有1个团运抵马里门，德军在这一地区的实力已经颇为可观。在第8航空军的猛烈轰炸下，德军攻破了卡尼亚城以西的阵地，突入城区。27日，德军彻底占领克里特岛首府卡尼亚城。随后的两天，又攻下了苏达湾和雷斯蒙。至此，克里特岛大局已定。
也就是在这个时候，意大利人开始出来分享战役的胜果了。在28日德军胜利已经指日可待的时候，墨索里尼不失时机地派出了拥有1个加强团的"远征军"出兵克里特岛。这个加强团在克里特岛东部的一个叫锡提亚的小地方登陆，计划是阻止英军从岛的东部撤离。但这支部队远离战场，几乎没有起到什么作用，如果将这支实力可观的部队派到更需要它的前线将会起到不小的作用，事实上这无非是墨索里尼的又一个小把戏而已。

No.4 克里特的反抗

尽管岛内守军去意已定，但克里特岛上的人民却从来没有停止反抗。

5月23日，就在德军准备大举推进扫荡机场西边残余守兵时，他们的山地工兵营，发现了5月20日空降突击团第2营由穆贝少尉率领的72人分遣队的尸体。根据第5山地师的报告，这些伞兵的尸体显示生前遭受各式折磨，不但身上有多处反复刺伤且"眼珠被挖出，睾丸被割除"。

这些报告震怒了德军，看来，林格尔中将在5月23日空投的传单"从现在开始一旦抓到握有武器的平民将立刻枪决，各村将集中18岁到55岁男子并挑选若干人质，附近每发生一起反抗事件将枪决10名人质，附近的村庄也将烧毁"并没有起到警示作用。发现穆贝少尉支队尸体的山地工兵营于5月24日攻下卡斯特里镇后，指挥官马上集中200名男性人质，并10名10名开始枪决，以警告其他克里特人民反抗德军的下场。

然而，德军的淫威并没有吓倒克里特岛人民。尽管希腊政府因对克里特岛人民怀有戒心而不肯将武器发放给他们使用，但勇敢的克里特岛人还是从死去的德军伞兵身上夺取武器，特别是有许多空投给伞兵的武器储存筒也落入克里特岛人的手中。这样，便经常出现德军伞兵是与持德制武器的克里特人交火的事件。

5月23日，德军一支16名山地工兵组成的小队在担任侦察任务时遭坎达诺村武装平民伏击，造成14人死亡、2人失踪。等到德军山地步兵于6月3日占领坎达诺村之后，德军杀死了该村所有的牲畜与许多老年居民，并放火焚毁了村子。估计在这场德军的复仇行动中，有大约180名克里特居民丧生。事后，德军还在墙上以希腊文与德文留下"为了替遭到妇女、小孩与神父屠杀的德军伞兵、山地步兵与工兵复仇，坎达诺村于1941年6月3日因抵抗大德意志帝国而被焚毁，永远不再重建"的字眼。6月2日，马里门机场郊外的康多马里村也遭受了德军报复的命运。原因是前一天有2名士兵的尸首在村外被发现。第二天一早，德军将所有的男子、妇女与小孩集中到村中广场，在给凶手自首的一小时期限过后，德军释放了妇女与小孩，把剩下的21名年龄在16～35岁的男性人质带往村郊，然后在无预警的情况下，一队伞兵从卡车上跳下来开枪击毙了这些人质。

德军在岛上的复仇行动显然是受到空军总司令戈林的首肯，他要求对克里特人民施以"最严厉的惩罚"。而斯图登特也于5月31日发布命令，要求射杀人质、焚毁村庄以及处决可疑的男性岛民，必须尽快处理且无须考虑合法与否。为了掩饰暴行，德国宣传部长戈培尔

↑卡尼亚城被德军占领。

则指控克里特人民、澳军、英军与新西兰军对德军士兵施以下流的暴行，并指责丘吉尔散布德军伞兵穿着新西兰士兵制服跳伞的谣言是一切暴行的根源，他还威胁将对德国手中的英军战俘施以相同的待遇。

虽然德军与戈培尔大力声讨英军与克里特人民施加于德军士兵的暴行，但是事后的调查显示事实被夸大了。可资证明的"暴行"只有卡斯特里镇的8起以及其他散布全岛的15起，其他尸体的外伤大部分可归咎于战役初期两军以刀械、刺刀、圆锹等工具交手，而挖去双眼则是因为在地中海5月的高温下，尸体很容易就腐化造成的假象。

空降在最东边赫拉克棱的第1伞兵团团长布劳尔上校事后更表示"在我负责的战区从头到尾都没有听说类似的暴行"；参与暴行调查的德国法事警察威纳博士则认为，克里特岛的惊人高温与乌鸦的啄食导致了德军尸体的快速腐化，而这些腐化的结果在没有见过太多尸体的年轻指挥官或士兵眼中就成了克里特人民暴行的最佳实例，在口耳相传下整个真相便被扭曲了。一位美籍记者在战役后造访岛上时，便有一位德军士官斩钉截铁地告诉他，克里特人"一旦抓到德军士兵或发现德军尸体必定割掉他们的耳朵、鼻子、舌头与睾丸"。

不幸的是正确的调查结果已经于事无补，那些克里特村落已经焚毁，而事实上克里特人也因加入游击队而遭德军强力镇压。据估计在这场战役中总共有2,000名克里特人民丧生，而德军虽然占领了克里特岛，但是一直到大战结束时仍然无法完全镇压住全岛。

第5章

CHAPTER FIVE

无可奈何的
决策

★5月28日下午17时，分遣队的"猎户座"号、"艾杰克斯"号、"迪多"号巡洋舰，"诱饵"号、"希尔瓦"号、"暴燥"号、"威严"号、"杰克尔"号、"金伯利"号驱逐舰趁着夜幕进入卡索海峡，去撤出赫拉克棱的4,000名守军。

★战役之后，德军依然没有识破了英军的"超级机密"已经破解他们的"谜机器"，就这样"超级机密"继续在二次大战的剩下时间里发挥巨大的作用，直至1945年5月德国投降。

No.1 再现“敦克尔刻”

自卡尼亚失守以后，英军已经没有有利地势可供据守，情况非常不利。

5月27日下午15时，英军中东战区总司令韦维尔作出了撤离克里特岛的决定。除了赫拉克棱的英军14步兵旅之外，所有岛上的部队将撤往克里特岛南侧小渔港斯法基亚，再由皇家海军地中海舰队撤离。断后的任务则交由5月24、25日夜间抵达岛上的英军突击队，由指挥官雷考克上校负责。

按照计划，赫拉克棱守军——英军14步兵旅直接从赫拉克棱港撤出。

然而，由于赫拉克棱位处于克里特岛北岸，英军舰只要穿过卡索海峡，必然进入爱琴海德国空军的攻击范围内。这样，英军舰只能趁暗夜笼罩时冲到赫拉克棱港，在几个小时的登舰作业后再在天亮之前驶离德军打击范围。

负责运送赫拉克棱英军的是洛林少将率领的B分遣队。

5月28日下午17时，分遣队的“猎户座”号、“艾杰克斯”号、“迪多”号巡洋舰，“诱饵”号、“希尔瓦”号、“暴燥”号、“威严”号、“杰克尔”号、“金伯利”号驱逐舰趁着夜幕进入卡索海峡，去撤出赫拉克棱的4,000名守军。

29日凌晨3时20分，搭载作业完成，各个舰上都塞满了陆军官兵。巡洋舰“猎户座”号除了本身550名船员外还搭载了1,100名官兵，驱逐舰则是各搭载了300名陆军兵员。

然而，开航不到半小时，驱逐舰“威严”号就因主舵失控只能在原地打转。在这种情况下，洛林少将下令“暴燥”号搭载“威严”号上的兵员，之后再击沉它。任务完成后，“暴燥”号再尽速赶上舰队。

至清晨6时，装载满了900人的“暴燥”号在卡索海峡附近终于追上了舰队其他舰只。然而，就在此时，德国空军的第一波空中攻击正要展开。虽然厉秋芬的第8航空军已经从5月27日起开始移防，但仍有一部兵力尚在爱琴海岛屿上。

在德国空军的轰炸下，满载450名船员的驱逐舰“希尔瓦”号中弹沉没。之后，“诱饵”号巡洋舰和“猎户座”号巡洋舰、“迪多”号巡洋舰也被炸弹击中，整个舰队航速下降。之后，“猎户座”号巡洋舰遭到机枪扫射，致使舰长阵亡、B分遣队指挥官洛林少将也受到轻伤。至10时45分，“猎户座”号巡洋舰再遭重创，一枚在甲板上爆炸的炸弹炸死了262人并造成300人受伤，幸好，舰只没有沉没。

原本由亚历山大派出的皇家空军“飓风”式战机因导航错误没找到B分遣队，最后只有2架皇家海军双座的“海燕”式战机赶来为舰队的最后一段航程作掩护。

这样，B分遣队于5月29日20时进入亚历山大港时，赫拉克棱撤出的4,000人中有800人阵亡、被俘或受伤。而“迪多”号、“猎户座”号两艘巡洋舰上悲惨的景象，也使康宁汉上将决定今后的撤退行动将只由驱逐舰来进行，原本派往斯法基亚撤退舰队中的巡洋舰也奉命回航。

斯法基亚与赫拉克棱的撤退于同一时间展开，皇家海军于5月28、29日的夜间派出3艘驱逐舰成功地从斯法基亚撤出744人。

但是，5月29日卡索海峡B分遣队的灾难之后，康宁汉原本决定当天晚上自斯法基亚开航的撤退舰队为最后一梯次，但由于还在斯法基亚等待运出的新、澳军实在太多，因此才又多开了几班。

英军派至斯法基亚的C分遣队包括巡洋舰"月神"号、"伯斯"号，防空巡洋舰"科芬特里"号、"加尔各达"号，驱逐舰"杰维斯"号、"杰纳斯"号、"哈斯地"号，以及可容纳3,000人的大型步兵登陆舰"格伦希尔"号。虽然舰队司令部担心无装甲的"格伦希尔"号一旦受创，会带来灾难性的人员损失而下令该舰退出营救行列，但分遣队收到电令时已经太迟，所以该舰仍帮忙撤出新、澳军。为此，康宁汉专门加派了3艘驱逐舰护航"格伦希尔"号，其目的可不是为了增加防空火力，而是预防万一该舰被击沉能有足够的船只搭救生还者。

5月30日3时20分，C分遣队载满6,000人离港。天明之时，皇家空军担任护航的"飓风"式战机总算出现了，这使得该撤退行动仅受少许干扰。虽然巡洋舰"伯斯"号中弹，锅炉室被炸，但这比起前一天卡索海峡的惨状已经很令人满意了。更重要的是，最脆弱的"格伦希尔"号登陆舰也安全地回到亚历山大港。

在连续3个晚上撤出8,200人后，英军估计斯法基亚应该只剩6,500人，卡索海峡的悲剧使康宁汉上将不想再拿自己的子弟兵去冒险，但新西兰首相亲自登门拜访的要求使他决定再加开一班撤退舰队，于是，5月31至6月1日夜间的这波次舰队就是离开克里特岛的最后一班了。

最后一批撤退舰队包括巡洋舰"月神"号和驱逐舰"金伯利"号、"暴燥"号、"杰克尔"号以及快速布雷舰"艾布德"号一共5艘，由金恩少将所率领的舰队于5月31日23时20分进入斯法基亚。由于撤退舰队的搭载能量不够，所以在克里特岛战役中表现优异的部队就拥有了撤退优先权。其他像散兵游勇或是希腊部队虽然也有表现相当出色的，但是在船位不足的状况下都只能望舰兴叹。

费雷柏少将则是5月30日清晨搭乘一架专门来接他的桑德兰飞艇离开，英军高层担心若是费雷柏或其指挥部重要成员落入德军手中将会暴露"超级机密"的机密，因此下令连费雷柏在内所有知晓"超级机密"机密的成员都必须限期离开克里特岛，克里特岛的指挥权则暂时交给皇家海军陆战队魏斯顿少将。

6月1日凌晨3时，舰队起锚拉起的声音响彻斯法基亚。有幸赶上最后一波次船的只有3,710人。由于混乱，原本有搭乘优先权的海军陆战队与澳大利亚步兵营则反而被遗落在一旁。魏斯顿少将本人也只能在6月1日清晨搭乘桑德兰飞艇离开，带领残余部队投降的"神圣任务"则由魏斯顿的下属科文上校负责。

康宁汉上将派出了2艘防空巡洋舰"加尔各答"号、"科芬特里"号前去接应金恩少将的撤退舰队，结果反而是这2艘防空巡洋舰遭到德军攻击，"加尔各答"号迅速沉没，成了皇家海军地中海舰队在克里特岛战役中损失的3艘巡洋舰、6艘驱逐舰的最后一艘。

↑ 在大海中行进的英军地中海舰队

金恩少将的舰队于6月1日17时平安驶进亚历山大港。

至此，英军已经撤出了克里特岛的大部分守军，留在滩头上的大约有6,500人。这些人不会全部都束手静待成为德军阶下囚的，其中的700人自行搭船驶抵北非，而另外500人则躲藏在克里特岛的山里继续与德军奋战。

与敦克尔刻大撤退一样，此次撤离行动撤出了大部分岛内守军，为下一阶段的作战保存了有生力量。

No.2 痛定思痛

德军为什么为会眼睁睁地任由盟军撤退？

确实，德军的行动在战略上存在着明显的失误。在攻下首府卡尼亚之后，德军兵分两路，由最先抵达克里特岛同时也是最疲惫的第100山地步兵团自卡尼亚往南，越过1,000米的高山朝斯法基亚推进；而新抵达的第141山地步兵团，则在第5山地师第95山炮兵团团长魏特曼中校指挥的摩托化侦察支队支援下，沿海岸公路继续向东朝雷斯蒙、赫拉克棱推进。如果德军赶在英军舰队之前占领通往斯法基亚的要道，那么新西兰第2师必将全军覆没。

德军的行动可以归结于两个原因：一是斯图登特可能要求林格尔尽速解救已独立作战一周之久的雷斯蒙、赫拉克棱方面的伞兵；第二个原因则是第8航空军已经开始移往波兰，林格尔在缺乏侦察机的情形下对战局走向产生了误判，因此才会把最早到岛上、损耗较大的第100山地步兵团派去扫荡斯法基亚方面，而把生力军第141山地步兵团派往实际上已经没有什么兵力的赫拉克棱方面。

这样，当魏特曼的摩托化支队于5月29日下午进入赫拉克棱时，英军第14旅4，000人早就在前一天晚上由皇家海军撤离。等到林格尔中将发现英军主力已经逃往南边再调整兵力转向斯法基亚时，皇家海军第一波运送部队撤离的舰只已经在5月29、30日的夜晚驶入斯法基亚。

至此，德军在克里特岛的作战在进行10天后便告结束。克里特岛上的盟军在希腊战役之后短短一个月之内，再次尝到大规模撤军的滋味。

谁是最后的赢家？

克里特之役，双方都伤亡惨重。

英军以新西兰第2师2个旅、澳大利亚军1个旅以及英军1个旅投入战事，总共损失为1,742人阵亡、1,737人受伤，另外11,835人被俘。此外，从斯法基亚撤出的部队有800多人因空袭阵亡，留在岛上投降的希腊军也有14,000人。

在短短12天的战事中，英国皇家海军地中海舰队投入4艘战列舰、1艘航空母舰、11艘巡洋舰、30艘驱逐舰进行作战，结果4艘战列舰中1艘重创、2艘轻微损伤，航空母舰轻微损伤，11艘巡洋舰中3艘沉没、3艘重创、3艘轻微损伤，30艘驱逐舰中6艘沉没、4艘轻微损伤，对此，美国驻开罗武官有一份精确的报告："舰队75%的功效丧失：其中25%的舰只在一两个月能修复，25%的舰只需要半年或更久才能修复，另外25%则沉入海底……除了'伊莉莎白女皇'号之外，舰队中的每艘船都受了程度不等的损伤。"此外，还有1,828名船员阵亡、183人受伤。

对于克里特岛战役的结果，最失望的人莫过于英国首相丘吉尔了。本来，他认为在"超级机密"的帮助下满能够打赢这场战役，但在12天的激战后仍然以失败收场，遏止德军连胜的想法泡汤。对此，丘吉尔震怒异常，中东地区总指挥韦维尔勋爵成了替罪羊。克里特岛战役结束不到一个月，6月21日，韦维尔被贬到印度区当总督，原印度总督奥金莱克接替了韦维尔的职位。

丘吉尔本来也放话出来要"严厉"审问克里特岛总指挥费雷柏少将，但这件事情最终未能如愿。因为如果真的照此去做，那么将毫无疑问地暴露"超级机密"的秘密。加上费雷柏在伦敦军界的友人也挺身为他辩护，费雷柏才免于被审判的命运。之后，费雷柏少将继续率领新西兰子弟兵在地中海战区作战。

德军虽然赢得了克里特岛之役，但是其伤亡数目也令人惨不忍睹。在6,698多名的伤亡名单中，有1,653人是极其精锐的德国空军伞兵。而且，德军伞兵的伤亡者大部分都是第一波空降的伞兵，许多在1940年西线战役表现优异的官兵葬身在地中海的丛林中。这些人中，还不乏中高阶指挥官，师长苏斯曼中将阵亡，4位团长中弹重伤，第2伞兵团团长被俘，13位营长中也有2位阵亡、多位重伤，其最基层的连长、排长死伤更是不少。

除了人员的损失之外，德国空军也损失了大量的运输机。由于斯图登特在马里门机场周边未肃清前即下令山地部队冒险降落，因此被击毁的运输机数量相当多，再加上其他空降区的损失，5月20日投入作战的493架容克－52运输机中损失了271架！这种55%的超高损失率对于正在集结入侵苏联的德军运输机部队是个不小的打击。而且，由于有不少容克－52是借调自本土的训练单位，这对于德国空军的整体循环也造成了一定的影响。

德国在克里特岛所获得的胜利，巩固了德军向地中海地区推进的南翼的安全，防止英国进驻飞机而对巴尔干半岛上的普洛斯特油田形成威胁，同时也取得了南进的跳板。

但是，对希特勒而言，克里特岛之战牺牲了他最精良的1个师。由于付出的代价太高，使得他黯然神伤。人员损失倒不是最可怕的，真正致命的是这次战斗让希特勒和他的将军们彻底失去了使用伞兵作战的信心。

1941年7月17日，在克里特岛之战的授勋会上，希特勒曾对斯图登特说："克里特岛之战证明伞兵时代已经结束，伞兵是一支完全依赖突然性的兵种，但现在这个突然性的因素已经不复存在。"希特勒的这个悲观判断将德国伞兵打入了冷宫，断送了这种全新战法在德军的继续发展。

在此之后的两年多时间里，这支精锐的魔鬼部队就沦落到与普通步兵为伍的尴尬境地。1943年之后，德国伞兵在意大利战场和西线制造了多次表现不俗的防御战。例如1944年斯科尔茨率领伞兵解救墨索里尼和1944年5月党卫军500伞兵突袭铁托的"骑士行动"等。但两次

↑ 容克－52运输机为德军在克里特岛的作战，运送了大量的兵员。

行动只是带有特种作战性质、小规模伞降作战，与克里特岛的作战根本是无法相提并论的。

英国战史学家一致相信，由于德国伞兵部队在克里特岛的损失过于惨重，才使希特勒不再重用伞兵部队。从这种观点来看，英国的这次失败，未尝不是战略上的一次胜利。所以在1942年夏季，希特勒拒绝发动对马耳他岛实施空降突击，而且也拒绝了由克里特岛发起空降攻击以夺取苏伊士运河的建议，其原因可能在此。

战役之后，德军依然没有识破英军的"超级机密"已经破解了他们的"谜机器"，就这样"超级机密"继续在二次大战的剩下时间里发挥巨大的作用，直至1945年5月德国投降。

但是，不管希特勒怎样认为，空降部队在未来的战斗中仍然将是一支可怕的新生力量。对于这一点，美国驻埃及武官邦那·费勒斯少校在他那篇关于克里特岛之战著名的报告的开头，用最美妙的描写为德军的克里特岛之战作了完美的总结："戏剧性的克里特作战，谱写了一首战争的史诗。作战思想大胆新奇，具有很高的想像力。部队从中欧出发，准确地开进了漏斗型的希腊。在这里，他们改变形式，协调力量，插上了翅膀。这次作战具有音乐大师般的音调、旋律、和声，5月20日和随后的几天里，这支力量飞过天空。其战斗部队以雷鸣般的渐强音冲入克里特岛上空遮盖了一切。空降部队通过空中得到供给和支援的情况下，在敌人面前着陆并将其打败，这还是历史上的第一次………"

05
BATTLE

第1章
CHAPTER ONE

分歧、争执与告急

★在昏暗的"狼穴"里,希特勒正在举行形势讨论会。他胳膊上的绷带还没有最后解除,一只小臂垂在胸前,头上的疤痕还没有蜕落。从神态上看,希特勒显然没有完全从"7·20"事件中清醒过来。他一直不住地讲,高级将领们则一直在听。

★美国新闻界也发表文章,针锋相对地进行了斗争。一场火拼似乎要引起战略盟友的分道扬镳。但理智控制住了所有人的情绪。在这件事情上,艾森豪威尔功不可没。他的妥协思维和融合他人力量的巧妙智慧,都显示出他是一位卓越的战区统帅。

No.1 危机渗入柏林

1943年，柏林。

战争已经进入了白热化，德国与盟国在战场上正在酣战。而柏林似乎感觉到了某种危机气氛。贝勒务官前的行人显得非常紧张。广场上站满了警卫。此时，一辆崭新的轿车停了下来，一位精干的德国军人开门下来，一副志在必得的神态。他，就是大名鼎鼎的"沙漠之狐"，隆美尔。

隆美尔刚从意大利防区奔来。他接到元首电报，命他立即到帝国办公厅报到。他吃不准会有什么事情发生，就拿了件皮包，急匆匆赶来了。

隆美尔刚进帝国大厦，希特勒已经迎出来了，"你好，我们东线的救星！"

"元首，有何吩咐？"

"噢！里边谈。"

希特勒刚坐下，就破口大骂起来：

"伦德施泰特竟敢违抗我的命令，他身为西线总司令，却消极对待我们的沿海要塞工事。他每天呆在巴黎，都不知道贝当是傀儡还是他是傀儡。这次我想请你担任B集团军群（与G集团军群为西线两大主力）的司令，沿海防御的事情就交给你了，怎么样？"

"既然元首信任，那没问题。"隆美尔爽快地答应了。

隆美尔到任后，首先从丹麦海岸向南，一里一里地视察海岸，检阅海岸防卫部队。当他到达加莱海岸时，他登上海边的一片高地，举起望远镜，他知道，这里是英吉利海峡最窄的地方，对岸有一系列英国最优良的海港。"看来，盟军在加莱海岸登陆是确定无疑的了！"他对负责加莱地区的军官说，"要在最短的时间内，在海底海滩密布地雷，海岸上要构筑隐蔽炮台并布置反坦克陷阱和沟壕堡垒。到时，我们会安排15集团军向这里机动，这里是我们'大西洋壁垒'中的最重要的支柱。"这时，海上掀起了巨浪，浪花四溅，随风飘舞。浪花打在隆美尔的脸上，他感到一种万分的欣慰，因为这里已经是第三帝国的土地了。只要能守住海岸，德国就会在这里永久长驻。可是，他又有一种害怕，因为敌人并没有被完全消灭，如果守不住海岸，在这里的一切只能是昙花一现和历史的笑柄。而事实证明，他的这种担心不是多余的。

1944年6月6日凌晨，英吉利海峡。

在苍茫的海峡上空，狂风聚集着乌云，在乌云和大海之间，5,000多艘舰船翻卷着巨浪，正沿着世界上最难征服的海峡，向诺曼底海岸疾驶；无数飞机轰叫着，像一整块飘移在半空中的银色地毯，呼啸着向欧洲大陆席卷而去。法西斯纳粹分子的末日就要来了。

破晓，盟军先头部队抵达诺曼底。战舰开始向德军阵地猛烈开火。轰炸机一遍一遍向敌人丢下炸弹，万道火光和着初升的阳光，烧红了辽阔的天穹。一时，诺曼底海滩化成了一片火海，山摇地动。德军的守卫部队虽然不多，但战斗打得十分顽强。尽管这样，德军的防御很快崩溃。所谓的"大西洋壁垒"一下子土崩瓦解。

这样，盟军向柏林进军的大门打开了。

希特勒气急败坏，对西线的将军们产生了怀疑。

7月1日，他免掉了西线总司令伦德施泰特的职务，而代之以克鲁格元帅。

"7·20"事件以后，他大开杀戒，逮捕了隆美尔，赐死了克鲁格，把"B"集团军群的司令和西线总司令的职务全给了莫德尔。

德军虽然不住地走马换将，但失败情绪仍然笼罩着整个西线。

1944年8月7日，德国国防军指挥参谋部。

在参谋部西侧会议室外，几名陆军将军们正在焦急地等待着。冯·布特拉尔将军已经把他们对西线作战的意见带到会议室去了，但他们还是不放心。在他们的眼里，去求约德尔和凯特尔这样的人是无用的。因为约德尔是个马屁虫，尤其令他们不能容忍的是，约德尔竟把希特勒捧为"德国自俾斯麦后出现的最伟大的政治家"。而在他们看来，希特勒只能称得上是"世界大战中的一名下士"。

会议室内，总参谋长约德尔的鹰勾鼻子早已经歪在一边了。他气哼哼地坐在桌子后面胡乱敲着，冯·布特拉尔则小心翼翼地看着，额角已经渗出了不少汗水。

"元首不是说过好多遍了吗！不能放弃西部防线，决不放弃！诺曼底的失算要追究，这个账还没完，你们又要出新茬子！"

"可将军们都主张从布列塔尼撤到西阿尔卑斯山。"

"我们帝国军人，不懂得冲锋陷阵，却总想往后退，可耻！如果真是这样，德国将如何面对全欧洲人民，这种后果太严重了。"

这次会面，冯·布特拉尔碰了一鼻子灰。他知道，约德尔同其他人一样，对西线形势是十分清楚的，但他们都没有勇气承认失败，因为希特勒对西线的形势还十分看好，正在提出十分"宏伟"的反击计划。而这正是西线将领们最害怕、最失望的东西。

1944年8月31日，德国东线"狼穴"指挥部。

在昏暗的"狼穴"里，希特勒正在举行形势讨论会。他胳膊上的绷带还没有最后解除，一只小臂垂在胸前，头上的疤痕还没有蜕落。从神态上看，希特勒显然没有完全从"7·20"事件中清醒过来。他一直不住地讲，高级将领们则一直在听。

"8月15日是我一生中最倒霉的一天。隆美尔在成功时是一位极为伟大的、充满生气的指挥官，但是一旦出现一点微不足道的困难，他就成为一个绝对的悲观主义者……没有乐观主义，就不能指挥战争。"

凯特尔接过话茬："我的元首，完全是这样的，隆美尔背叛了您，他是悲观主义的最典型代表。诺曼底失败的原因就在这里。"

希特勒并不接话，"我相信，我有能力取得政治上的成功，对这一点，能在我一生中找到足够的证据。我不会放过任何这样的机会。我可以这样说：今年，我们在东方曾经历过的这个巨大危机，对任何人来说都是无法想象的。是莫德尔元帅挽救了那里的局势。有的人说如果我把党卫队第9和第10装甲师派到西线的话，事情就不会像今天这样。但是，人们疏忽

了一点——我今天不得不说——他们是出于罪恶的目的，要在这里搞一场颠覆活动。他们太异想天开了，太愚蠢了，他们怎么能这样进行谋杀？我要指责总参谋部，他们策划的这个骇人听闻的事件。大家都看到了，在诉讼中，每个在场的人都看到了，都看到了他们是一些什么样的小人。同时，我也提醒在座的各位，你们的部下怎么样，如果有必要，一定要实行清洗。只有清洗，我们才能够继续战斗，德意志民族的精神自古以来就在战场上流淌，今天也是这样。如果有必要，我们将在莱茵河畔打。在哪儿打，无关紧要，反正我们一定要战斗下去。就像弗里德里希大帝所说的那样，将该死的敌人拖垮，直至我们赢得和平、能保证德意志民族今后50年至100年有和平的生活。但这种和平绝不能像1918年的那样，再一次损害我们的尊严。当时人们保持了沉默，这次绝不能沉默了。"

"对，不能保持沉默，要公开讲，大讲特讲。"紧挨在希特勒身边的戈林附合着说，一边耸了耸他肩上那副德国的最高军衔，然后用极具表演性的姿态向对座的凯特尔会心一笑，跟着表演起来，"元首，我们根据国防军各军种的愿望和要求，希望在全体军人中推行'德国礼节'，以此来表示对元首的忠贞不渝，显示我们国防军与党亲密无间。"

他说完后，大家都把目光投向希特勒。希特勒没有表态。事实上，他已接受了这项请求。

No.2 蒙哥马利的"争权"

盟军突破德军的"大西洋壁垒"以后，以英国元帅蒙哥马利和美军将领布莱德雷分别率领的两路大军像两支巨大的铁臂横扫了欧洲西部沿海地区，正在向德国边境挺进。战事的顺利进展，引起了后勤供应的紧张。围绕着战役进攻方向、军需供应等问题，在盟军高级将领中正存在一场尖锐分歧。它的主角是保守谨慎的蒙哥马利和倔犟、暴烈的布莱特雷，其实质是美国与英国对战争领导权的争夺。

1944年7月中旬，法国卡昂地区。

在卡昂北部一片小树林里，蒙哥马利和他的手下，正在装甲车前的草地上召开部署会议。蒙哥马利用他一贯谨慎的作风，一丝不苟地同将领们探讨了实施攻击中的每一个细节问题。

"我们这次行动为什么称为'赛马场'，就是要同溃退的德军进行赛跑，必须赶在他们前面，占领东部的桥梁、高地重要目标，一旦得手，没有完成后退任务的德军必成'瓮中之鳖'。"

"我们要打好这一仗，因为我们面前的每一仗都关乎大英帝国的声誉。作为盎格鲁－撒克逊民族的子孙，大英帝国的威风不能从我们这里滑落。"

"赛马场"计划同已往的作战一样，仍然是通过机群炸开路。这种作战后来成为一种基本的战争模式。自从空军力量诞生以后，人们发现，用重型轰炸机实施预先火力准备是一种非常有效的远程进攻手段。它使火力运送更加机动，而且一旦形成制空权，敌人的反击将十分微弱，尤其是在西欧这样复杂的作战地形中。

　　7月18日凌晨，天空中浓云密布，隐藏在树林中的装甲攻击分队已经做好了一切准备。在树丛的一片高地上，蒙哥马利戴着长长的元帅帽，穿了一条黑色裤子，脚上登上了一双布鞋，这一打扮颇像美军太平洋战争上的"玉米式大烟斗"将军，他们一个共同的爱好就是在越紧张的环境中，穿着越随便得出奇。蒙哥马利举起了他的望远镜，从一棵隐蔽的树丛后面斜着身子伸出了镜筒。

　　远处，德军的防线已经简单构筑起来了，德国装甲师的"虎"式坦克正隐蔽分散配置在掩蔽部中。两名德国步兵正背着两大袋物资向前疾行，堑壕中的其他人都在半圆形的掩体下面，整个战线部署十分巧妙，他不得不佩服隆美尔的用兵之道。看来这又是一场恶战。

　　5时20分，天空中传来了轰鸣声，英军士兵全都提起了精神，因为空袭开始了。只见盟军战机黑压压一片从西边随着浓云压下来，1,700架重型轰炸机和400架中型轰炸机向德军阵地投掷了约800吨炸药，德国阵地几乎整个被抛到了空中，然后又翻了下来。在距前沿不到2,000米的一线指挥所里，隆美尔正在考虑下一步行动，这时一颗炸弹飞来，他一下子翻倒在了地上。6时整，蒙哥马利向部队发出了进攻号令。21集团军的装甲分队横空出动，它们从各自的待机地域中冲了出来，向阵地前沿发起了冲击，德军前沿阵地虽然遭到了重大打击，但是由于德军采取了分散配置的部署策略有效削弱了盟军的轰炸，距前沿阵地5公里以外的装甲分队在几乎完好无损的情况下投入了战斗。在狭窄的卡昂——法莱斯公路上，德军"豹"式坦克和"虎"式坦克吼叫着冲上了前线，仿佛要把德军所有的失败情绪倾洒出来。冲在最前面的是纳粹党卫军的最激进分子，他们像日本的"神风"特攻队员一样疯狂。

　　盟军的装甲部队受弹坑和雨水造成的泥泞的影响，很快降低了进攻速度，空军的强大火力尽管给德军一线部队带来了较大损失，但却给自己带来了巨大麻烦，这是蒙哥马利始料不及的，尤其是赶在了下雨的鬼天气中，很多坦克一下子掉进了泥坑中就陷了进去，再也爬不出来了，恰恰成了德国坦克的活靶子。更令蒙哥马利吃惊的是，面对优势数量的盟军坦克，德军的"虎"式坦克冲破盟军的进攻队形，向盟军的第二梯队发起进攻。21集团军的左翼一下子损失了2,000人，作战已经无法平衡发展，蒙哥马利最后把仅有的2个旅的预备队派了上去，终于顶住了德军的拼命进攻。

　　战场已陷入了僵局，双方都打得筋疲力尽，蒙哥马利下令停止进攻，收缩战线，巩固和补充左翼。

　　8月13日，圣詹姆斯附近，第12集团军群群司令部。

　　12集团司令部设在一座三层楼房里。所有的士兵都荷枪实弹，连圣詹姆斯宫也布了几挺机枪。布莱德雷并不怕敌人的恐怖分子，他这样安排是为了等待一个重要人物的来访。蒙哥马利已经给他通过话了，准备到他这儿来商讨一下战事。

"战事，哼，他懂什么？英国佬还是老掉牙的思维。没有我们美国，英国自己还不知道在哪里呢。"他把手上的烟头一横，已经想好了应付蒙哥马利的办法。

11点钟，蒙哥马利的坐车开进了詹姆斯花园，他刚一停稳，一位副官早已拉开了车门，"元帅，您请，布莱德雷将军在部署进攻会议，特让我来接您。"

"噢！"蒙哥马利脸上闪过一丝不快，但是英国人特有的矜持和风度使他控制住了自己，作为英军的元帅，他不应当放下架子跟布莱德雷这样的下级计较。他下意识地整了一下衣服，径直向前走去。

一刻钟以后，布莱德雷走进了会客厅，当他看到蒙哥马利以后，立即冲上前去，紧紧地握住了元帅的手，"唉呀，对不起，我们正在研究下一步进攻萨尔的作战计划，马上就要行动，所以怠慢了元帅，请见谅。"

"没什么，我这一次是向你求助的，互帮互助是应当的，罗斯福总统已经保证我们的供给将尽快保障。""元帅大可放心，像您这样出色的指挥，您一定会第一个到达柏林，我们都想向您请教，您却客气起来了。我们都为您的'赛马场'行动感到自豪，您一个人顶住了整个德军西线的进攻。"

蒙哥马利苦笑了一下，他知道，布莱德雷是在讽刺挖苦他。但是碍于面子，他无法发火，坦然地说："将军，我此次前来是想让您支持我的进攻方向，这是进入德国的最佳路线，从这里我们可以夺取荷兰港口，并摧毁他们的导弹发射场。"

布莱德雷一副洗耳恭听的模样。"嗯，这是个蛮好的计划，我跟他们商量一下，但是必须把眼前的事情解决掉。你看怎样？元帅。"

"我希望我们两支部队形成一支强大的力量，一举攻入柏林。"

"元帅，我们跟您的想法是一致的。"

"那么，您何时完成当前任务？"

"这个不好说，我们将遵循参谋长联席会议的安排。"

"那我等你们的消息。"蒙哥马利看出得不到什么结果，即起身告辞。

布莱德雷有礼节地送元帅上了车，接着返回办公室，拨通了艾森豪威尔的电话，怨气冲天地叫了起来：

"我们美军为什么要让一个保守的英国人指挥。你看他在卡昂的表现，再好的形势交给他也是一团糟，我们给了他那么多炸药，还是没顶住德国人。现在让我跟他干，没门。蒙哥马利打仗从不考虑地形，他以为让他指挥所有部队就可以实现高速突破，东北战场江河纵横，小渠交错，不利于装甲部队展开，英国人不能解决输送问题，到头来还得依靠我们，这是无法做到的。"

艾森豪威尔静静地听着布莱德雷的发火，然后略带安慰地说："这个问题参联会会作出满意解决的，至于元帅的主张，应当给予支持。"

"什么！"布莱德雷在电话里几乎要跳起来了，"要支持他，那好吧，你和英国人都不要做盟军地面部队总指挥，把这个任务交给我，我保证用最少的牺牲，最快的速度打到柏林，英国人计划是'痴心妄想'。"

"不要冲动，你不要忘了，你永远是一个美国军人。"艾森豪威尔在电话里严肃起来了。电话另一头则一时语塞。半天，布莱德雷的嘴里挤出了几句结结巴巴的话，"让蒙哥马利在这场战争中独占鳌头，我受不了，把这么大的战争押在他一个人身上，这将是战争史上最冒险的行动之一。"

艾森豪威尔听罢一怔，似乎一下子认识到了问题的严重性，但他没表态，因为，他代表的是盟国，必须站在团结这个大局下行事。

8月20日，盟军最高统帅总部。

8月的巴黎已经进入炎热的夏季，盟军最高统帅总部在滴油梧桐树下显得很不起眼。艾森豪威尔中午没有休息，他和作战副参谋长平克、布尔正在接见蒙哥马利的参谋长德金甘德。德金甘德性格并不张扬，他对进攻方向的选择有自己的见解。他不支持蒙哥马利一路进攻的观点，他对"赛马场"计划的后期失利深有感触。

"但是，如果不给21集团军进一步支援，根据新情报，德军可能集中力量发动反攻。这样，21集团军的态势将十分不利。不过如果一味强调从这个方向进攻，未免不利于当前形势发展。因为，目前德军主力全部吸引到21集团正面去了，如果12集团军群从南部发动向东攻势的话，形势将会改观。

艾森豪威尔和布尔相互对视了一下，各自点了一下头。

"我们希望在未来的进攻中能得到第18空降军和第1集团军的支援。"德金甘德接着提出了一个不大的价码，似乎是21集团军的底线。

"这个问题由我们来协调。12集团军群的工作由我们来做。"

也许是德金甘德的妥协立场起了作用，艾森豪威尔满足了他的全部要求。

蒙哥马利听到这个结果以后，也很不满意。他直截了当地说："作为统帅，就不要插手具体事情，艾森豪威尔应当把地面指挥权给一个具体的人，让指挥者自由行动。等我跟他们商量一下。"随后他拿起电话，礼貌地邀请盟军最高统帅部成员视察他的部队。

8月23日，21集团军司令部指挥所。

蒙哥马利早早地站在司令部门前等候，艾森豪威尔的专车到达时，英军奏起了军乐。

艾森豪威尔和他的参谋长下车后，蒙哥马利与他们举行了简短的英国式的见面礼节以后，蒙哥马利就把艾森豪威尔单独拉到了自己的房间，开门见山提出了要求：

"您好，作为我们全军的最高指挥，我想向您提点要求，这对我们未来的作战十分重要，有可能影响到战争的全局。"

"你可以提出要求，因为我们两国已经结下了生死与共的友谊，我们都是讲英语的民族，所以不分你我。"艾森豪威尔表态。

"那好，我想发动一场大的攻势。当前德军基本吸引到这里来了，必须集中所有力量消灭他们，才是胜利的关键。如果乘虚而入敌人的力量没有消灭，即使到达了柏林，那又有什么用呢？"

艾森豪威尔边听边作着记录，他知道对蒙哥马利，绝不能用布莱德雷军人的眼光来看，他知道，至少在英国，蒙哥马利是一位杰出的统帅，仅用"争权"两字是概括不了他的整体的。对法西斯的憎恨，这位绝对纯种的盎格鲁萨克森人可能比谁都强烈，而其战略战术或许不无道理。因此，他说："是的，我们有必要从这个方向发动一次大的攻击行动，以推进我们的进攻力量和压缩敌人的力量。这对我们最后的胜利是至关重要的。"

"而且，"蒙哥马利补充道，"布莱德雷将军也支持我的这一做法。"也许蒙哥马利没有看出布莱德雷的真正意图，也许他故意这样做。"我们现在只能给你2个空降军和1个集团军。你应当理解这一决定。"

"能不能给我12个美军师，由我来组织地面进攻。"

"不可能有那么多兵力，这是参谋长联席会议的决定。"艾森豪威尔坚定地说。

"那我没什么说的了，但是由此引起的战局应当由参联会负责。"

"我们在战略上是统一的，主要是战役上的分歧。希望元帅能克服一切困难，为英国争得荣誉。特别是您提出的计划，我本人支持你。"

"谢谢！"两个人最后礼貌地握手告别。

但是，12集团军群总部，此时却像炸开了锅，爆吵声几乎连詹姆斯花园里的士兵都能听得到。

"狗娘养的，想美事，算盘打得太精了。"这是闻讯特意赶来的巴顿的声音。他的嗓门很大，人也长得很凶，士兵们都怕他，他一讲话就像开炮。

"我就知道这个英国佬会这样做的，我感到非常不满的是，他竟说我支持他，污蔑，撒谎。这里的每个人都知道，我和他势不两立。"布莱德雷边说边用手拍着桌子。

"我倒有个好主意。"巴顿把旋转椅一把扭过来，一脚踩在了上面，"我们可以集体辞职，让艾克另谋高就。怎么样？"巴顿似乎在布莱德雷面前指挥，他为这一招甚是得意。

"这不但不能让艾克让步，反而会招来批评，全美国都会知道这件事情。"

"就是要弄个满城风雨！"

"这总不是办法，"布莱德雷的理智占了上风，"部队需要我们，新来的人将更难应付这种局面。"

9月1日，盟军指挥体系的正式计划和任务出台。

艾森豪威尔按照原先协议的安排，从即日起担任法国北部的地面部队的直接指挥。

几天后，布莱德雷正式就任12集团军群司令，与蒙哥马利平起平坐。

英国新闻界一片哗然。"布莱德雷这样的无名之辈也能与我们的阿拉曼英雄平起平坐，这是对英国的蔑视，是对盟友的降级。"

美国新闻界也发表文章，针锋相对地进行了斗争。一场火拼似乎要引起战略盟友的分道扬镳。但理智控制住了所有人的情绪。在这件事情上，艾森豪威尔功不可没，他的妥协思维和融合他人力量的巧妙智慧，都显示出他是一位卓越的战区统帅。

这样，就新战略问题的争议结束了，摆在盟军面前的是更大规模的战斗行动。

→ 出任第12集团军群司令的布莱德雷。

No.3 "粮草"告急

战略进攻的矛盾暂时平息以后，盟军开始为下一步行动作准备。

1944年9月1日，康坦尔半岛西南角格拉威尔，盟军前敌指挥部。

指挥部坐落在康坦尔半岛的西南角一块椭圆形高地上，背对着大海，是法国对外扩张时代的产物。但是颇具讽刺意味的是，法国人这次不是把战争施加于别人，而是施加于自己。从位置上看，这里虽然离前线稍远了点，但便于人员同美国和英国交通。另外这里气候适宜，即使在最热的8月，也十分凉爽，从安逸的角度看，选择这里作为前沿指挥部是适当的。但是蒙哥马利等人反对将指挥部设在康坦尔。因为这里跟第一线相距640公里，通信状况十分糟糕。

蒙哥马利对下一步作战计划仍不满意，他决定再做一次努力，设法让艾森豪威尔采用一个健全的计划。

9月4日，蒙哥马利以集团军群司令的身份发出电报：

"为盟军的统一作战考虑，我们认为向东北方向以外的进攻都是徒劳的，我们不能违背'集中'的作战指挥原则，我恳切希望您能够重新作一决策，亡羊补牢，挽救目前的战局。"

格拉威尔总部9月5日收到了这份电报，并在当晚7点45分给蒙哥马利复电。

9月7日上午9时，蒙哥马利收到了复电的第3、4两节，第1、2两节则在9月9日上午10时迟迟收到。

而此时，德国的"V-2"型导弹倾泄英格兰的消息也到达了蒙哥马利的桌面上。

↑英军坦克奔赴前线战场

蒙哥马利感到事情紧急，如果让德国的导弹这样打下去，他的部队将失去存在意义。他把眼睛瞄向地图，鹿特丹和阿姆斯特丹就在他的眼前。他清楚地记得，当他结婚度蜜月时，他们曾在这个世界上最大的港口小住几日，他也曾经向美丽的妻子天真地保证，他将把世界上最大的港口送给自己最爱的人。而现在，港口的码头依然伫立，思想开放的荷兰人仍然在街头上为生计而奔波，而此时的主人却换成了纳粹分子。蒙哥马利一想起这些，心中就升腾起一股强烈的冲动。是的，所有这一切都是日耳曼法西斯分子造成的，必须消灭他们。他注视了良久，突然用一支红铅笔向阿纳姆方向划了一个很大的箭头，仿佛一把利剑，剑锋直指德国心脏。

在蒙哥马利的脑海里逐渐形成了一个完整的计划：使用3个空降师和1个空降旅，在荷兰的埃因霍温至阿纳姆103公里长的狭窄地带空降，夺取阿纳姆附近下莱茵河大桥以南的所有桥梁，在德国北部平原开辟一条狭窄的走廊。以霍罗克斯率领的第30军发动地面进攻，通过被伞兵夺取的桥梁，跃进到莱茵河北岸，夺占进军德国的桥头堡。这样，盟军就可将荷兰一分为二，消灭从荷兰西部轰击伦敦的德国导弹基地，还可以越过莱茵河，绕过德国苦心经营的齐格菲防线，打开进军德国的大门，并可向南直取德国的主要经济基地鲁尔，或横扫德国北部平原，进而攻占纳粹老巢柏林。在蒙哥马利看来，这真称得上是一个宏伟的计划。如果不是有美国人掣肘，他会把自己变成绝无仅有的英格兰英雄，一个连法国的拿破仑也无法比拟的英雄。

蒙哥马利曾经在学校里成绩优异，他对第一次世界大战的平庸作战思想深感遗憾。"这样一场大战竟没有一位杰出的指挥统帅，真是历史的悲哀。"他特别擅长想像，英国的骑士精神培育了他，使他永远奋斗不止。即使他处在英国这样一个日益衰落的帝国中，他也感到要用杰出的指挥塑造历史。只是这一切不取决于英国，而取决于美国，取决于美国的支援。他知道，整个战争，假如没有美国的支持，英国可能已经成为德国的一个县。为此，他十分抱怨英国的不争气。但对美国人，他也很不理解。明明前面一条正确的战略步骤，偏偏不予采纳，而一味舍近求远，为了可怜的政治，宁愿放弃战争的自身利益。"该死的美国人，该死的物资供应。"

蒙哥马利拿起电话，拨通了军需调配处的电话，询问物资供用情况，得到的结果却是物资即将告罄。"什么，你们必须把供给和使用计划报到我这里。"他知道，所有的物资目前都已经做成了两份，一份给12集团军群，剩下的才是他的21集团军群的。而隶属于他的美军第1集团军却至今不知道在什么地方。

此时的格伦威尔·艾森豪威尔也在深为烦恼。几天来，他桌上的电话总是不断，而每次总是一个同样的问题，"请求总部给予调拨弹药和油料。"仿佛他是一位后勤总管，而关于战况的报告却几乎没有。巴顿的第3军已经失去了联系，有人传言巴顿已经到达齐格菲防线了，有的人更传言不到一日，巴顿将攻下柏林。对这些言论，艾森豪威尔非常生气，他不知道第3军的位置，征询电报已经打过几遍了，也没有回音，巴顿似乎从这个世界销声匿迹了。只有他的粮草联络官在交涉，艾森豪威尔曾问他，"你知道巴顿在什么位置吗？"

"将军，如果您想知道的话，请问卡车司机好了。"

"他们在吗？"

"我也不知道在哪里？他们只知道向前开进，部队在前面运动。"

艾森豪威尔明白，巴顿是有名的疯子，他的娘胎就是用炮弹和火药构成的，在他的脑子里，每一个细胞里面都有战争的兴奋因子，仿佛他专为这个战争的世界而降临的。

"第3军到底在哪里呢？"他正在思忖，突然电话铃响了。他一个箭步接过电话，愤怒地喊了一句，"以后再要油要炮弹向军需调配部要，不要再直接请示了。"

"艾克，我是马歇尔。"

艾森豪威尔一怔，"将军，对不起，我正在为此事烦恼。"

"参联会已接到总统指示，要尽快给21集团军群解决物资保障问题。英国首相受到了民众的巨大压力。作为盟国，我们有这个义务。"

"是，我马上安排。"

9月10日，艾森豪威尔飞到了蒙哥马利的作战指挥所。

布鲁塞尔已经搭建了盟军在欧洲大陆的第一个简易机场，德国从巴黎、鹿特丹和布鲁塞尔撤走前，已经毁掉了所有可能降落的机场，在每一块可能降落的平地上，隆美尔命人竖立的防空降障碍还没来得及排除。美军只能采用钢板拼接的方法构铸一块平台，有利于飞机降落，而所有的空袭行动，只能从英国起飞，越过英吉利海峡进行远程空袭。

当艾森豪威尔的座机降落时，简易平台的钢板发出了巨大的撕裂声，但飞机还是在平台的另一端平安着陆了。由于他有腿伤，蒙哥马利被通知到飞机上进行详谈。

蒙哥马利依然是他那套颇有行头的打扮，他带上了一本厚厚的文件夹，其中就有他向阿纳姆进军的详细计划。

他登上座机的时候，医生正在给艾森豪威尔换药，从艾森豪威尔痛苦的表情上，他看出这位盟军的最高统帅是何等的坚强。

"蒙蒂，坐。"艾森豪威尔示意蒙哥马利坐下。

蒙哥马利简单地问了一下他的伤势，便直奔主题。

"当前部队的士气还是十分高涨，部队已经休整完毕。敌人的防线也在动摇。德国的'V-2'型导弹已经袭击了英格兰，这些导弹将对部队构成巨大威胁。"

"这个情况我听说了。我们一直期待着跨过荷兰北部攻入鲁尔，这个战略是优先的。现在我们也终于办到了。"

"不，我们还不曾办到这一点。"蒙哥马利辩解说。

"我所指的并不是绝对的优先，而且我们不能紧缩向萨尔挺进的行动规模。"

"可是，对21集团军群的支援已经青黄不接。恐怕这会给敌人以喘息之机。"蒙哥马利指出了问题的要害，并接着说："目前，我的总部一直向北推进，而第12集团军群的总部则一起向东移动。我们有可能失去控制，导致痉挛和脱节。如果继续实施这种两路攻击的行动，平分支援力量，则两方面的挺进都不会有效。"

"我们的战略目标是向莱茵河挺进，要在广阔正面上渡过莱茵河，然后才能集中一切力量于一个挺进的前头上面。"

　　"但如果把安特卫普放在一边，那么就会面临当我们在正前方同德国作战时，我们正后方还是德军阵地。而如果把这里先攻下来，作为我们的后勤供应基地，它将有利于我们前线的行动。"

　　艾森豪威尔看到蒙哥马利不再坚持单路攻击，便同意21集团军群的作战行动，"你可以率部向阿纳姆进攻，这对我们下一步的整体行动也非常重要。"

　　"但对萨尔的行动要有所节制。"蒙哥马利还是提出了最低要求。

　　"这个我会安排，一旦21集团军群发起作战，我将集中3个美军师的车辆承担额外供应物资的运输补给，从而支持你们。"

　　"那第1集团军由谁来指挥？"蒙哥马利提出了配属美军的指挥问题。

　　"你可以同何杰士司令直接打交道。"

　　在这次会谈中，蒙哥马利意外地得到了艾森豪威尔的支持，可能是蒙哥马利对战争发展的绘声绘色的描述吸引了这位美国统帅，也可能是马歇尔的电话起了作用。但盟国在作战立场问题上已基本协调完成了。

　　会后，蒙哥马利面带笑容，目送艾森豪威尔的离去。他感到心满意足。他仿佛看到了胜利的微笑，荣誉和鲜花，听到了热烈的掌声，那是属于一位视凯旋至高无上的将军的最高褒奖和荣耀。

　　可是，令他完全没有想到的是，失败的阴影已经笼罩在他的周围，上帝已经打开了潘朵拉的盖子，千万名士兵，将因为永远不能讲清的原因走向了地狱的深渊。

第2章
CHAPTER TWO

迟来的作战计划

★周围的民众听说蒙哥马利要向德军挺进，也动员起来了，自发地成立了战争支援队，力所能及的帮助盟军战士们运送枪弹。老人、妇女、小孩也帮着抬箱子、拿装备，站岗放哨，维持机场秩序。

★厄克特把希望全部寄托到了怀特中校身上。怀特是最出色的侦察英雄，他参加过多次"直射行动"，熟悉阿纳姆的所有地形。更为重要的是，怀特可以对敌人实施低空侦察，在他的飞机里配有先进的雷达探测装置，足以避开敌人的火力进攻。

No.1 战斗的大幕徐徐开启

布鲁塞尔的决定刚刚结束，蒙哥马利就召开了作战会议。

1944年9月10日下午，21集团军群指挥部。

蒙哥马利已经早早地坐在了自己的位置上，部门和部队的负责人正分别走进作战室。布朗宁中将习惯性地弹了弹他的军帽，冲蒙哥马利微微一笑，然后直奔自己的位置。30军军长霍罗克斯一声不吭地走到了自己的座位上。近段时间，他的脾气大增，主要是缺少油料。他的坦克一直停顿在前沿阵地的后面，做个防御还行，如果德军发动3天以上的持续攻击，他不能保证所有的坦克不成为德国人的猎物。

蒙哥马利看看人员到齐，便开始发言："根据总部批准，我们将在最近发起'市场—花园'作战行动。预案我们已经做好了。现在想听一下大家最后的意见。"

将军们互相望了望，没有一个人开腔。

"嗯，今天怎么了？"蒙哥马利看了一下众人，便把目光集中到布朗宁中将身上，"还是请您先发言吧，这场战争的胜败取决于您的努力。"蒙哥马利知道布朗宁是对这场战役最热心的人。

"实际上，一切本来很简单，只是我们让一些程序给弄复杂了。"布朗宁先抱怨了一句，这一句很合蒙哥马利的口味。接着指出："宜早不宜迟，既然决定了，就打。"

"然而现在的形势变化太快了。如果敌人已经部署了兵力，在我们30军没有到达之前，我们的空降军能坚持住吗？"霍罗克斯对空降兵的战斗力提出疑问。

"你相信他们好了，他们在北非和意大利的行动已经证明了这一点。"布朗宁向来不愿让别人对空军品头论足。

蒙哥马利为了避免两个人争执起来，他看了看空军作战司令布里尔顿上将，"我想知道，把整个第1空降军运到作战地域需多少飞机，多长时间？"

布里尔顿抬起头，反应冷淡地说："我想这可能要调用目前盟军所有的运输机，并可能使用到所能指挥的每一架滑翔机。空降人员可由滑翔机载运，其他人员用降落伞空降。为此，需要动用各种型号的飞机5,000余架，护航战斗机1,500多架。"

"这么多人在夜里发起进攻，恐怕会带来很大麻烦。"蒙哥马利提出了一个尖锐问题。

"我们可以在白天实施空降。这一点是能做得到的。"布里尔顿说出了一个令众人十分吃惊的想法。

"我们将把这个意见报告给总部。霍罗克斯将军，你这边还有其他问题吗？"蒙哥马利转到了下一个议题。

"我们已经准备好了。只要物资供应到位，随时可以出动。"

"那好，这次进攻的时间定在9月17日。"蒙哥马利说出这个决定以后看了一下布里尔顿的脸。布里尔顿尽管面有难色，但没有表态。"敌后空降的地面指挥由布朗宁将军负责。"

一场规模空前的战役，就这样作出了决定。空军将领在这场战役中具有绝对的指挥地位。

↑蒙哥马利正在与英空军上将特德（中）、英空降部队指挥官布朗宁商谈作战计划。

从9月11日始，英国中南部机场一片忙乱。

21集团军群确立了17日进攻的时限，整个空军开始忙碌起来。要在整整6天的时间内完成进攻任务，这本身就是一件需要创造奇迹的事情。

布里尔顿首先召开了空降兵司令部会议。

会议在一个临时机场上进行。美第9运输师、101空降师、82空降师、英国第1空降军指挥官全部到齐。

"所有飞机必须在5个昼夜内把所需要的一切物资准备好，所有飞行员必须对所担负的任务、执行任务的时间、空降的地点、信号联络、前往路线全部明确。"布里尔顿严肃地说。

"我们彼此之间如何协调，是否提前组织演练？"盖文发表了自己的看法。

"没有必要，没有时间。"布里尔顿向来是一个人说了算，"任务区分已经明确了，你们要各自按预定计划行事。"

"如果情况不利于我们空降，是否申请改变行动？"副司令布朗宁突然提出了一个情况假设。

"我们依靠计划和命令行事。任何违背计划和命令之外的事只能是对我们整体计划的破坏。如果在作战行动中有这种事情发生，他必须被解除职务并接受惩罚。"布里尔顿的话音里透出一股杀气，很明显这是对布朗宁中将来的。像其他美国人一样，他也对英国的这位将军抱有深深的成见。

布朗宁脸色十分难看。他知道此时此刻英国离不开美国，没有美国的飞机大炮和补给品，战胜德国是不可能的。但是自己作为英国空降兵的总司令，实在咽不下这口被人训斥的怒气。他默不作声，因为实力决定一切。布里尔顿明显在报复他，报复他在集团军群司令部的发言。看来，自己的某些话伤到了他的自尊。而布里尔顿本来就是一个小鸡肚肠的人。

窗外，盟军飞行员正在忙碌地跑来跑去。"空中堡垒"轰炸机在空旷的跑道上挺着雄姿，两支巨大的翅膀挂上了闪亮的弹头，在阳光的照射下，透出一股阴森森的杀气。远处，巨大的C－47运输机正张开了肚子，运送员一件一件地查验着装备、所有的必须物品：武器、弹药、食品、水，等等。在飞机场的左侧，一个连的飞行员正在训练，他们正在演练空降课目。所有的人都背着笨重的卡其袋。匕首在皮鞋里笔直地挺着，他们边跑边喊着号子，从移动着的"野马"式战斗机旁边穿梭行进。

太阳落山的时候，英国南部的港口和机场仍然亮如白昼。

周围的民众听说蒙哥马利要向德军挺进，也动员起来了，自发地成立了战争支援队，力所能及地帮助盟军战士们运送枪弹。老人、妇女、小孩也帮着抬箱子、拿装备，站岗放哨，维持机场秩序。

82空降师505团的机场上更加热闹，几名漂亮的英国女孩在警卫面前直嚷。她们要同自己心爱的情人告别。但森严的铁丝网里面，在拥挤的跑道上，所有的美军士兵都在窜动，轰鸣声、号子声、吵闹声，混成了一片。

正在这时，一辆吉普车戛然而止，一位阔脸的军官从车上跳了下来。"怎么回事？"他问。"她们要见我们的战士。"卫兵一个立正，他抬头一看，来人原来是盖文准将。

艾森豪威尔的参谋长史密斯将军。

"你们为什么要见他们？"将军扭过脸，看着这帮天真烂漫的女孩。她们是典型的英国女孩，一共有7人。平均十七八岁的模样，但成熟的脸上透着爱的执着和焦急的等待。

"我们是他们的未婚妻。"女孩们似乎看到了救星。"您能让我们见上他一面吗？"一个女孩已经顾不上美军关于不准谈恋爱的军规，违背了美军小伙子们让她保守秘密的诺言。是的，在这个生死攸关、生死离别的时刻，女人们一旦认真、大胆和开放起来，那就是什么都无法改变的事。

盖文准将仔细地打量着眼前的这些漂亮姑娘，感到了一股源自爱的亲情和真情。他望着一个个胸脯高挺上下起伏眼中充满期待和渴望的女孩，一股同情之心油然而生。

"好吧，我会安排你们见面的，有你们为他们鼓劲，相信他们一定会杀敌立功的。"说罢，他驱车开进了团部。

过了一会儿，几个小伙子也飞似地跑出了机场大门……

No.2 被忽视的消息

1944年9月15日，英军第2集团军司令部。

集团军司令迈尔斯·登普西已经忙活了一天，他习惯性地躺在海绵椅上放松了一下，点了一支烟，办公室里立即荡起了阵阵青烟。

突然，他的门响了，情报副官送来了一份文件。登普西一看，上面有"加急"二字。登普西立即熄灭了烟蒂，坐直了身子，跟着扫了下去：

根据可靠情报，在埃因霍温与阿纳姆之间，德军一支装甲部队正在休整，其武器装备精良，而且人员越来越多。

荷兰抵抗组织

登普西立即跳了起来，因为如果这份文件属实，那么"市场－花园"行动将面临巨大麻烦。

他戴了军帽驱车向总部赶去。

小车开出了防地，钻进了森林，5分钟后又出了森林，一溜烟朝蒙哥马利的司令部驶去。

20分钟之后，蒙哥马利临时指挥所。

房子是一所破旧的教堂。战火没有烧到这里，所以环境还相对干净和宁静。蒙哥马利正准备起身视察部队，他已经收拾好了文件包，正准备出门。这时，登普西手持着电报，气喘吁吁地赶了进来。

"元帅，我们有一份重要情报。"

"什么情报？"蒙哥马利边说边接过了文件。

"荷兰的抵抗组织的人员可靠吗？"蒙哥马利一边看一边说。

"他们的消息一直很准，但近来也有不少情报出错。"

"知道了！"蒙哥马利沉思片刻，拿起手提包走出了办公室。参谋长同行。

"发生了什么事情？"德甘紧跟一步。

"阿纳姆发现了敌情？"

"那怎么办？"

"我想问题不是很大，有可能是德军的疑兵之计。"

"可能。即使真的有这个情况，从德军的损失来看，这支部队要么缺编，要么大部分是新兵，战斗力可以低估。"

"正是这样，我想这个情况不会影响我们的行动。"

昨天夜里的一场大雨，使前往30军的道路泥泞不堪，整个路面被坦克和装甲车的履带碾得支离破碎。前方几英里之外传来零星的炮声。英军和德军人的交火接连不断，但都局限于炮战，谁都没有越过界壕。双方就这样相持着，都在琢磨着下一步行动。

与此同时，在英国南部。第1空降师师长厄克特正急得焦躁不安。

厄克特是步兵出身的空军将军。由于在陆上作战的杰出指挥能力，他被委以重任。厄克特十分谦虚，他的枕头旁边就放着一本空降条令，晚上他常常读到深夜，正是这种好学不倦的精神，感染了许多人。而厄克特也从不负众望，一连获得了几枚勇士勋章。

这一次，当前线传来了阿纳姆以西和城东发现敌人装甲车的消息后，他不禁大吃一惊。他知道，装甲车是轻型伞降步兵最危险的对手。空降条令中规定，永远不能在装甲部队的地方实施空降。现在根据他的判断，在阿纳姆至少有敌人的两支装甲部队，这对他的空降伞兵来说是一个重大威胁。他的心里产生一种异常的恐怖，仿佛他与伞兵战士们一起跳下了万丈深渊，而等待他们的是冰刀和雪窟。

厄克特将军并不怕德军，他已经同他们有几个春秋的交火了。德国人的鼻子虽然比一般人的鼻子红得厉害，但是这些狂热分子有时也会愚蠢得出奇。所以，在他的心里又有半点安慰：上帝可能会眷顾他的这次行动。

9月15日，厄克特怀着一颗忐忑不安的心情，向阿纳姆派出了侦察机。

厄克特把希望全部寄托到了怀特中校身上。怀特是最出色的侦察英雄，他参加过多次"直射行动"，熟悉阿纳姆的所有地形。更为重要的是，怀特可以对敌人实施低空侦察，在他的飞机里配有先进的雷达探测装置，足以避开敌人的火力进攻。

晚上，厄克特来到飞机场，侦察机已经准备好了。怀特中校从飞机窗里稳稳地敬了一个礼，然后他把操纵杆一压，野马式战斗机发出了一声呼啸，立即冲上了天际，怀特在空中又做了一个悬停，接着消失在了东方苍茫的夜空中。

此时，阿纳姆正是凌晨时分，人们都在梦乡中沉浮。怀特驾着"野马"式战斗机像幽灵一样从高空进入。黝黑的土地，沉睡的平原。过去，荷兰像一盆盛开的鲜花一样美丽，到处是野百合在绽放。但是，当德军的铁蹄踏入以来，这里就像在无边的黑夜进入沉睡的梦乡。

怀特的母亲是荷兰人，他小时候曾经在鹿特丹舅舅的木工场里玩耍，特别爱到田野的小溪里钓鱼。在他的记忆中，荷兰的一切是那样美丽。在执行"直射"任务时，他每次经过荷兰上空，都仔细地盯着荷兰的每一块土地。他相信，总有一天，他会回到那里的小溪边钓鱼。

瞬间，飞机进入了阿纳姆上空，他压低操纵杆，飞机向下降落。由于天色微明，看不出人员动向，他打开了照相设备，对每一处可能部署军队的地方进行了拍照，当太阳从东方冉冉升起之时，他驾着他的野马式战斗机向西而去。

15日上午10时，厄克特在机场的办公室旁焦急地等待着。

突然，东方天际传来了隐约的轰鸣声。

"回来了！""回来了！"人们把脸转向了东方。

"是他，是他。"从东南方向出现了一个黑点，在人们视线里一点点变大。顷刻，"野马"式战斗机的矫健身影抖落在众人面前。

厄克特立即迎了上去，紧紧握住怀特的双手。

照片很快冲出来了，经过航空人员的辨认，阿纳姆确实存在德军大量坦克。厄克特一边看着，一边冒出了一身冷汗。他立即跳上车，一溜烟开到了指挥总部。

布朗宁对地面行动负责。他拿起了这些照片，翻来翻去。

对一名决策者而言，计划一旦制订了，准备行动也做了，剩下来就是进一步行动。取消行动的责任是巨大的。布朗宁不敢贸然下这样的命令。而根据他长期以来的经验，敌人欺诈的因素是很大的。特别是自盟军登陆以来，敌人还从没有对盟军空军产生过威胁。兴许这些装甲像英国人一样仅是道具而已。

同样的一幕也发生在法国境内，盟军部队也得到了阿纳姆的敌情情报。

斯特朗少将从另外的渠道得知阿纳姆的德军装甲部队是党卫军第9和第10装甲师，果真如此，那么这次行动将是凶多吉少。他把情况向史密斯汇报。

史密斯赶紧跑向艾森豪威尔办公室。

"我们认为，在装甲部队大量出现的情况下，'市场—花园'行动应该修改方案。"

艾森豪威尔听完之后显得面有难色："如果必须修改计划，应该由蒙哥马利本人来决定。"

随即，史密斯飞向了荷兰的前线。但是，他被告知，德军是在虚声恫吓。

第3章
CHAPTER THREE

艰难、艰险、艰苦

　　★浓烈的炮火声在德军高射炮阵地上空响起。"野马"式战斗机紧盯着眼前的目标，在轰炸机旁边助战。而德军的高射炮阵地也响起了急促的炮声。88毫米炮在凌晨时分惊醒了全市市民。街头一片混乱，到处是是奔跑的居民。

　　★损失最惨重的要数43团和50团的步兵。他们跟着坦克开上公路时，两侧的德军机枪一齐开火。从工事里喷射出了火舌，无情地舔卷着年轻英军的身体，一阵狂扫之后，公路两侧躺满了无数英军战士的尸体，如同刚刚收割的麦个子。

No.1 空中降下的火雨

9月16日，盟军第1空降军司令部。

布里尔顿坐在靠近窗子的椅子上。窗外，天气显得十分沉闷。树叶在雨后显得油亮，高高的松柏树上还打着雨滴。几个勤务女兵正从前院走过，一汪水潭挡在了她们面前。为了通过，她们绕过了松柏树，却被雨滴打湿了头顶，几个人一阵惊叫，飞也似地从旁边跑走了。

布里尔顿望着天上的浓云，双眉紧锁，连日来的困顿没有击垮他。这种紧张的日子，他早已习惯了。只是装在口袋里的香烟由原来的一盒变为几盒。但是当他的女儿玛丽打电话问候的时候，他总是说：欧洲没有香烟，我已经一个月没有沾那东西了。而每次电话之后，玛丽都非常高兴，只要爸爸多在欧洲呆一天，她就高兴一个月，因为母亲告诉她，父亲之所以不回家，是因为在努力戒烟。

通往指挥部走廊的另一端是参谋部办公室。从这里面，布里尔顿年轻的情报副官约翰中尉走了出来。

"报告将军，刚刚收到气象专家报告，3天之内，比利时、荷兰将一直是晴天。"

布里尔顿心头一阵惊喜，"赶快通知部队，明日开始行动！有其他情况变化随时告诉我。"他边说边用手朝口袋里摸去。约翰中尉此时迅速掏出火机，点燃了将军的雪茄。

"谢谢！我想求你一件事。想借你火机用几天，火没了。"

"我马上通知他们给您多准备几个。"看到布里尔顿这么高兴，约翰十分高兴地安排去了。

16日夜，英国第8军和第16空军基地。基地上空的乌云一点点散去，月亮在空中弯弯斜挂，天上的星斗赶趟儿似地展露在人们眼前。此时所有的飞机场一下子灯火通明起来，号子响了，马达渐渐发动起来，人员上下前后在飞机旁边忙个不停。起飞前的最后准备正在进行。所有的油箱和弹药箱一一开验。伞降人员也在反复检查装备，因为一旦登机以后，他们就把命运寄托在了一小包绳子和帆布身上。

2点50分，基地指挥官向布里尔顿报告，登机准备完毕。

布里尔顿还是坐在他的办公室里，他的参谋人员已经大部分随部队上了战场，而他将作为总指挥坐镇指挥。对他来说，他的重要使命就是确保整个运送毫无差错。现在，这个时刻来临了。他手中夹着半截烟卷，似乎在沉思，突然，他大步走向电话前，拿起了话筒，左手把最后的那段烟蒂递到嘴里，狠狠地吸了几口，然后朝烟灰缸里一按，随着里面"滋"的一声响，他下达了"立即出发"的命令。

几乎同时，不同机场的所有飞机都跃上了繁星闪耀的夜空。在人们的视野中，当夜增添了无数排列整齐的移动的"星星"。

空中，B-17"空中堡垒"轰炸机第5中队舱内气氛紧张。

指挥舱设在B-17轰炸机上。B-17轰炸机是波音公司于1935年试飞的一种远程重型轰炸机，原型机编号为B-299，随战争的进行做了多次改进。B-17在欧洲战场上一度是空中

↑ 盟军飞行员战前通过模型来商讨作战方案。

主力。盟军依靠它同德军展开了空中大角逐。

由于需要配备指挥设备，指挥机比一般轰炸机少加了2吨弹药。但是飞机上仍有18吨弹药。

在飞机舱内，第5中队队长林登中校正端坐驾驶舱内。表面上，他十分镇定。但是只有他知道，他的心脏在"扑通、扑通"地跳动着。窗外，繁星闪闪，多么美丽的夜晚，可是作为军人，摆在他们面前的一个残酷现实是不知道自己的命运如何。从上了飞机的一刹那起，他就感到丧失了自我，这几乎是每一个上天的人的第一感觉。不过这次，他对死亡的感觉并不严重。在他心里，能否完成任务成为一种巨大的心理压力。从参军到成为中队指挥官，20多个春秋，荣誉、利益和尊严像一把把巨大的无形光环在套着他，使他不得不为此而努力。

他看看窗外，他的中队正排成三路纵队向东飞去。第5中队已经参加过多次战斗了，可是作为首发执行任务，这还是第一次。在黑暗的夜空中要准确定位，找到轰炸目标本来不易，而明天的空降则全仰赖于他的这次飞行。看来，要想多炸毁几架敌机，多打哑几门高炮，多摧毁几个火力点，将全部寄托于上帝的眷顾了。他暗暗想着，心中充满了寄托。

3小时以后，阿纳姆上空。

林登中校的30架轰炸机同50架P－51"野马"式战斗机在凌晨时分到达目的地。只见机身下面是黑黑茫茫的大地，阿纳姆市淹没在一片黑暗之中。

"约克，开始行动。"林登向负责投掷目标指示弹的长机飞行员约克上尉发出了命令。"

"是。"随着一声应答，约克熟练地压下了操纵杆，飞机在空中短停顿了一下，接着机头一沉，扎向下面的云层。约克的飞机向下飞，微明时分的阿纳姆像画一样呈现在他的眼前。早就摸熟了的每一条街道，每一个目标，现在都清楚起来了。约克向前飞，前面是阿纳姆机场，跑道上还停放着数架德军飞机。他把飞机再往下压，高度已经240米，已是黄金轰炸距离，约克毫不犹豫地按下按钮，4颗目标指示弹悄悄向目标落去，不偏不倚，正好落在机场上。一团红黄色的火球在机场上腾空而起，将空袭目标暴露无遗。

"攻击！"林登从指挥舱里下达了攻击命令。B－17轰炸机张着双翅向机场猛扑下去。最前面的几架飞机尖叫着吐出了几道火舌，爆破弹像谷个子一样从空中均匀落下。

整个机场已是一片火海，各种建筑物被连根掀翻，机场跑道已经面目全非，平整的跑道一下子出现了几十个大大小小的弹坑，停机坪上的飞机已是粉身碎骨，只有扭成麻火状的钢筋架子在燃烧。林登命令后面的飞机发射燃烧弹。刹那间，整个空中火光闪闪，弹头带着刺耳的尖叫如倾盆大雨一样洒落下去，整个机场顿时陷入一片火海之中。大火腾起的热浪裹卷着无数灰尘，把飞机冲得上下摆动。烈焰闪耀的光芒，把黑夜映照得如同白昼。即使隔着挡风玻璃，飞行员也感到热浪袭人。

第一波攻击过后，第二波攻击也紧随其后。

浓烈的炮火声在德军高射炮阵地上空响起。"野马"式战斗机紧盯着眼前的目标，在轰炸机旁边助战。而德军的高射炮阵地也响起了急促的炮声。88毫米炮在凌晨时分惊醒了全市市民。街头一片混乱，到处是奔跑的居民。

整个轰炸一直持续到中午时分，第8航空队852架B－17轰炸机在147架歼灭机的掩护下，从南北两个航线对德军阵地前沿和纵深实施了饱和攻击，整个德军防地一片火海和浓烟。

No.2 飘向炼狱

9月17日上午，英国南部牛津郡和格洛斯特郡滑翔机基地。

是日，风和日丽，天高气爽。连日来的阴霾天气一扫而光，在1,500米上空，云幕从东往西在空中拉开了一道空中幔道。

第1空降兵的伞兵和机载步兵，已经做好了一切准备，背上背着重重的伞囊，肩上挂着长长的子弹带，腰间塞满了一排排手雷，神情紧张地等待着登机出发。火炮已经推上了飞机，吉普车载着各种装备也进了飞机。这是整个伞降兵的家底和最重的装备。

在长长的滑道上，C－47运输机像巨大的鲸鱼一样趴在跑道上，有几架运输机启动了马达，巨大的轰鸣声震动得整个机场都在晃动。

9时45分，随着指挥塔上发出指令，1,545架运输机拖着478架滑翔机，在1,131架战斗机的护航下，从英格兰南部中央的24个机场凌空而起，掠过苍茫的原野，向东方飞去。庞大的机群发出了巨大的轰鸣声，声波对周围产生了巨大影响。田间的牛羊群和马群面对突如其来的声势惊恐不安，一些暴烈的动物在旷野中狂奔不止。所过之处，人们目瞪口呆地注视着这有史以来最宏大的空中奇观。它不光是美丽的空中图案，更是一种大规模的力量显示，交织着文明与野蛮的矛盾信息。

10时30分，2,023架运输机、滑翔机沿着两条航线，向北海上空飞去。在波涛汹涌的海面上，雄鹰挑战整齐的方阵，海面上反射着粼粼白光，鱼群被巨大的轰鸣声惊得四散而逃，在海面上上下窜跳。北路航线主要是美军第82空降师和英军第1空降师的编队。

82空降师是美国第一支空降部队，在第一次世界大战的尾声中，空降兵吹响了进攻的号角。1942年，空降师重新组建，布莱德雷少将任师长。当年8月，82师以其一流的训练水准和高昂的士气，被改编为美军第一个空降师，李奇微任师长，由3个团组成。此时，504、505和508团正在空中。新任师长盖文焦躁不安地坐在指挥舱内，长机不时传来各种飞行指令。在滑翔机内，美军士兵们在飞机上神情严肃，有些饥饿的士兵掏出了压缩饼干，在降落之前，首先得填饱肚子，否则一旦进入战斗状态，不知道下顿饭会在什么地方吃。

空降师的英军也在进行类似准备。同美军协调行动已不是一次了，但是厄克特明显感到了美军士兵的骄狂。他遵照布朗宁的安排命令英国人保持高度服从状态，所有英军此时都在厄克特的命令下统一行动。

厄克特朝窗外望去，只见周围的蓝天和白云，发出五颜六色的光芒，长机传来了通报：前方已抵达斯瑞恩岛。厄克特明白，他的编队已经踏上荷兰的土地了，再过半个小时，他们

↑ 盟军轰炸机向德国阵地投下炸弹。

将同82师告别，径直向阿纳姆飞去。

厄克特忽然感到心潮澎湃起来，作为陆军出身的他，现在身负空降重任。在地面作战，他一点儿都不在乎，但是一到空中，所有的一切都没了准儿。夜间的轰炸是否到位，敌人的88毫米炮是否发现他们？这些将成为致命的关键。这是一次冒险，稍不留意，他将化为一团灰烬，燃放在异国空旷的原野上空。

南路航线，101空降师也在"野马"奔鬃。

101空降师分成3路纵队，左右两路距中路的间隔为2.5公里。飞机的数量在空中像聚集的飞雁，队形如此密集，以至于可以从一架飞机的机舱走到机翼上，然后再走到另一架飞机上，沿着由无数架飞机构成的空中走廊，可以一直走向荷兰的前线阵地。

中午时分，荷兰海岸已经遥遥在望。位于机群最前方的士兵已经可以看到一团团黑色的德军高射炮的烟雾，那玩意儿在空中散漫开来，在飞机两侧划出了无数优美的弧线。护航战斗机从机群的上下左右冲上前去，德军阵地立即陷入了浓烟和烈火之中。

经过一场激战，虽然护航机打哑了部分德军的海岸高射炮，但仍有一些运输机和滑翔机被高射炮火击中，冒着阵阵黑烟，一头向海岸栽去。82空降师的一架滑翔机被88毫米高射炮击中后，机身裂成了两半，人员和装备像天女散花一样，从空中飘落下去。101空降师的一架运输机不幸被炮弹击中，整个机身像失衡的木偶一样，在空中跳了一个"之"字舞，然后抖动了两下，跟着"轰隆"一声巨响，整架飞机化为一团烈火，随着无数惨绝人寰的叫声，机身腾着烈火，坠向了地面。

所有飞机的窗口都聚集了一双双惊恐的眼睛。战争是可怕的，它驱使每一个置身其中的人热血腾沸。面对死亡，思维凝滞得可怕。而面对别人的死亡，更有一种永远无法忘记的伤痛感。几十条生命，就这样化成了灰烬，饮恨在这空旷的异国砾石中。生命本来源自地球，但是这种回归，由于时间的仓促和事件的频繁一时无法衡量价值，而逝者如烟云，永远不可复返。

飞机继续在飞，只有上帝知道每个人会归宿到哪里，是在空中，抑或陆地，抑或海上。

不知过了多久，久久期待的伞兵听到了组长的命令："准备跳伞。"

每个人赶紧忙活起来，浑身上下检查一遍，每一处绳结，每一个钩子，每一条带子，都要仔细查看，是否因为长途输送而松动了，是否因为与座位接触和摩擦而受损。

一切准备停当，组长下达了"起立，挂伞钩"的命令。伞降兵全站了起来，朝舱口走去。当舱口旁边的绿灯闪亮时，他们纵身一跃，扑向了蓝天的怀抱。

伞兵约瑟夫刚从飞机上跳下来，他身后的运输机就着火坠落了。巨大的火光在头顶上闪耀，爆炸声震得耳膜发痛，跟着一团火从他的降落伞旁落下，烈焰滋滋叫着，带着一股异常难闻的气味，熏得他直想呕吐。就在这时，从他的两臂间倏地一声响，一颗子弹顺着脸面，射破了他的伞包，子弹引起的漏洞使下降的速度更快。约瑟夫暗自叫苦，只要再有几发子弹在他的伞上开花，他必死无疑。他抬眼望去，在湛蓝的天空中到处是盛开的"牵百合"。他的同伴们就在不远的地方，飘飘摇摇，向预定集结地域降落下去。有几个同事在降落伞上一动不动，耷拉着脑袋，想必已经被子弹击毙了。想起这些刚刚还鲜活着的面孔，约瑟夫心中升起了无限悲哀。他不愿看到他们这种悲惨的命运结局，与其这样倒不如在空中被烈火烧光。

就在他浮想联翩的时候，他的双脚已经落在了地面上，降落伞像一床被子一样罩在了他的身上。他挣扎着爬起身，收拾好伞袋，拿起步枪。恰好，前面的哨子响了，他连忙跑过去站队集合。

远处，在一片小森林后面，沉闷的机枪声突突地叫了起来，德国人发现了他们并开始了反扑。

No.3 请上帝来做抉择

9月17日下午2时许，荷兰—比利时边境靠近运河处。

英军第30军军长霍罗克斯正在指挥所里焦急不安地坐着。荷兰9月份的气候有点儿反常，午后的斜阳晒得地面滚烫。霍罗克斯来回走动。

午饭时，他就没有吃下多少，这是一个难耐的日子。指挥所外，嘈杂声一如往昔，战士们的号子声此起彼伏。

突然，空中响起了巨大的轰鸣声，霍罗克斯看到，无数盟军飞机从他的上空经过，这是前往德军后方空降的伞兵部队。而半个小时以后，他将从这里发起攻击。

而在对面，德军阵地上，瓦尔兹师支队的指挥所外一片惊惶。

第6伞兵团的总指挥海德特爵士从战壕里走出来。他感到震惊，如此众多的飞机，他当伞兵这么多年，也没有见过，空中的敌人如同蚂蚁。再看公路上的德军，一个个面如土色，不知道如何是好。他的部队在法国时受到了盟军飞机的突袭，本来是要开往大西洋壁垒支援作战的，结果还没开上去，就减员过半。海德特也被炸弹炸伤。接着部队开到了麦克林堡进行补充，在那里，一批正在读书的初中学生加入了他的行列。这些人从没有摸过枪，但是热情很高。海德特对他们培训了一个星期，就接到了支援前线的命令。

一开始，这批学生军十分卖力。但是当他们向前开进的时候，大批德军恰好从前线溃退下来。那些过去在他们眼中的英雄和楷模，一转眼竟成了嘲弄他们的对象。

"喂，小个子，回家去吧？"

"你们的奶味还没有褪尽，就上去了，他们怎么这么残忍。"

"中学生，还是回去读书吧！"

"连女人味都没有尝就完了，这太可惜了！"

第6伞兵团在开进中经常遇到这样的情况。海德特起初采取置之不理的态度，但是当他看到新兵们一个个怀着疑惧的眼光向他盯来的时候，他恼怒了。

"如果再发现逃兵作失败宣传，发现一个枪毙一个。"他对副官下达命令。

虽然溃兵不再靠近伞兵团，但是溃兵成批成批地向后开拔的事实，始终令学生军无法明白：在训练有素的士兵回撤的情况下，为什么还要一批学生军向前开拔？但是战时的命令就是这样，德国的指挥就是这样，没有一个人去管。溃兵是按照希特勒的命令退下来的，而学生军也是在希特勒的授权下调拨的。这种无序的指挥状态对自诩是"钢铁"部队的德军构成了巨大的讽刺。

海德特侧身望去，他的第6伞兵团已经全部缩进战壕中去了。学生军在壕沟边发抖，老兵们同他一样缠得到处是绷带。他们躲在壕洞里，探出半个头，脸上一片茫然。战争已打到这个份上，所有的语言都是苍白的，人性受到了最大的考验。

2时15分，霍罗克斯下达了作战命令。

只见两颗红色信号弹腾空而起，30军的350门大炮全部吼叫起来，成吨的炮弹顿时倾泻到德军阵地上，德军并没有预见到这场进攻，一些观看盟军飞机的人还没有来得及隐藏，正当他们在小声议论的时候，突如其来的炮弹把他们送上了天。

公路两侧是泥泞的原野，壕沟中布满了泥浆，炮弹落下去，泥浆四溅，夹杂着阵阵惨叫。整个德军阵地，一时变成了沸腾的"海洋"。

英军的坦克手已经握紧了方向盘，战车已经发动起来，警卫装甲师也做好了突击准备，战车在后，坦克在前，步兵在后。

爱尔兰警卫师在树林里隐藏待命。这支部队曾经到过北非沙漠，意大利的热那亚平原，法国的诺曼底海滩，以突击见长，指挥员十分英俊精干。此时，师长正在向各分队下达作战命令。随着攻击时刻来临，三辆指挥车分别散开了。

2时30分，地面进攻的信号打响了。

爱尔兰装甲师以其锐不可挡的气势，向当面德军阵地冲去。43团和50团在后面跟进。预先侦察的火力点被一个个准确摧毁拔掉。

对面德军有5个营的兵力，一些德军在急袭中丧生。另外一些德军顽强地拿起了武器，向英军射击。爱尔兰师的先头几辆坦克，在德军88毫米火炮的威胁下，到处规避，有一辆坦克被炮火击中，炮塔被整个掀掉。但是其余坦克并没有退缩。几辆坦克朝着高射炮所在的位置一顿猛揍，88毫米炮顿时成了哑巴。英军坦克迅速冲上前去，占领了敌人设防的公路地段。

德军被迫向两侧撤退。

向路西撤退的部分，正是海德特的第6伞兵团。

海德特原来以为凭他手下这支队伍，好歹也要抵抗几个小时，但是不到20分钟功夫，他们就被赶出了阵地，英军坦克已经向他的后方冲过去了。再看看他的学生军，沿着公路两侧的堑壕，拼命逃窜。几个营长同他失去了联系。

他的副官拽着他的衣角说："爵士，如果不及时西撤，我们会被包围的。"

海德特瞪大了血红的眼睛，他看到旁边还有几名老兵。前面，几个学生军正在拖着枪在泥浆中向西跋涉。堑壕中躺着被炮火击毙的士兵，他们在泥浆中成了极好的脚垫。

30军越过德军的第一道防线之后，很快遇到了麻烦。

凡根瓦德公路的地基很高，英军坦克突破防线驶上公路的时候，左右两侧的德军仍然没有清除。结果，躲在田野伪装工事里的德军用88毫米炮向英军中路装甲部队一阵狂轰。炮弹从田野的草丛下、小树旁、伪装工事里一齐开火。四五辆装甲车当即被炮火击得粉碎。车内的英军士兵随着巨大的爆炸声连同钢板一道飞上十几米高空，然后重重摔倒在公路两侧，胳膊、脚和肉块溅得满地都是。

先头的英军坦克也被射中，8辆坦克被巨大的炮火击翻在路侧，后面上来的坦克也遭受了同样的厄运，8、9辆坦克在公路上瘫痪了。后面冲上来的坦克无法通过，只好从一侧绕进，结果要么被击毁在田野中，要么陷入泥泞中无法前进。所有的道路全部堵死了。后面的车辆不知道前面的情况，结果一个劲地往前冲，全部挤在凡根瓦德公路上。而德军的炮火开始发射，英军的车队四散开来，有一些为了躲避炮火，却掉进泥浆中，再也无法动弹。

损失最惨重的要数43团和50团的步兵。他们跟着坦克开上公路时，两侧的德军机枪一齐开火。从工事里喷射出了火舌，无情地舔卷着年轻英军的身体，一阵狂扫之后，公路两侧躺满了无数英军战士的尸体，如同刚刚收割的麦个子。

其他步兵一看不妙，立即向公路两边疏散开去，结果很多人掉进了德军预先设好的陷阱里，被匕首穿透了心脏。

霍罗克斯明白，要想迅速推进，就必须首先消灭东西两侧的敌人。

↑ 德军部队藏身在树林中，准备对盟军发动一次突袭。

　　他的西侧第8军已经投入了战斗，但是东侧却没有部队。原计划这个方向由美军第1集团军负责攻击。霍罗克斯联系了很长时间，都不知道这个军的位置，霍罗克斯十分焦急，他给蒙哥马利发出了电报：

　　"我部急需在左右两翼扩展行动，第8军已在西侧投入行动，东侧目前空缺，请调兵支援。"

　　蒙哥马利接到电报之后大吃一惊。他知道，30军左翼是美军第1集团军的任务。如果没有这个关键的翼侧保障，30军要想前进是不可能的。

　　他打电话向艾森豪威尔询问。得到的回答却是："无法确认该集团军的具体位置。"

　　蒙哥马利决定，把已装满物资的车队全部放空，用它们运送预备队上去。

　　"元帅，这样做不妥当。"参谋长向他建议，"如果再有情况，我们的后备力量可能不够。"

　　"但这就是最危急的情况。如果30军不能同空降兵汇合，如果前面的桥梁被敌人炸断，如果敌后的空降兵得不到接济，如果……"蒙哥马利突然打住话茬，他突然意识到这些话本来是讲给艾森豪威尔听的，他没有必要对自己的参谋长讲。

　　参谋长德甘也似乎突然明白了什么，而且在他的脑海中已经有一种预感。看来，命运只能由上帝决定了。

第4章
CHAPTER FOUR

向前一步，
就是噩梦

No.1 顶撞希特勒的男人

当盟军飞机在荷兰上空漫天飞舞的时候，阿纳姆附近13集团军总部里却一片沉默。

德国元帅莫德尔静静地坐在沙发上，形势变化之快令他应接不暇。到处都是敌人的伞兵，敌人的企图是什么？

莫德尔在德国陆军中算是一位后起之秀，他在德国危难之际表现出的军事才华，令所有人刮目相看。在德军高级将领中，只有他敢跟希特勒说"不"。

1942年1月20日，在东线战场上，莫德尔要求希特勒派一个装甲军归他指挥。希特勒同意了，但是却要求把这个军使用在另一个地区，这与莫德尔的意见相左，由此引发了一场争论。根据希特勒的性格，他从不让别人说服他。但是英德尔却敢于这样做。

他从单片的眼镜中冷淡地看着希特勒说："我的领袖，是您在指挥第9军团呢，还是我呢？"

希特勒惊讶地抬起头来向他说："我命令你把装甲军使用在查茨克！"

莫德尔坚决反对干涉他的指挥权并强调说，他对前方情况知道得比较清楚，而最高统帅部的人只能够依照地图来作判断。

出人意料的是，希特勒竟作出了让步，并准许把一个装甲军按莫德尔的意见使用，但他必须对自己的行为负责。

现在，莫德尔在指挥部里陷入了沉思：敌人的企图是什么？哪儿是敌人的主要方向？敌人为什么要全线攻击？这些问题一直困扰着他。自来到西线以后，他发现，东线德军的那种精神没有了，德军只要与英美军一接触，就要失败。他一直在思考这个问题。而现在，敌人漫天飞舞，到底要搞什么名堂？

莫德尔个子不高，外表很普通，不像一些有名人物一样，有着这样那样的嗜好。他的平凡让他走在大街上，你都会把他当作一名清洁工。

正在沉思中，副官报告，斯图登特将军求见。

"好，让他进来。"莫德尔正需要他帮忙。

斯图登特是一位航空专家，是他一手创造了德国的伞降集团军，但是从组团到现在，他的空降兵毫无建树。现在他受命于危难之际，决定要为德国人争回脸面。

"您好！"斯图登特从门口走了进来，他十分佩服莫德尔。虽然莫德尔比自己年轻，但是莫德尔的坚毅和顽强征服了一切。

"坐。"莫德尔示意。

"我的部下在维格尔获取了一份情报，我想可能对您有用。"斯图登特边说边拉开了皮包。

莫德尔接过来看的时候，不禁大喜过望，因为文件上明确标为"机密文件"，而且专门指出是"市场—花园作战"的详细计划。莫德尔从头到尾看了一遍，他发现敌人的行动同这份文件有惊人的相似，无疑这份文件是真的。

↑ 德军元帅莫德尔。

↑德军装备的"虎"式坦克。

原来，当101师空降兵从维格尔飞行的时候，德军伞兵打下了一架滑翔机，从死者身上，他们得到了这份命令。真是踏破铁鞋无觅处，得来全不费功夫。

经过参谋人员一致鉴定，这份文件是真的。斯图登特立即前往莫德尔总部报告。

莫德尔静静地听着斯图登特的描述，在他的脑海中迅速形成了反击意见。他命令：坚守奈梅根桥梁；对敌人地面突破部队的两翼实施攻击；阻止敌空降兵同地面部队汇合，第9和第10党卫师在原地不动，准备消灭阿纳姆空降之敌。

当德军布置好口袋时，盟军还在按部就班地执行"市场—花园"计划。

101空降师负责夺取埃因霍温至维格之间24公里长的公路。

公路两侧是低洼平坦的土地，大部分地方潮湿不堪，到处是沼泽地。仅有的耕地面积十分突出，周围布满了河流、水渠和人工运河。一排排的树木沿着河流延伸，灌木丛到处都是，受其影响，通视率较小。车辆只能在公路上行驶，一旦离开公路，就会立即陷入松软的耕地中。

泰勒站在南部降落区，看着3个伞降团降落。降落是按他本人的要求进行的。辛克上校的506团在南，米凯利斯上校的502团在中央，约翰逊上校的501团在北，都采用了密集降落的方式。

当部队降落时，从公路上驶来了8辆装甲车，英军旋风式战斗机立即出动，向这些目标发射了火箭，击毁了几辆装甲车，其他车辆一看形势不妙，赶紧逃跑了。

101师的3个空降场都位于公路两侧，面积大，但容易发现。

如果不是处在德军衰败期，德军空军有能力组织一场漂亮的歼灭战，然而莫德尔手头无兵，他名义上是西线总司令兼第13集团军群司令，但是由于前期部队大部受损，他集合不起足够的作战部队，只能看着战机从自己眼前溜走。即使这样，莫德尔仍然把强大的第2装甲军调动起来，准备对敌殊死一搏。

这一切，都在悄无声息地进行。

No.2 修罗场

9月17日15时，宗镇。

辛克上校一落地，就迅速集合人员。1营和3营由自己指挥，2营负责守卫伞降场。

当部队冲上公路的时候，德军守卫部队开始反击。机枪扫射和手雷爆炸声此彼伏。辛克命令2营从左侧迂回。2营营长约克带领100多人沿路边灌木丛迅速摸了上去。

在德军阵地后面，是一座长约100米的公路大桥，德军在南边进行阻击，在河流对岸，敌人也设立了几个据点。从不同的暗堡中，敌人喷出了一串串火舌，美军士兵被一片片打翻在地。

辛克命令调来大炮，对准暗堡一顿狂轰，敌人在桥南的据点被清除，几个德国兵的尸体被抛上了天。约克分队已经从左边摸过去，部队士兵开始渡河，这时水中响起了巨大的爆炸声，德军的水雷引爆了。5名美军士兵应声倒在了河里，鲜血浸红了河面。

辛克看到迂回失利，命令部队从桥面猛冲。当士兵往前匍匐前进时，只听"轰隆"一声巨响，整座桥飞上了天。几名美军士兵跟着向空中抛去。

与506团比较，501团的运气较好。

501团在北面着陆，约翰逊把降落区选在离目标8公里的地方，结果，德军抛弃了阵地前往空降场。

约翰逊命令1营当面牵制，2、3营从左右两侧向公路冲击。

进攻的德军有2个连的兵力。敌人在装甲车的配合下向空降地域开进，501团1营营长罗克采用节节抗击的战术打击敌人。3连连长凯文命令高射炮抵近射击，德军装甲车继续前冲，结果被高射炮火击中，装甲车发出了一声怪叫，扭回头，嚓叫着向后退去了，但德军步兵都在罗克对面停顿下来，利用有利地形，就地组织防御。

过了一会儿，两辆德军坦克冲了过来。罗克命令1连2连两侧迂回，3连从正面诱敌进攻。果然，敌坦克奋勇向前，凯文操高射炮，对准"虎"式坦克射击。只听"砰"的一声，"虎"式坦克被炮火击中，发出了一声刺耳的尖叫，猛抖了一下，继续向前冲。凯文仔细一看，他的高射炮对"虎"式坦克根本不起作用，即率部队后撤。2连3连趁坦克向前冲，从两侧对德军步兵发起攻击，而2辆坦克分别以火力支援德军，这时凯文又从前面杀回来，三面围攻敌人。德军被迫压缩在空降场一侧。

此时，2、3营已经从两侧向前冲击，2营迂回地区是一片沼泽地，好多士兵陷了进去，一些救授人员也被拖进了死亡地带。在茫茫原野上，当你感到前面非常安全的时候，却完全没有意识到死亡就在眼前。一位上士用枪试探着前进，他过去了，但是后面的人跟进的时候，一步踩错，结果侧身跌倒在泥潭里，拼命地乱蹬，下降的速度很快，几个士兵赶紧抛出绳索，他却无法抓住。一名士兵把绳子缠在腰上交给战友，自己纵身跃进，抱住已经没顶的士兵，草地上顿时折腾成一片。终于，在众人的努力下，两名士兵从死神边被拉了回来。几个士兵用水壶给两个人冲掉鼻孔和耳孔中的泥浆，用手拍掉贴在脸上的蚂蟥，帮他们换了一身衣服，但是步枪却扔在了泥潭里。

渡过沼泽地之后是一片低矮的灌木丛，2营官兵沿着灌木丛前进，一下子冲上了公路。恰好，附近有几座桥梁，士兵们一下子冲过去。几个德军士兵正准备用晚餐，他们完全没料到，敌人会从沼泽地上冲过来。而这里的德军已赶往空降场同1营作战，据点里的床铺、衣物、枪械、弹药、书信一应俱全，连锅里的米饭还是热的。几个留守的德国兵乖乖地成了俘房。

2营兵不血刃地占领了3座大桥，当向第4座大桥挺进的时候，营长猛然看到前面"敌人"的身影好熟，但他的手下还是朝那个身影打了一梭子弹。结果桥对岸有人挑着一件衣服在猛烈晃动。

2营士兵猛地冲了过去，脚揣开大门。"不许动！"

眼前的"德国兵"猛得叫了起来。

"错了。"

罗克一看，什么德国兵，原来是3营伞兵。难怪一直没有看到他们的影子，原来已经从敌人后面摸上来了。而那个熟悉的身影，竟是团长约翰逊上校。

中间空降的502团，在向贝斯特进攻时遇到了麻烦。

米凯利斯上校率部队集合后，即向贝斯特的两座大桥发起了进攻。

贝斯特的两座木桥相连。大桥上共有3座碉堡；两侧中间有一座，北桥北端和南桥南端各有一座。桥下的拱桥中还设有许多隐蔽火力点。桥上有一所房屋，石材砌成，也有德军的火力点。

米凯利斯率部队占领了南桥桥头，德军放弃了这个火力点，目的很明确，就是要用桥身掩护消灭敌人。

看到眼前的敌人，米凯利斯真恨不得派人用大炮将整个桥全部摧毁。然而他的命令却恰恰是保护它，而不是毁坏它。

这是一座从菲特烈大帝时代建立的桥。桥面完全用石块砌成，第一次世界大战的战火没有摧毁它，而桥上的斑驳痕迹却似乎诉说它的辛酸往事。现在，战争又一次光顾了它。它的身子在炮火下瑟瑟发抖。桥下的流水却异常平静。

在桥的西面，有一片高地，正处于中间碉堡的右边，上面有浓密的灌木，德军在上面修筑了据点。高地的两端伸到平地上去，中间隔一个山坳，与中间碉堡相连。

从远处望去，碉堡里的房间像是土牢。桥上的房屋有一条长长的走廊，直通到中间碉堡。走廊的入口是守卫室。守卫室和房屋上都刻着浮雕；一共有三层，第一层是农业收获场面，第二层是婚礼场面，画面的新娘披着婚纱，新郎用嘴唇轻吻着她的手指。周围的人群目不转睛地看着这一切，牧师一只手里拿着经文，一只手在胸前，他仿佛在对新娘说："你爱他吗?"第三层是决斗场景，人类因为可怜的尊严制造出了人间的邪欲横流，为了占有，为了不择手段，人类选择了武力。

这幅画对德军来说不无讽刺。然而中世纪的野蛮和鄙陋又驱使人们在20世纪重新迈进了血与火的战场。只是交战的对象更多，更加可怕。

与房屋相比，中间的碉堡是粗糙的。但从防护角度而言，可能更加实用。碉堡分为上下两层，周围设有射击孔，它以阴森森的状态控制着前后两座大桥。

碉堡的房屋，一个是粗糙的，一个是精致的，与其说二者在位置上接近和式样上搭配，不如说他们相互冲突。尽管在作战价值上具有相等性，但从各自代表的理念上却迥然相异。房屋虽然也宣扬了决斗的暴力，但却充满着用暴力换取幸福生活的希望，而暴力是与田园牧场和人生幸福联系在一起的。碉堡则不然，它的顽固的石块说明，它过去是暴力的顽石，今天也是暴力的顽石，它的本性是不会改变的。

↓盟军伞兵从天而降。

米凯利斯决定把火力集中指向中间碉堡，而用喷火器向前桥进攻。

一切安排停当之后，进攻开始了。

炮火准确地向中间碉堡飞去，顷刻，碉堡在炮火声中中间开花。火焰喷火小组则从桥两侧摸进。左侧小组受到敌高地火力的突然袭击，人员和装备被打翻落水，暴露了企图。德军从暗堡里伸出枪向桥右侧不定点射击。

千钧一发之际，喷火小组用预先在桥侧拉好的绳索，用滑轮垂下绳子，悬在了桥下。然后随着滑轮沿桥侧绳索滚进，他们把火舌喷进了桥墩中的火力点，只听桥下传来阵阵惨痛的叫声，南桥的桥下火力点已全被消灭。

另外一组分队沿着右侧绳索进至中央，把喷火器对准房屋的机枪射孔，火舌顺着方孔钻了进去，又从上面和下面的缝隙中钻了出来。不消一刻钟功夫，南桥所有敌人被清除干净。

米凯利斯命令炮火向高地延伸，2营向中间碉堡冲去。南桥被顺利夺取。

2营战士冲进被炮火击中的碉堡，碉堡只剩下一圈散乱的石块和焦黑的骨架，它们像一副骨骼立在一个个鬼怪旁边一样。

前面，攻击战士已经越过碉堡冲上了北桥，几个士兵把手雷投向高地和北桥对岸。在巨大的爆炸声中，2营士兵跃身窜上北桥，眼看就要到达北岸。只听"轰隆"一场巨响，2营部分官兵和北桥一起飞上了天空。

No.3 激战，持久的激战

18日，502团空降场。

第二梯队准时到达。第327滑翔步兵团乘坐450架运输机，只有428架安全到达，其余人员在中途坠机。

泰勒在502团消灭被困之敌以后，即327团与502团组成一支特遣部队，由副师长希金斯指挥，在公路两侧展开扫荡，清剿德军。

副师长希金斯参加过第一次世界大战，身材魁梧。他从英军30军借调了一个装甲营，另外把附近的一些英军炮兵部队拉进来，组成了一支实力强大的清剿部队。泰勒给他们的任务是直到敌人的炮火威胁不到公路为止。

特遣队首先向东侧开进。这片地域恰是霍罗克斯最感头痛的地区。希金斯所部避开沼泽地，沿着502团空降地域向东杀去。

在东侧，大量德军正在构筑炮击阵地。在隐蔽的树林里，在低矮的灌木丛里，德军武装人员分散配置。希金斯的装甲车队开到时，这些德军分别同美军开火。英军的炮火也在反击，一时间，东侧阵地上炮声震天。由于德军在这里用的是游击战模式，使希金斯非常恼火。他不得不为每处草丛、每一道灌木丛、每一片小树林而苦恼。

特遣队沿着同公路一样的路线向前行驶，由于同公路不时有沼泽地相隔，在很长时间内，特遣队处于独立作战状态。

傍晚，特遣队发现了一片树林。这是一片相当典型的西欧桦树林。树木很大，草丛很深，希金斯决定占领这片树林，作为部队的一个据点。

他拿起望远镜，把一只眼睛贴近杯形橡皮眼罩，慢慢地转动潜望镜，在那层扭曲图形的闪光的水沫从镜头上消失之后，他前面的朦胧景象变得清晰了，在浓密的树丛间，他看到了一丝晃动，那是什么？分明是圆圆的炮口。他从潜望镜跟前后退一步，压低了声音对502团和327团团长说："快来，瞧瞧，我们都快撞上目标了。"

希金斯下令502团从右侧包抄，327团从左侧靠近，装甲车后退2公里，炮兵准备射击。

安排停当以后，英国的大炮开始怒吼起来。整片树林被炮火炸得遍地开花，近千发炮弹投在了这个不足500平方米的地方。随后部队发起了冲锋。

德军原本希望伏击美军，结果其企图被发现，300多名德军被当场击毙，1,400名士兵投降。至此，东侧威胁被消除了。

19日傍晚，宗镇的506团遭到了德军的猛烈反扑。

攻击来自公路的东面，是德军第107装甲旅。

107装甲旅的总指挥是德国著名的野战将领波普。此人外貌凶狠，曾经率兵血洗波兰，他的107旅更是血债累累，几乎每辆坦克的每一片履带上都沾着一条人命。但是107旅也损失惨重，几乎一半的人员是学生军，战斗力同以往相比空前下降。

波普的进攻正面是1公里，506团进行了顽强抵抗，但仍然无法挡住波普的进攻。德军的先头坦克已经向大桥射击，一个桥墩被轰塌了一半。

正当辛克上校一筹莫展之时，泰勒少将率援兵赶到。泰勒命令部队用仅有的一门57毫米的野战炮进行攻击，火炮准确命中目标，一辆德军坦克被击毁，波普弄不清形势，下令全军后退。敌人的装甲进攻被打退了。

以后几天里，德军仍然从两侧逼近公路，进攻重点指向101师防守的最北端——维格尔。

维格尔一直由501团负责防守。

20日，501团1营营长金纳德中校接到侦察情报：维格尔以西6公里的地方，有一处德军集结地。

金纳德是一位勇猛大胆的指挥员，他认为进攻是最好的防御。如果一味采取防御，不但不能打败德军，还有可能成为敌人的活靶子。他思考了两个小时，决定夜袭德军。

他把企图告诉了约翰逊上校。

上校思考了很久，告诉他："如果你从公路上出去，一旦德军杀过来，我们将犯敌人犯过的错误。"

"团长，如果不及时进攻，等他们集中起来，就不好办了。"

"可是我们没有被要求向西扫荡。"

"要想守住维格尔大桥，就要敢出去，不能坐以待毙。"

↑ 英军士兵藏身掩体之后，向德军开火。

　　"你准备如何进攻？"

　　"我想以一个连的兵力占领德军后方的某个阵地，然后用2个连的兵力从正面压迫它后退，等敌人向该地退却时，腹背夹击消灭他们。"

　　9月21日，星期日，金纳德被告知他可以实施计划。

　　晚饭后，金纳德立即部署作战计划。他命令2连在德军后面的运河与维格尔至海威斯的简易公路之间构筑阻绝阵地，1、3连在他的带领下，从前面往后压缩，最终对敌人形成包围。

　　晚上22时，天空一片漆黑，参加夜袭行动的部队身穿沾满了泥土的迷彩服，臂上扎着白毛巾，列好队伍准备出发。金纳德来到队伍前，默默注视着一张张疲倦的面孔。沉默了一会

儿，突然，猛地一挥手，大声喊道："出发！"

由于运河旁边布满各种障碍，加上地形复杂，行动迟缓，许多士兵被碰得鼻青脸肿。

经过1小时引导，各连到达指定位置。

1连副连长里奇中尉率领1排，悄悄接近了德军宿营地，德军士兵早已进入了梦乡，只有值班哨兵在营门口来回晃动着。

哈特上士与3名士兵一起从侧面偷偷摸了过去，突然脚下一滑，枪落在了旁边的木板上，发出了清脆的响声。德军哨兵似乎发现了什么，端着枪朝这边走来。突然，哈特上士猛然跃起，不待哨兵有所反应，就将匕首插入了他的胸膛。随后，1连冲进了营房，战斗打响了，手榴弹爆炸声到处都是。德军士兵从睡梦中惊醒，四散而逃。金纳德率部队从三面向北压缩，残余德军很快逃进2连的伏击圈。2连长孟克率军一阵冲杀，德军被打了个措手不及，只得乖乖举手投降。

金纳德点验人员，部队伤亡10人，俘敌418名。

约翰逊闻听捷讯十分高兴，当即命令金纳德率部队折向南沿新德尔方向进攻。

暗夜，在漆黑的夜晚，金纳德和他的士兵冲进了新德尔，一举俘获了德军守备兵力100人。接着，金纳德把矛头指向圣奥丹乐德。

此时，在维格尔的主阵地上，德军从北面又发起了攻击。

金纳德率部匆忙折返。

几乎同时，另一支德军部队也向维格尔袭来。这支部队是从西面集中起来的伞兵第6团。海德特率他的学生军仓皇西撤以后，在较远的地方收拢了部队，学生军已经所剩无几，现在只剩下他的原班人马，约2个营的兵力，另外他又收拢了霍夫曼伞兵团的离散人员，加上其他单位的残余组成第3营。

海德特凭着这支残余部队在西侧波斯特固守。莫德尔得知海德特所在位置以后，命他向维格尔大桥进攻，并相机破坏该桥。

25日，维格尔大桥以西沙丘高地。金纳德率加强1营进入了阵地。

此时，西侧已经炮声隆隆。英第30集团军的炮火已经在西侧实施了地毯式轰炸。即使这样，也没有挡住海德特的步伐。

海德特仍然吊着绷带，他神情严肃，如凶神恶煞一般，气势汹汹地向维格尔大桥杀来。

远处，尘土飞扬。金纳德放眼望去，只见德军队形整齐，行进有序，他不得不赞叹德国人的精神，称赞指挥员的素质。因为在这种条件下，还能保持这样的素质，不能不说是一种奇迹。

德军一到，立即实施攻击，海德特实施两路攻击策略，一路从侧面迂回进攻，一路正面攻击。

金纳德毫不示弱，分头组织抵抗。

两支劲旅相遇，迅速交织在一起，德军在接近战线时，发起冲锋，美军火力齐射，德军倒下一片，然而德军毫不畏惧，勇往直前，坦克和装甲车开路，向沙丘推进。

眼看敌人就要冲破战壕，金纳德命令炸药包上前消灭敌人装甲目标。其余人员"咔嚓、咔嚓"拉上了刺刀。

随着金纳德一声大呼，所有美军士兵从战壕里冲出来，向阵前的德军杀去。

在12米高的沙丘上，一场白刃战展开了。美军士兵们杀红了眼，刺刀一次次刺进敌人的胸膛，鲜血染红了沙丘。

经过数小时激战，德军终于败退下去。

维格尔大桥终于保住了，第30集团军的坦克在巨大的轰鸣声中冲过了维格尔，向82空降师的阵地冲去。

第5章
CHAPTER FIVE
奈梅根的
血与火

★在奈梅根市，化装成便衣的亚当斯上尉正在奈梅根的大街上焦急的等待着。他的一队人马早已分散到各个地方。有的人装成小贩，有的装成老板，有的装成苦力。而自己的通信员就坐在墙边，正懒懒地晒着太阳。

★冲锋舟在奋力行动，对岸战士在拼力据守。所有人员都混杂在一起，分不清长官和士兵。就在这样的环境中，504团的老兵们凭着过硬的军事素质，保持了登陆的成功。直至所有人员都输送过去以后，才开始统一行动。

No.1 瓦尔河大桥

9月17日，82师空降分队开始降落。

82师师长盖文第一次对空降感到满意，和他一起空降的还有英国空军司令布朗宁中将。

盖文为人随和，对布朗宁十分敬佩，他一直认为，布朗宁是有史以来绝无仅有的以普通伞兵身份参加空降行动的最高军官。当然有人不喜欢这个老头，布里尔顿中将就是其中一个。然而布朗宁则是一个不计恩怨的人，他知道，在战争中，所有的争吵和埋怨都无助于战事。

奈梅根一带的地形不像埃因霍温的地形。这里的地形较为复杂，一条45米高的山脊从北向南延伸，山上植被茂密，不利于坦克通行。从这条高地的北边和南边，瓦尔河和马斯河及其支流分别经过，在山两头形成了一些冲积平原。在瓦尔河与马斯河之间，是著名的马斯——瓦尔运河。从南往北，分布着一系列大桥。在山脊东侧，是浓郁的赖希斯瓦尔斯森林，这些森林一直延伸到德国境内，构成了良好的隐蔽场所。

布朗宁对盖文说："要想占领奈梅根附近的瓦尔河大桥，一定要控制住这条山脊。山脊以东是德国森林，德军有可能从这里对我军发起攻击。所以这次空降必须把握这两个环节。"

盖文点头表示同意。

事实上，还有比这更重要的事情。

在奈梅根市，化装成便衣的亚当斯上尉正在奈梅根的大街上焦急地等待着。他的一队人马早已分散到各个地方。有的人装成小贩，有的装成老板，有的装成苦力。而自己的通信员就坐在墙边，正懒懒地晒着太阳。

突然大街上一片骚动，一辆军车从大街上驶过，一位戴着墨镜的德国军官朝亚当斯狠狠地看了两眼，正想让车停下，突然前面一阵骚动，车子一下子开了过去。

"喂，你是阿山吧？"

亚当斯抬头看去，一位漂亮的女士站在他的眼前，手上牵着一条灵巧的小狗。

"夫人，我是阿姆。"亚当斯一字不错地说出来。

"啊！"那女人一下子露出了幸福的笑容。聪慧的面孔在竭力控制自己的情绪，掩饰自己的表情。

"跟我来。"她扭过身，狗儿驯顺地朝前跑去。

亚当斯已经明白，这位女士就是荷兰地下工作者。他迅速地走上前去，挽住女士的胳膊，俨然一对恋人的模样。在他们身后不远，三三两两，一些"朋友"和讨价还价的人在街上各自走着，两个小伙子还在摔跤，边走边拉拉扯扯。

"你为什么不早来呀？"亚当斯问

"我去邮局了。"

"这时候还去邮局？"

"我们孩子寄来了一包东西，很长时间没取了。"

"让我去吧！"

"好的。"

"在东侧走廊下面的地下室里。墙上有个盒子，是红色的盒子。"

"好的。亲爱的，你回家吧。"

"走这条街最近，向西拐20米就到。"

"晓得了。"

亚当斯同女士吻别。此时，女士的眼睛发亮，她的眼里分明有一种期待，那是胜利的期待。亚当斯用坚毅的目光向她点点头，毅然朝前走去。

邮政大楼前，几个德国士兵正在站岗。街道前有些行人，也有一些妇女，她们到邮局取包裹，丝毫看不出战时的节奏。

突然，前面一辆军车停住，一位德国军官走下来，几名士兵跟在后面。当他们走到台阶中间的时候，邮政大楼前突然响起了清脆的枪声，几名德国人应声而倒。街道上的行人一下子窜进了大楼。

亚当斯命第一小组守住前门，第二小组解除大桥爆破装置，第三小组负责清除大楼内的敌人。

说时迟，到时快，亚当斯已经冲进了东侧走廊，几个德国士兵从里面探出脑袋，正要问话。亚当斯一抬枪，撂到了一个，另一名侦察队员也开了火，两个德国兵还没弄明白怎么回事，就被送上了天。

亚当斯和第2小组直奔地下室。在昏暗的地下室内，灯光微弱，亚当斯在周围墙壁上找来找去，但是怎么也找不到红色盒子。

亚当斯正在惊疑之间，只见天花板上有许多电线，在靠近门口的地方，有一个巨大的盒子。"是它。"亚当斯喜出望外。

他小心翼翼地打开盒子，爆破专家柏格走了上来，仔细看了一下，大声说："就是它。"

大家不分三七二十一，用刀子割断了导火索，挑断了所有电源，把遥控盒用枪托砸碎。

然后大家分头再找，直到发现没有其他可用线路时，一齐冲出了地下室。这时，他们听到大楼外面的机枪吼叫声。

"不好，德国人把我们包围了。"

亚当斯立即与各组人员取得联系，分头控制大楼，不让敌人进来。

这时，外面的射击停止了。敌人架起了喇叭。

"喂，你们投降吧！不然，就要让这座楼成为你们的坟墓。"

亚当斯静静地看着大楼外面的德国人，小声通知战友，"作好战斗准备。"

德军看看楼内没有动静，便开始进攻。

这时候，邮政大楼内静得可怕。几个德国兵蹑手蹑脚从门口的石柱后面走了进来，亚当斯瞅得清清楚楚，两次点射，两个德国兵立时扑到在地。另外几个人连滚带爬地逃了出去。

敌人恼羞成怒，开始向楼内投放手榴弹，巨大的爆炸声使整栋大楼都在晃动。楼内也射出了愤怒的火舌。德军被迫后退。

到了夜晚，亚当斯组织人员对外出击，结果把德军打了个措手不及。几个侦察员还用绳子把德国兵的尸体从楼上吊下，立即引来德军的一阵猛烈扫射。

后半夜，德军企图偷袭侦察分队。亚当斯早就预料到敌人的这一招。结果用匕首战，一刀一个敌人，所有进入楼内的德军没有发出声响就被毙了命。从此，德军不敢再进行小群进攻。

第二天，敌人采取集团冲锋模式。亚当斯命机枪手抵近射击，只见德军人仰马翻，很短时间内就丢下二三十具尸体。

看看赚不到便宜，德军准备采取大炮攻击。

当敌人拖来大炮时，却得到了不能炸毁邮政大楼的指示。

第三天，敌人调来了喷火器小组准备火攻。当喷火小组抵近时，亚当斯等人以勇猛果敢的动作连续消灭了德军的三组喷火手，夺取了喷火器一具。

就在德军黔驴技穷之际，508团一部杀了过来。亚当斯等人则从内部杀出，里应外合，一举消灭了德军。

瓦尔河大桥的危险解除了。

No.2 红色的瓦尔河

9月23日，盖文向504团下达了渡过瓦尔河抢战瓦尔河桥头的指令。

鲁本·塔克站在南边的山脊上向瓦尔河眺望，看着汹涌的河流，混沌一片，那么沉重、黯淡。河水无语，在匆匆地向前奔跑。河面足有1里多宽。浪涛一个跟着一个，雪崩似地重叠起来，卷起了巨大的漩涡，狂怒地冲击着岸滩，发出了哗哗的响声。

顺着河流往下走，那卡泥滩形成了一片开阔地，这片开阔地已经位于德军的机枪控制之下。

鲁本·塔克向已经挺进过来的英军司令霍罗克斯求援。

"将军，您能否借给我一点儿渡河设备？"

"这是哪里话，我们只有一个敌人。不用你借，我也会送过去的。"

鲁本·塔克十分感谢，但是英军只有33艘帆布冲锋舟，霍罗克斯答应504团渡河时，他可以派装甲车在河南岸进行火力支援。

→ 盟军士兵与德军展开了殊死搏斗。

13时，504团开始向瓦尔河下游挺进。

德军似乎发现了美军的企图，一些德军迅速向下游移动，并在有利位置架设好机枪阵地。

河滩上，一团乱麻似的小河汊子，串起来大大小小的水洼，织成一幅斜铺的水网；网眼里那零零碎碎的烂泥，生长着一片片水草，在水草之间，脏兮兮地蹦跳着一些令人讨厌的生物。

进攻之前，保障分队首先施放了烟雾。

在烟雾笼罩下，勇敢的504团开始渡河。当他们把冲锋舟推下水时，才发现，他们还不十分熟悉这些运载工具。伞兵们在泥泞中向对岸挣扎。而德军的炮火在河面上到处乱飞。

第30军的炮火也开始轰鸣起来，德军阵地立即被炮火覆盖了。

伞兵凯利抱着枪，在冲锋舟里伏着身子。冲锋舟在向前艰难前进。炮火在河中掀起的水柱洒落了他一身。河底的臭泥味拌着火药味一齐袭来。突然，一发炮弹落在他的身边，冲锋舟一下子倾覆过去，凯利和几个伞兵一下子落入了水中。河水很深，几个伞兵一下子不见了。凯利没有防备，猛地喝了一口水，一股腥味冲上他的心头，他睁眼一看，瓦尔河的河水已经被战友的鲜血染红了。

凯利费力地使身体漂起，但是他感到他的裤腿仿佛被东西咬住了，使他动弹不得。他猛地一蹬，就见水中泛起了一个巨大的浪花，水中窜出了一个人，他的脑袋拼命在晃，一口水从嘴里射出来。原来有人落水了。凯利赶紧抱住他，以防他再向下沉去。然后奋力地游向对岸。过了一会儿，水浅了。他们手挽着手向对岸爬去。凯利看到，在整个泥质河滩上到处是泥人，他在泥浆中奋进。脸上全是泥，已经分不出谁是谁了。

这时，德军的机枪响了。泥浆一下子变成了黑红色。整个泥滩血红一片。这时，几个动作快一点的伞兵，冲上了堤岸，一顿手榴弹，敌人的机枪顿时成了哑巴。跟着后面的伞兵冲了上去。

冲锋舟又折了回来，继续往对岸输送战士。这时已仅剩20艘。

冲锋舟在奋力行动，对岸战士在拼力据守。所有人员都混杂在一起，分不清长官和士兵。就在这样的环境中，504团的老兵们凭着过硬的军事素质，保持了登陆的成功。直至所有人员都输送过去以后，才开始统一行动。

伞兵们开始向北桥墩前进。德军此时已乱了阵脚。为了消灭过河伞兵。派出了一个营的分队进行抵抗。

伞兵冒着密集的炮火向敌人接近。德军进行了顽强阻击。

南岸，英军的火力在加大。

在德军碉堡里，指挥官正在拼命地联系上司。

几名德军站在他的身边，随时准备听从安排。此时，碉堡外敌我双方的火力正在激战之中。

No.3 英雄之歌

在奈梅根坚守的日子，是82空降师的英雄岁月。

空降兵以雄鹰展翅之势，向敌人的纵深扑去，一个个敌军据点和堡垒被攻克下来，一批批曾在别国土地上猖獗一时的纳粹分子被击毙在战壕、暗堡里。

从D日开始，504团的二等兵克莱沃就随着运输机向荷兰开进。504团作为82空降师的拳头部队，3连是全团的过硬连队，克莱沃所在的4班又是全连的尖刀班。当部队在瓦尔河刚站稳脚跟，敌人从两侧来了。

3连据守着瓦尔河上的桥头北端。克莱沃班负责以火力压制敌人，阻挡敌人向大桥前进。

"5班进入左侧的掩护，4班跟我来！"排长一声命令，部队"哗"地冲上去，迅速占领了大桥前面的一个工事。

这里的地形对美军防守极为不利。因为，周围无险可守，而且公路的路基很高，恰好成为敌人射击的靶子。前面的工事是一个人工掩体，面积很大，4班占领的是它朝北的部分，比周围的地势低。敌人把周围的灌木丛、树木全部砍掉，露出桥头，用炮火攻击，也用坦克进行直接射击，对4班的防御威胁极大。工事紧靠着公路一侧，5班战士隔着公路与另一面敌人对射，左侧是一河道和开阔地，一条简易公路弯弯向前伸去。

2排排长克鲁伯，带着2个班冲上桥头，伞兵们迅速分开，各选有利地形向敌人还击。战斗非常激烈。暴露在低岗上的战士，遭到敌人4个火力点的射击，子弹打得树叶、石片横飞。2排排长不幸中弹牺牲，4班班长马克接替指挥全排。忽然，4班班长发现，卧在排长左侧几米远的克莱沃不见了。他向前望去，看不着，向后望去，也望不着。

这是一次力量悬殊的战斗。占据着有利地形的敌军，以坦克为支援，向桥头袭来。正当敌人坦克叫得正凶之际，突然从一个开阔地上发出了2枚火箭弹，不偏不倚，正中坦克履带，2辆坦克嚎叫着，向后退去。排长回头看时，只见克莱沃正从开阔地上走回来。他的两炮，击退了一个敌军坦克旅的进攻。

敌人撤退后，十几个敌人退到了一所农房里，负隅顽抗。威胁着大桥的侧翼。只见克莱沃又跳出了战壕，向开阔地走去，他把火箭弹一架，倏地一声响，火箭弹在农房中间开花，十几个德国兵全部被炸死。

与此同时，翼侧开阔地上敌人的密集炮火声，突然减弱了，一挺叫得最凶的机枪一声不响了，翼侧战壕里嚎叫着的敌军，冲锋枪声也稀疏下来，同5班对射的机枪也不响了。

过了好一阵，敌人的轻重火器突然向着左侧公路旁边的那个开阔地猛扫起来，打得石头迸出火星，树叶扑簌簌地掉落。与5班对阵的敌军也转了方向，放过4班阵地，紧一阵松一阵地向开阔地开火。只有在敌人火力间隙的时刻，士兵们才听得到开阔地里"噗、噗"闷声闷气的机枪声，随后又枪声大作。

桥头阵地上的战士们纳闷起来。有的高兴地说："准是兄弟部队抄到敌人侧面去了！"

马克向连里报告，连里回答，附近没有我军的另一支部队，你们抓紧构筑工事，准备坚守。

后来，敌人的武器又转向右后侧，把那个开阔地打得烟腾火起。而单调的冲锋枪声，又在开阔地里"噗、噗"地响着。

部队冲上低岗已经有4个小时，敌军阵地上此刻几乎已经停止射击，火箭炮的声音再也听不到了。马克接到命令：撤下山岗，立刻向另一个方向转移，待机消灭那里的敌人。

马克带着伞兵们撤下岗来，咦！真奇怪，克莱沃出现了。他满头大汗，正忙着给伤员们包扎、喂水。这个失踪的家伙，让人找得好苦！马克来了火气："你到哪里去了，几次找不见你？"克莱沃笑嘻嘻的，他是那么兴奋、激动："要打敌人，就要像我这样打。"边说，他伸出了一根手指。

第二天，德军又发动了新的进攻。

这一次敌人有备而来，猛烈的炮火使2排损失惨重。很快，在阵地上只剩克莱沃一个人。当马克牺牲后他又从左侧的陡坡滚了下去，沿着壕沟向前摸，摸到敌人阵地的侧面。那里的草好高，敌人看不见他，他却看得清敌人。他把机枪一架，朝敌人就是一阵猛打，当子弹打光时，他又回到掩体补充了弹药，再度冲上发射阵地。

他悄悄摸向敌人的重机枪阵地，几乎摸到眼前，敌人的嘴巴、眼睛都看清了。他举起枪来，照准机枪射手的脑袋就是一枪。那个家伙向后一仰，倒了。副射手把头缩回去，一会又冒出来，克莱沃又一枪，把他又放倒了，威胁4班最凶的火力点哑了！另一个机枪火力点，也被他这样敲掉了。环形工事里的敌人，露着半个脑袋向美军射击，一点也没想到侧面有一支黑洞洞的枪口正对准他们，一个倒了，一个伏在枪上不动了。在密集的枪声里，敌人哪里分得清炸弹从何处飞来？他们过了好久才想着转过方向向开阔地射击——但那里并没有人，克莱沃隐蔽在他们鼻子尖下实施了攻击。

后来，克莱沃又转到敌人右后侧去了。那里的敌人一点也不防备，有的坐在坦克上，有的在装子弹，还有的在穿鞋子。克莱沃躲在草丛中，观察着，瞄准着。一枪过去，坐在坦克上的敌人四脚朝天滚了下去；一个来拖尸的，也趴倒不动了。露在战壕外的脑袋，一下子都不见了。克莱沃换个地方等着，敌人一冒头，就把他当活靶打。

克莱沃要返回大桥边上去，这时从德军阵地上走出两个人，一个手里拿着手纸，一个端着冲锋枪。克莱沃放他们过去，隐蔽在草丛里等他们方便回来从背后打。这两个家伙回来了，克莱沃一枪先放倒那个带枪的，另一个德国兵一看形势不好，趴倒在地，克莱沃又一扣扳机，他滚进了草丛中。

当克莱沃回到大桥边，瞄准德军的半履带车准备发射时，一梭罪恶的子弹击倒了他。

82空降师，最危急的关头，几乎所有的人都冲上了第一线，仅留下滑翔机驾驶员看管俘房。战斗在持续进行，有些武器因身管发热膨胀而无法继续使用。

第6章
CHAPTER SIX

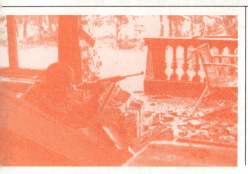

阿纳姆，无畏之争

★居民们自发的赶来了，他们给士兵带来了食物。即便有德军的炮火威胁，他们也毫不畏惧。过惯了自由的生活，向往着自由。而英军就代表着这一切。有的居民竟然带了老婆孩子一起赶来了。

★21日凌晨，德军又一次开始进攻，英军的弹药已少到每人只有几发子弹。从拂晓一直到上午9点，一场最残酷的白刃战在伞兵阵地上的一片残垣断壁内展开。英军士兵用刺刀和匕首拼死抵抗德军的进攻。

No.1 胶着的拼杀

在阿纳姆，厄克特将军遇到了厄运。

英国伞兵的到来，引起了荷兰居民的热情欢迎。

居民们自发地赶来了，他们给士兵带来了食物。即便有德军的炮火威胁，他们也毫不畏惧。过惯了自由的生活，向往着自由。而英军就代表着这一切。有的居民竟然带了老婆孩子一起赶来了。

大量荷兰人的到来，人们兴奋的表情和四处传播的英军到来的消息，在民众中引起了轰动。当然也引起了德军的注意。

由于前往阿纳姆还有十几里的路程，当伞兵刚刚进发的时候，莫德尔也知道了这一点。一队队德军也向前开去。德国装甲部队已经作好了痛击英国伞兵的准备。而英国伞兵此时却沉浸在荷兰人民的盛情欢迎而制造的热烈气氛里。他们全然没有预料到眼前的危险。

在向阿纳姆前进的路上，英国伞兵遇到了德军阻击。

炮弹从附近袭来，3名战士被击中，血洒了一地。所有人员不得不向就近卧到。荷兰人作鸟兽散。考验的时刻到来了。英军迅速撤到公路两边的沟渠里。

第1营迅速向城北迂回。多比中校和年轻的空降兵一样，在简易公路上急速行军。

突然，从远处的树林里，几辆坦克向他们直驶而来。一时间，所有的士兵都傻了眼。规避已经来不及了，德军"虎"式坦克像狼一样嚎叫着冲了来了，多比中校和他的士兵纷纷向两边的空地奔去。由于这个位置是一片开阔地，坦克射界良好，地面上几乎无处藏身。坦克喷吐着火舌，在英军队伍中横冲直撞。盟军士兵单薄的身体同巨大的坦克相比显得不经一击。许多士兵成了坦克履带下的肉饼。

英军虽然有几具火箭筒，但对"虎"式坦克厚厚的装甲几乎不起作用，而如此众多的坦克，使操作手应接不暇。敌我双靠得如此近，根本来不及发射。没有多长时间，英军已被消灭过半。多比中校只得率队向沿河岸前进的弗罗斯特靠拢。

再说弗罗斯特营一直沿着莱茵河堤岸公路，一条德国人未设防的辅助公路，向阿纳姆前进。

当进至一处洼地时，弗罗斯特营队伍上空突然响起了巨大的爆炸声。德国人的坦克也在静候他们的到来。弗罗斯特命令部队沿河防守，火箭兵占领射击阵地。

只见在远处的高地上，德军的两辆坦克正在分头行动。由于伞兵对这个庞然大物无法处置，因此，英军纷纷向中间聚拢。

"不要靠近！"弗罗斯特大声喊叫起来，因为敌人的目的就是驱赶英军在一起，然后进行集群射击。

敌人的坦克已经从两边包抄过来了。坦克在高处，英军在低处，完全处于炮火控制之中。弗罗斯特一边命令火箭筒实施集中射击，一边密切关注中间德军部署情况。

火箭兵共有4具火箭筒，每2具一组对准"虎"式坦克的履带集中射击，右边的坦克发出了一阵青烟，坦克怪叫了两声，忽然停顿下来，但是仍然继续前进。又发射两发火箭弹，这次射在它腹部的装甲上，这一次起了作用，坦克炮一下子成了哑巴。但是坦克仍然可以行进。而弗罗斯特命令部队迅速向右侧突围。两辆坦克则在后面紧紧追赶，但速度已明显放慢。

当部队脱险以后，弗罗斯特整顿伞兵继续向预定目标——奥斯特贝克东南方向的莱茵河铁路桥迅速推进。

当他们接近铁路桥时，夜幕已经降临，周围一片寂静，看不到德国人的影子。

年轻的巴里中尉受命率领他的 1 排人占领铁路桥。当他们到达离大桥100米处时，巴里发现 1 个德国士兵正从对岸一侧奔向大桥。他跑到大桥中部，就蹲了下去。巴里中尉预感到有什么事情要发生，赶紧命令第 1 班向那个德国人射击，第 2 班冲过去占领大桥。

但是惨剧发生了！

当第 2 班以最快的速度冲向大桥，他们刚刚到达桥的中部时，突然响起一阵震耳欲聋的爆炸声，一股烟尘腾空而起，钢铁浇筑的大桥断裂成两半，士兵的肢体被抛向空中，划着弧线落入水中。一切不复存在。

No.2 生死桥头争夺战

晚上7点，弗罗斯特和多比一部到达阿纳姆市。

天色尚明，在距莱茵河主桥 1 公里远的地方，弗罗斯特率领 3 个连长，趴在一个小土丘后面，偷偷观察桥上的情况。

透过望远镜，弗罗斯特发现：在桥的南北两端各有一个碉堡严密封锁着通往大桥的道路。敌人在桥上十分警惕，一辆装甲车在大桥后面的隐蔽部位。要想占领大桥，必须首先清除碉堡！

弗罗斯特决定夜间发起攻击。黑暗中，迈克上尉的第 1 连偷偷地进入了桥北端巨大支撑物下面的工事，一部分士兵则向桥北的碉堡冲去。

德国人开火了！碉堡里喷出了火舌，德军唯一的一辆装甲车也发出了无情的嘶吼。弹雨洒向毫无遮掩的盟军士兵，子弹钻进了他们的身体。面对这一切，空降兵战士毫不畏惧，前面的倒下了，后面的又冲上来。他们交替掩护着，不断向前跃进。这时，汉斯的手提喷火器发挥了作用：一道火龙翻滚着向碉堡卷过去，碉堡内传来德军士兵惊恐的惨叫声。第 1 连趁机发起了冲锋，士兵们端着冲锋枪、步枪冲向大桥。

碉堡内的枪声稀落下来，几个德军士兵举着双手，摇摇晃晃走了出来，向英军投降了。

大桥北端落入盟军手中。

但就在此时，大桥北端响起了巨大的轰鸣声，灯火通明。德军的支援分队来了。

仅在 1 个半小时之前，弗罗斯特还有希望夺占整个大桥。而在此时，德军党卫军第 9 装

↓ 德军对阿纳姆地区的英军展开了围攻。

↑ 蒙哥马利与在阿纳姆战斗中幸存的波兰空降部队官兵交谈。

甲师的先头部队已经赶到了莱茵河南岸，弗罗斯特对此却一无所知！

在清除了桥北的残敌之后，第2营迅速向大桥南侧发起了攻击。此时的德军早有准备，自行火炮和坦克一起开火，喷出耀眼的火舌。一个个战士倒了下去，英军被阻在了大桥北岸。

19日拂晓，英军已处于混乱状态。

德军为了打通通往奈梅根的公路，向弗罗斯特发起了一次又一次猛烈的冲击，最后将第2营围困在桥北端的几座大楼内。

20日，弗罗斯特虽然击退了德军步兵和坦克的数次攻击，但经连日攻击，弹药几乎消耗殆尽，食物和水已全部断绝，伤员们挤在黑暗的地下室内，无药可救。

当夜，弗罗斯特率部分伤员向德军投降，侦察中队指挥官高夫少校则指挥剩余人员继续抵抗。

21日凌晨，德军又一次开始进攻，英军的弹药已少到每人只有几发子弹。从拂晓一直到上午9点，一场最残酷的白刃战在伞兵阵地上的一片残垣断壁内展开。英军士兵用刺刀和匕首拼死抵抗德军的进攻。

终于，德军坦克上的火炮轰塌了最后一所建筑物，突破了英军的防御阵地。弗罗斯特的第2营除少数人逃跑外，全部被歼。

No.3　血染莱茵河

当弗罗斯特在阿纳姆大桥孤军奋战时，奥尔查斯比克的空降场的局势也在急剧恶化。

由于空降兵力量薄弱，无法控制周边地区。德军第10装甲师和1个步兵师到达后，立即攻占了东北一个可以俯视空降场的高地。德军步兵从上面架设大炮，不断炮击空降场内的英军，地面坦克部队则突入了空降场。

厄克特的伞兵无法抵挡敌人的进攻。伞兵在敌人的攻击下被迫向北突围。

19日傍晚，厄克特指挥部队进行反击，但是由于火力不足，无法对付德军的坦克。经过一番激战，失去了空降场，被德军赶到韦斯特布温高地，逼到沿河一处不到1公里宽、深入奥尔杰斯比克城约2公里的矩形防御阵地。

原计划在阿纳姆大桥附近空降的波兰伞兵第1旅，这时却空降到英军对面的河岸上。由于缺少渡河工具，在德军严密的火力封锁下，波兰旅无法渡河增援厄克特将军。同时，霍罗克斯的第30军在泥泞中苦苦挣扎，已成强弩之末，无力突破德军的阵地，只得向西突向下莱茵河奥尔杰斯比克空降场的对面，接应厄克特将军。

前进无望，后援无力，厄克特将军只好决定趁夜色撤退过河。

25日晚22时，天空下起了大雨。负责断后的士兵每隔一会儿就向德军射击一阵，维持着进行防御的局面，其余人员则开始后撤。

浓云密雾、滂沱大雨和火炮的轰鸣声有效地隐蔽了英军的行动。

两小时之后，德军才发现了英军的行动。德军迅速聚集起所有的火炮，对渡河的英军狂轰乱炸。英军此时正与泥浆急流搏斗，又加上德军炮火袭击和机枪射杀，顿时陷入混乱之中。英军士兵一个个倒了下去，鲜血染红了莱茵河水。

这次渡河，英军损失惨重：近2,000人阵亡，包括4,000名伤员在内的6,000人被俘。只有2,400名战士安全地渡过了莱茵河。

这样，人类历史上最大规模的空降行动以惨败而告终。"市场—花园"行动向前推进了96公里，但却换来了1.7万人的损失。英军第1空降师的兵力所剩无几，被送回英国改编，将不再进行空降作战；美军第82和第101空降师共伤亡近1万人，同样再也无力参加空降作战。